Mejora tu ajedrez táctico

Miniaturas clásicas

Jacobo Caselas Cabanas

Jacobo Caselas Cabanas

Revisión: Jacobo Caselas y Yago Gallach
Diseño: Yago Gallach Pérez
Portada: Yago Gallach Pérez
Traductor de términos: Mario García González
Recursos gráficos: Freepik

© 2022, Jacobo Caselas Cabanas

Para cualquier consulta, duda o aportación, escríbeme a:
mejoratuajedreztactico@gmail.com

Depósito legal: C-283-2018

Índice · Index · Inhaltsverzeichnis · Sommaire · Указатель

Introducción · Introduction · Einführung · Introduction · Введение

Las miniaturas (partidas cortas de ajedrez), desde siempre, han ejercido una gran fascinación en los ajedrecistas de todos los niveles. Ya desde nuestros primeros pasos en el juego, quedamos prendados con las partidas clásicas de genios como Greco, Morphy o Anderssen. Al reproducir estas miniaturas, vemos como, combinación tras combinación, la partida se encamina a un fulminante y sorprendente desenlace.

En este libro, el ajedrecista puede ponerse en el bando de nuestros campeones e intentar encontrar las jugadas críticas a lo largo de sus brillantes partidas. O, simplemente, reproducir las miniaturas en busca de inspiración y detenerse en sus momentos más importantes. El sistema de símbolos utilizado a lo largo del libro sirve de ayuda y guía para encontrar las jugadas. Y las puntuaciones de las mismas son una orientación de su nivel de dificultad.

Las miniaturas poseen un alto valor didáctico. Mejoran nuestra capacidad táctica y potencian nuestro sentido del desarrollo y el dinamismo. Con ellas, aprendemos a valorar cada jugada de apertura y a estar atentos a los trucos tácticos ocultos. Aprendemos a afilar nuestro ingenio, a plantear gambitos, celadas, trampas y, por descontado, el valor de la actividad de las piezas. Así como a llevar a cabo ataques fulgurantes y precisos tanto contra el rey enemigo sorprendido en el centro como cuando se encuentra enrocado. Las miniaturas, por su brevedad y belleza, resultan sencillas de reproducir, y, sus patrones tácticos, de recordar.

Espero que disfrutes mucho con esta selección de partidas y te maravilles con sus remates. También deseo que puedas incorporar muchos de sus modelos tácticos a tu propia colección de recursos ajedrecísticos.

MI Jacobo Caselas Cabanas
La Coruña, 2022

Carta de símbolos · Symbols · Symbole · Symboles · Символы

Motivos tácticos · Tactical motifs · Taktische Anschläge · Frappes tactiques · Тактические удары

⌸ Apertura de líneas · Open lines · Öffnung der Linien · Ouverture des lignes · Открытие линий

ч Ataque doble · Double Attack · Double Attack · Attaque double · Двойной удар

⊆ Atracción · Attraction · Attraktion · Attraction · Аттракцион

⛫ Bloqueo · Blockade · Blockieren · Blocage · Блокада

⚡ Clavada · Pin · Fesselung · Épinglé · Приколот

● Defensa · Defence · Verteidigung · Défense · Оборона

‡ Descubierta · Discovered attack · Offener Angriff · Attaque à la découverte · Атака раскрыта

✗ Destrucción de la defensa · Destruction of defence · Vernietiging van verdediging · Destruction de la défense · Разрушение обороны

⇥ Desviación · Deflection · Ablenken · Déviation · Отклонение

⇸ Enfilada · Skewer · Spieß · Enfilade · Шампур

✿ Intermedia · Intermezzo · Zwischenspiel · Zwischenspiel · Промежуточная ход

⊣⊢ Interrupción · Interception · Abschnitt · Interception · Перехват

⊕ Pieza atrapada · Capture · Schlagen · Capture · Захват

⋛△⋚ Promoción · Promotion · Umwandlung · Promotion · Коронация

Comentarios · Comments · Kommentare · Commentaires · Комментарии

🧠 Usted juega · Your turn · Du bist am Zug · A vous de jouer · Ваша очередь

❸ Dificultad estimada de la jugada · Estimate difficulty of the move · Geschätzte Schwierigkeit des Zugs · Estimation de la difficulté du mouvement · Оценка сложности шахматного хода

Δ Con idea de · Intending · Mit der Idee · En vue de · С идеей

⌒	Es mejor · Better is · Besser ist · Il est préférable de · Лучше
⬜	Única · Only move · Einziger Zug · Mouvement unique · Единственный ход
✕	Punto débil · Weak point · Schwacher Punkt · Point faible · Слабый пункт
⊞	Jugada teórica · Theoretical move · Theoretischer Zug · Mouvement théorique · Теоретический ход
∟	Con · With · Mit · Avec · С
⌐	Sin · Without · Ohne · Sans · Без
∧	Y · And · Und · Et · А
∨	O · Or · Oder · Ou · Или

Evaluación · Evaluation · Bewertung · Évaluation · Оценка

+	Jaque · Check · Schach · Échec · Шах
#	Jaque mate · Checkmate · Schachmatt · Échec et mat · Мат
!	Buena jugada · Good move · guter Zug · Bon mouvement · Очень хороший ход
!!	Jugada excelente · Excellent move · Exzellenter Zug · Excellent mouvement · Отличный ход
!?	Jugada interesante · Interesting move · Interessanter Zug · Mouvement intéressante · Ход заслуживающий внимания
?!	Jugada dudosa · Dubious move · Fragwürdiger Zug · Mouvement douteux · Сомнительный ход
?	Error · Mistake · Fehler · Erreur · Слабый ход
??	Grave error · Blunder · Fehler (großer) · Erreur (grossière) · Грубая ошибка
±	Ligera ventaja blanca · Slight advantage for White · Leichter Vorteil für Weiß · Léger avantage pour les Blancs · У белых несколько лучше
∓	Ligera ventaja negra · Slight advantage for Black · Leichter Vorteil für Schwarz · Léger avantage pour les Noirs · У черных несколько лучше
±	Clara ventaja blanca · Clear advantage for White · Klarer Vorteil für Weiß · Avantage clair pour les Blancs · У белых лучше преимущество
∓	Clara ventaja negra · Clear advantage for Black · Klarer Vorteil für Schwarz · Avantage clair pour les Noirs · У черных лучше
+−	Ventaja decisiva para blancas · Decisive advantage for White · Weiße Gewinnstellung · Avantage décisif pour les Blancs · У белых решающее преимущество

−+	Ventaja decisiva para negras · Decisive advantage for Black · Schwarze Gewinnstellung · Avantage décisif pour les Noirs · У черных решающее преимущество
∞	Juego complicado · Complex game · Komplexes Spiel · Jeu compliqué · Неизвестно
=	Equivalente · Even · Ausgeglichen · Égalité · Равно
↻	Ventaja de desarrollo · Development advantage · Entwicklungsvorsprung · Avantage de développment · Преимущество в развитии
↑	Con iniciativa · With initiative · Mit Initiative · Avec initiative · С инициативой
→	Ataque · Attack · Angriff · Attaque · Атака
→00	Ataque al enroque · Attack against the castled King · Rochade-Angriff · Attaque au roque · Атака рокировкой
→♔⊞	Ataque al rey en el centro · Attack against the uncastled king · Angriff auf den König in der Mitte · Attaque contre le Roi au centre · Атака на короля без рокировки
→#	Ataque de mate · Mate attack · Mat-Angriff · Attaque de mat · Мат атака
⇄	Contraataque · Counterattack · Gegenangriff · Contre-attaque · Контратака
⇧	Columna · File · Reihe · Colonne · Горизонталь
↗	Diagonal · Diagonal · Diagonale · Diagonale · Диагональ
⇨	Fila · Rank · Linie · Rangée · Горизонталь

Información en las partidas · Game information · Informationen zum Spiel · Informations sur le jeu · Информация об игре

♟♟	Simultáneas · Simultaneous game · Gleichzeitige Spiele · Parties simultanés · Сеанс одновременной игры
♟	Desconocido · No name · Unbekannter Gegner · Adversaire inconnu · Неизвестный противник
●●	A la ciega · Blindfold game · Blind spielen · Parties à l'aveugle · Партия вслепую
✕	Duelo · Match · Match · Match · Матч
✉	Partida por correspondencia · Correspondence game · Korrespondenz Schach · Parties de correspondance · Шахматы по переписке
-	Partida sin (la pieza indicada) · Game played without (the indicated piece) · Spel gespeeld zonder (het aangegeven stuk) · Partie jouée sans (la pièce indiquée) · Играется без (указанной фигуры)

Número de partida · Game number · Schachpiel nummer · Numéro de partie · Номер партии

0

⊆ • *f7* • Ч

Temas tácticos principales · Main tactical motifs · Wichtigste taktische Themen · Principaux thèmes tactiques · Основные тактические вопросы

Ruy López - Leonardo da Cutro

Roma 1560

C30

Información de la partida · Game info · Schachspiel Informationen · Information de la partie · Информация партии

1 e4 e5 2 f4 d6?! 3 ♗c4 c6 4 ♘f3 ♗g4? 5 fxe5! dxe5

5 ... ♗xf3 6 ♕xf3 dxe5?? 7 ♕xf7#

Bando que juega · Who is to move · Spielzug · Tour de jeu · Чья очередь игратьа

Usted juega · Your turn · Du bist am Zug · A vous de jouer · Ваша очередь

6? ❸

⊆ • *f7* • Ч

Dificultad estimada de la jugada · Estimate difficulty of the move · Geschätzte Schwierigkeit des Zugs · Estimation de la difficulté du mouvement · Оценка сложности шахматного хода

6 ♗xf7+!! ♔xf7 7 ♘xe5!+ ♔e8

7 ... ♔e6 8 ♘xg4±

8 ♕xg4 ♘f6?! 9 ♕e6+! ♕e7

9 ... ♗e7?? 10 ♕f7#

10? ❷

⊆ • *f7* • Ч

10 ♕c8+!! ♕d8 11 ♕xd8+ ♔xd8 12 ♘f7+! **1–0**

Aprende táctica con Gioachino Greco

G1

ч

Greco - ♟

Europa 1620

C41

1 e4 e5 2 ♘f3 d6 3 h3?! ♞f6 4 c3?! ♞xe4?

🧠 **5?**

ч

5 ♕a4+!! (Δ 6 ♕xe4±) 1–0

G2

ч

♟ - Greco

Europa 1620

C23

1 e4 e5 2 ♗c4 f5?! 3 ♗xg8 ♖xg8 4 ♕h5+ g6 5 ♕xh7 ♖g7 6 ♕h8 ♕g5 7 ♕h3 fxe4 8 ♘c3 ♕f5 9 ♕e3 ♖f7 10 ♘h3 d5 11 ♘xd5 ♞c6 12 c3 ♗e6 13 c4

🧠 **13 ...?**

ч

13 ... ♞d4!! (Δ 14 ♞c2+!) **14 ♕c3**

14 ...?

Ч

14 ... ♕g4!!

Δ 15 ♕e2# ∨ 15 ♕xg2

15 0-0

15 ...?

Ч

15 ... ♘e2+!

Δ 16 ♔h1 ♘xc3–+ **0–1**

f7 ∧ f2

G3

Ч • *f7*

Greco -

Europa 1620

C54

1 e4 e5 2 ♘f3 ♘c6 3 ♗c4 ♗c5 4 c3 ♘f6 5 d4 ♗b6?!

5 ... exd4! 6 cxd4 ♗b4+

6 dxe5 ♘xe4??

6 ... ♘g4 7 ♗xf7+! ♔xf7 8 ♘g5+ ♔e8 (8 ... ♔g8? 9 ♕d5+!±) 9 ♕xg4 ♘xe5 10 ♕g3±

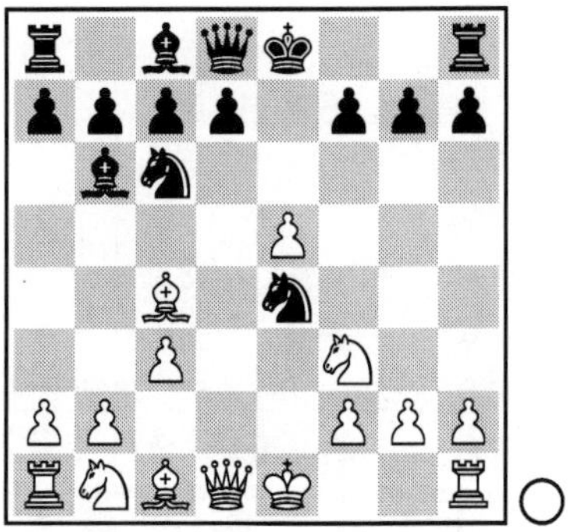

7?

Ч • *f7*

7 ♕d5!!

Δ 7 ... ♗xf2+ 8 ♔e2± × f7, ♘e4 **1–0**

G4

♛ • f7
Greco - ♟
Europa 1620
C41

1 e4 e5 2 ♘f3 d6 3 ♗c4 ♗g4 4 h3 ♗xf3 5 ♕xf3 ♘f6?

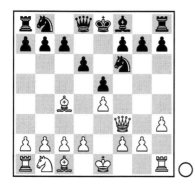

🧠 **6?**
♛ • f7

6 ♕b3!! ♘xe4? 7 ♗xf7+ ♔d7 8 ♕xb7!
8 ♕e6+! ♔c6 9 ♕d5+ ♔d7 10 ♕xe4+−
8 ... ♘g5 9 ♗d5 ♘a6 10 ♕c6+ ♔e7 11 ♕xa8 1–0

G5

⊏ • f7 • ♛
Greco - ♟
Europa 1620
C40

1 e4 e5 2 ♘f3 ♕f6?! 3 ♗c4 ♕g6?! 4 0-0!
a) 4 ♘xe5?! ♕xe4+ 5 ♕e2±
b) 4 ♘c3! ♕xg2? 5 ♖g1 ♕h3 6 ♗xf7+! ♔d8 (6 ... ♔xf7 7 ♘g5+±) 7 ♖g3 ♕h6 8 d4±
4 ... ♕xe4?

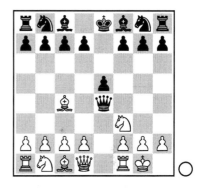

🧠 **5?**
⊏ • f7

5 ♗xf7+!! ♔xf7?? (5 ... ♔d8)

🧠 **6?**
♛

6 ♘g5+! ♔e8 7 ♘xe4± 1–0

G6

♜ • *f7* • ♜
Greco - ♟
Europa 1620
C33

1 e4 e5 2 f4 exf4 3 ♗c4 ♕h4+ 4 ♔f1 ♗c5? 5 d4! ♗b6 6 ♘f3 ♕g4?

🧠 **7?**
⊏ • *f7*

7 ♗xf7+!! ♔xf7?
7 ... ♔f8 8 h3! ♕g3 9 ♘c3! ♔xf7 10 ♘e2 ♕g6 11 ♘e5+!

🧠 **8?**
♜

8 ♘e5+! ♔f8 9 ♘xg4   1–0

G7

⊏ • *f2* • ♜
♟ - Greco
Europa 1620
C23

1 e4 e5 2 ♗c4 ♗c5 3 ♕h5 ♕e7 4 ♘c3

c6 5 ♘f3 ♘f6 6 ♕xe5?

🧠 **6 ...?**
⊏ • *f2*

6 ... ♗xf2+!! 7 ♔xf2??

🧠 **7 ...?**
♜

7 ... ♘g4+! 8 ♔f1 ♘xe5   0–1

G8

⊏
Greco - ♟
Europa 1620
C42

1 e4 e5 2 ♘f3 ♘f6 3 ♘xe5 ♘xe4? 4 ♕e2! ♕e7
4 ... ♘f6?? 5 ♘c6+!+−
5 ♕xe4 d6 6 d4 f6 7 f4 ♘d7 8 ♘c3! dxe5 9 ♘d5 ♕d6 10 dxe5 fxe5 11 fxe5 ♕c6
a) 11 ... ♕xe5 12 ♘xc7+!+−
b) 11 ... ♘xe5 12 ♗f4+−

🧠 12?

⊏

12 ♗b5!! ♛c5

12 ... ♛xb5 13 ♘xc7! +–

13 ♗e3 ♛xb5 14 ♘xc7+! ♔d8 15 ♘xb5 1–0

G9

♟

Greco - ♟

Europa 1620

C33

1 e4 e5 2 f4 exf4 3 ♗c4 ♘e7 4 ♛f3 ♘g6 5 d4 ♛h4+?! 6 g3 fxg3? 7 ♗xf7+! ♔d8 8 hxg3 ♛f6

8 ... ♛e7 9 ♗xg6+–

🧠 9?

♟

9 ♛xf6+! gxf6 10 ♗xg6!+–

△ 10 ... hxg6 11 ♖xh8+– 1–0

G10

♟ · 🔒

Greco - ♟

Europa 1620

C53

1 e4 e5 2 ♘f3 ♘c6 3 ♗c4 ♗c5 4 c3 ♛e7 5 0-0 d6 6 d4 ♗b6 7 ♗g5 f6?! 8

♗h4 g5 9 ♘xg5! fxg5 10 ♕h5+ ♔d8
11 ♗xg5 ♘f6 12 ♕h6! ♖f8

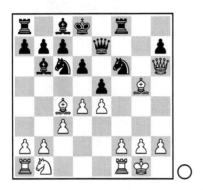

🧠 13?
♟ • ▨

13 f4!! exd4

13 ... exf4 14 ♖xf4+–

🧠 14?
♟

14 e5! dxc3+

14 ... dxe5 15 fxe5 ♘xe5 16 ♖xf6+–
**15 ♔h1 cxb2 16 exf6 bxa1♕ 17 fxe7+
♘xe7 18 ♕xf8+ ♔d7 19 ♗b5+ ♘c6**

19 ... ♔e6 20 f5+ ♔d5 (20 ... ♔e5 21
♗f6++–) 21 ♕f7+ ♔d4 22 ♗f6++–
20 ♕e7#   **1–0**

G11

♟

Greco - ♟
Europa 1620
C33

**1 e4 e5 2 f4 exf4 3 ♗c4!? ♕h4+ 4 ♔f1
d6 5 ♘f3 ♗g4 6 d4 ♕f6 7 e5 ♕h6**

🧠 8?
♟

**8 g3!? ♕h3+ 9 ♔f2 fxg3+?? 10 hxg3
♗xf3 11 ♕xf3 ♕d7**

11 ... ♕c8? 12 ♕xf7++–
12 ♕xb7 ♕c6

🧠 13?
♟

13 ♗b5!!   **1–0**

G12

♟

Greco - ♟
Europa 1620
C39

1 e4 e5 2 f4 exf4 3 ♘f3 g5 4 h4 g4 5 ♘e5 h5?! 6 ♗c4! ♘h6 7 d4 ♗e7? (7 ... d6) **8 ♗xf4 ♗xh4+ 9 g3 ♗g5 10 ♖xh5 ♗xf4 11 gxf4 d6**

🧠 **10?**
♟

10 a3!!
10 ♗d2? ♘d5∓
10 ♗a5 11 ♗d2!   **1–0**

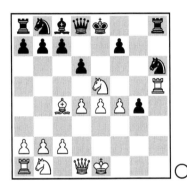

🧠 **12?**
♟

12 ♘xg4!! ♗xg4 13 ♕xg4!! ♘xg4 14 ♖xh8+ ♔e7 15 ♖xd8 ♔xd8 16 ♗xf7 ♘c6 17 c3 ♔e7 18 ♗b3 ♘e3 19 ♔f2 ♘g4+ 20 ♔f3   **1–0**

G13

♟

Greco - ♟
Europa 1620
C29

1 e4 e5 2 f4 ♘f6 3 ♘c3 exf4 4 d4 ♗b4 5 ♗d3 ♕e7 6 ♕e2 ♘c6 7 e5 ♘xd4?! 8 exf6! ♘xe2 9 fxe7 ♘xc3

G14

‡

Greco - ♟
Europa 1620
C40

1 e4 e5 2 ♘f3 f5 3 ♘xe5 ♕e7 4 ♕h5+ g6 5 ♘xg6 ♕xe4+ 6 ♔d1?! (6 ♗e2!) **6 ... ♘f6 7 ♕h3? hxg6 8 ♕xh8 ♘g4! 9 ♕h4?**

🧠 **9 ...?**

‡

9 ... ♘e3+!! 10 dxe3 ♕xh4 0–1

G15

‡

Greco - ♟
Europa 1620
C37

1 e4 e5 2 f4 exf4 3 ♘f3 g5 4 ♗c4 g4 5 ♘e5 ♕h4+ 6 ♔f1 ♘f6 7 ♗xf7+ ♔d8 8

d4 ♘xe4 9 ♕e2 ♘g3+ 10 hxg3 ♕xh1+ 11 ♔f2 fxg3+ 12 ♔xg3 ♕xc1??

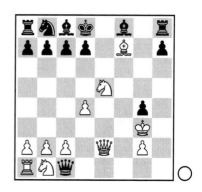

🧠 **13?**

‡

13 ♘c6+!! ♘xc6 14 ♕e8# 1–0

G16

⊏ • ‡

Greco - ♟
Europa 1620
C37

1 e4 e5 2 f4 exf4 3 ♘f3 g5 4 ♗c4 g4 5 ♘e5 ♕h4+ 6 ♔f1 ♘h6 7 d4 d6 8 ♘d3 f3!? 9 g3? ♕h3+?! (9 ... ♕d8) **10 ♔f2? ♕g2+ 11 ♔e3 ♘g8? 12 ♘f4 ♗h6**

🧠 **13?**

⊏

13 ♗f1!! ♛xh1

🧠 **14?**

‡

14 ♗b5+!! c6 15 ♗xc6+ bxc6 16 ♛xh1
1–0

G17

‡
Greco - ♟
Europa 1620
C23

1 e4 e5 2 ♗c4 ♝c5 3 ♛e2 d6 4 c3 ♞c6
5 f4!? exf4 6 ♞f3 g5 7 h4 g4 8 ♞g5
♞h6 9 d4 ♝b6 10 ♗xf4 ♛e7 11 ♖f1 f6
12 ♞d2! fxg5 13 ♗xg5 ♛g7 14 ♛e3
(14 ♝f6+–) 14 ... ♞g8 15 ♗f7+ ♚d7
16 ♛f4 ♞ge7

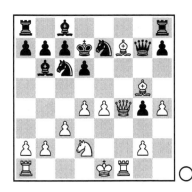

🧠 **17?**

‡

17 ♛xg4+! ♚d8 18 ♗xe7+!! ♞xe7 19
♛xg7 **1–0**

G18

♕ • ‡ • *f7*
♟ - Greco
Europa 1620
C41

1 e4 e5 2 ♞f3 d6 3 ♗c4 ♝g4 4 h3!
♝xf3 5 ♛xf3 ♛f6?! 6 ♛b3! b6 7 ♞c3!
c6

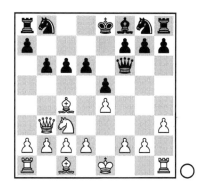

🧠 **8?**

♕

8 ♞d5!! ♛d8
8 ... cxd5 9 ♗xd5 Δ 10 ♗xa8±

🧠 **9?**

‡ • *f7*

9 ♞xb6!! ♛xb6 10 ♗xf7+ ♚d7 11
♗xg8 d5 12 exd5! ♛xb3 13 dxc6+
♞xc6 14 ♗xb3 **1–0**

G19

♘→ • ‡
Greco - ♟
Europa 1620
C34

1 e4 e5 2 f4 exf4 3 ♘f3 ♘e7!? 4 h4 h5
(□ 4 ... d5!) **5 ♗c4 ♘g6 6 ♘g5 ♘e5 7 ♗b3 f6 8 ♘h3 ♘g6?!** (8 ... f3!)

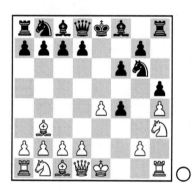

9 d4 ♘xh4? 10 ♘xf4 g5 11 ♖xh4!
(11 ♘xh5+−) **11 ... gxh4**

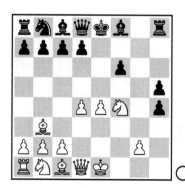

🧠 **11?**
♘→

12 ♘g6! ♖h7 13 ♗g8! ♖g7 14 ♕xh5!
♖xg8

🧠 **15?**
‡
15 ♘e5+!! ♔e7 16 ♕f7+ ♔d6 17
♘c4+ ♔c6 18 ♕d5#   **1−0**

G20

♘→
Greco - ♟
Europa 1620
C38

1 e4 e5 2 f4 exf4 3 ♘f3 g5 4 ♗c4 ♗g7
5 d4 d6 6 ♘c3 c6 7 h4 h6 8 hxg5 hxg5
9 ♖xh8 ♗xh8 10 ♘e5?! dxe5 11 ♕h5
♕f6 12 dxe5 ♕g7 13 e6 ♘f6 14 exf7+
♔f8??

🧠 **15?**

↬

15 ♗xf4!! ♘xh5

15 ... gxf4 16 ♕c5#

16 ♗d6# 1–0

G21

⊏ • *f7* • 🔒
Greco - ♟
Europa 1620
C33

**1 e4 e5 2 f4 exf4 3 ♗c4 ♕h4+ 4 ♔f1 ♗c5?
5 d4! ♗b6 6 ♘f3 ♕e7 7 ♗xf4 ♕xe4?**

🧠 **8?**

⊏ • *f7*

8 ♗xf7+! ♔f8

8 ... ♔xf7 9 ♘g5++−

9 ♗g3 ♘h6?

10 ♘c3 ♕e7 **11** ♗b3 c6 **12** ♕d3 d5 **13** ♖e1 ♕f6 **14** ♗h4 ♕g6 **15** ♗e7+ ♚g8 **16** ♕xg6 hxg6

🧠 **17?**

🔓

17 ♘xd5!! cxd5 **18** ♗xd5+ ♚h7??
18 ... ♘f7 19 ♘e5+−
19 ♘g5#   **1–0**

G22

🔓 • ‡

Greco - ♟
Europa 1620
C33

1 e4 e5 **2** f4 exf4 **3** ♗c4 ♕h4+ **4** ♚f1
♗c5 **5** d4 ♗b6 **6** ♘f3 ♕e7 **7** ♗xf4
♕xe4? **8** ♗xf7+ ♚f8 **9** ♗g3 ♘h6 **10**

♘c3 ♕e7 **11** ♗b3 c6 **12** ♕d3 d5 **13** ♖e1 ♕f7 **14** ♗d6+ ♚g8 **15** ♖e7 ♕f6

🧠 **16?**

🔓

16 ♘xd5!! ♕xd6
16 ... cxd5 17 ♗xd5 ♗e6 18 ♗xe6+−

🧠 **17?**

‡

17 ♘f6+!! ♚f8 **18** ♖e8#   **1–0**

G23

⊕♕

♟ - Greco
Europa 1620
C37

**1 e4 e5 2 f4 exf4 3 ♘f3 g5 4 ♗c4 g4
5 ♘e5 ♘h6** (♙ 5 ... ♕h4+!?) **6 ♘xg4
♕h4+ 7 ♘f2 d5! 8 ♗xd5?**
8 exd5 ♘g4→

🧠 **8 ...?**
⊕♕

8 ... ♗g4! (× ♕d1) **0–1**
Δ 9 g3 fxg3 10 ♘xg4 g2+ Δ ...gxh1♕

G24

⊕♕

♟ - Greco
Europa 1620
C27

**1 e4 e5 2 ♗c4 ♘f6 3 ♘c3 c6 4 ♕f3?!
b5 5 ♗b3 b4 6 ♘a4 d5! 7 d3 h6 8 ♘e2
d4 9 ♘g3?**

🧠 **9 ...?**
⊕♕

9 ... ♗g4! 0–1

G25

⊕♕

Greco - ♟
Europa 1620
A02

**1 f4 e5 2 fxe5 ♕h4+?! 2 d6. 3 g3 ♕e4?
4 ♘f3 ♘c6 5 ♘c3 ♕f5 6 e4 ♕e6 7 d4
♕e7 8 ♗g5 ♕b4? 9 a3! ♕xb2?**

🧠 **10?**
⊕♕

10 ♘a4!! 1–0

G26

ℂ • f7 • ⊕♕
Greco - ♟
Europa 1620
C33

1 e4 e5 2 f4 exf4 3 ♗c4 ♕h4+ 4 ♔f1 ♗c5? 5 d4 ♗b6 6 ♘f3 ♕h6 7 g3 ♕h3+ 8 ♔f2 fxg3+? 9 hxg3 ♕g4

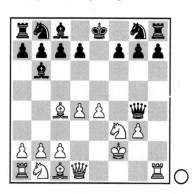

🧠 **10?**
ℂ • f7

10 ♗xf7+! ♔f8

10 ... ♔xf7 11 ♘e5+! ♔e8 12 ♘xg4+–

🧠 **11?**
⊕♕

11 ♖h4! 1–0

G27

⊕♕
Greco - ♟
Europa 1620
C37

1 e4 e5 2 f4 exf4 3 ♘f3 g5 4 ♗c4 g4 5 ♘e5 ♕h4+ 6 ♔f1 ♘h6 7 d4 d6 8 ♘d3 f3 9 g3 ♕h3+ (9 ... ♕f6∓) **10 ♔e1 ♕g2?**

a) 10 ... ♕h5□

b) 10 ... ♗g7? 11 ♘f4±

🧠 **11?**
⊕♕

11 ♘f2!
Δ 12 ♗f1± 0–1

G28

⊕♕

Greco - ♟
Europa 1620
C23

1 e4 e5 2 ♗c4 ♗c5 3 ♕e2 ♕e7 4 f4 exf4?! 5 ♘f3 ♘f6?! 6 d4 ♗b4+ 7 c3 ♗a5 8 e5 ♘h5 9 0-0 0-0 10 ♘e1 ♕h4 11 ♘d3 g5 12 ♘d2 c6 13 ♘e4
13 ♘f3! ♕g4 14 ♘f2!+−
13 ... ♔h8 14 ♘d6 ♘a6??

🧠 **15?**
⊕♕

15 ♘f5!!   **1–0**

G29

⊕♖

Greco - ♟
Europa 1620
D20

1 d4 d5 2 c4 dxc4 3 e3 b5?! (⌂ 3 ... ♘f6) **4 a4! c6**
4 ... a6? 5 axb5 axb5?? 6 ♖xa8±
5 axb5 cxb5?

🧠 **6?**
⊕♖

6 ♕f3!±   **1–0**

G30

⊕♘

Greco - ♟
Europa 1620
C27

1 e4 e5 2 ♗c4 ♘f6 3 ♘c3 c6 4 ♕f3?
b5 5 ♗b3 b4 6 ♘a4?! d5 7 exd5 cxd5
8 ♘e2?! ♕a5 9 ♘g3 ♗g4 10 ♕e3 d4
11 ♕d3

🧠 11 ...?
⊕♘

11 ... ♗d7!!   0–1

G31

⊕♗

Greco - ♟
Europa 1620
C33

1 e4 e5 2 f4 exf4 3 ♗c4 ♗e7 4 d4 ♗h4+
5 ♔f1 g5? 6 g3 fxg3 7 hxg3 ♗xg3 8
♕h5 ♕f6+ 9 ♘f3 d6 10 ♗xg5 ♕g6 11

♕xg6 fxg6 12 ♗xg8 ♖xg8

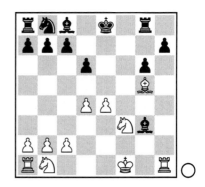

🧠 13?
⊕♗

13 ♔g2!!   1–0

♕ • →♚⊞ • ↔ • ⇄

Greco - ♟
Europa 1620
C30

**1 e4 e5 2 f4 ♗c5 3 ♘f3 d6 4 c3 ♕e7?!
5 d4 exd4 6 cxd4 ♕xe4+??**

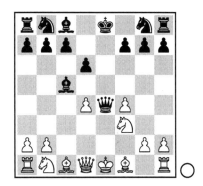

🧠 7?

♕ • ⇄

7 ♔f2!! ♗b4 8 a3! ♗a5 9 b4! ♗b6

🧠 10?

→♚⊞ • ↔

10 ♗b5+! ♔f8 11 ♖e1!! ♕f5 12 ♖e8#
1–0

G32

→♚⊞ • ↔

Greco - ♟
Europa 1620
C36

1 e4 e5 2 f4 d5 3 exd5 ♕xd5 (3 ... e4)
**4 ♘c3 ♕e6 5 ♘f3! exf4+ 6 ♔f2!?
♗c5+? 7 d4! ♗d6??**

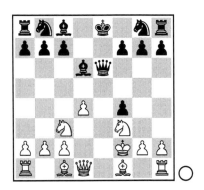

🧠 8?

→♚⊞

8 ♗b5+! ♔f8
8 ... c6 9 ♖e1±

🧠 8?

↔

9 ♖e1! ♕f5 10 ♖e8#   **1–0**

G34

→♔⊞ • →#
Greco - ♟
Europa 1620
B00

1 e4 b6 2 d4 ♗b7 3 ♗d3 f5?!

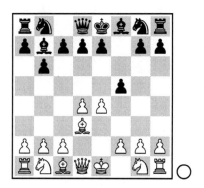

🧠 4?
→♔⊞

4 exf5! ♗xg2 5 ♕h5+! g6 6 fxg6 ♘f6??
6 ... ♗g7! 7 gxh7+ ♔f8 8 ♘f3!⩲

🧠 7?
→#

7 gxh7+! ♘xh5 8 ♗g6# 1–0

G35

→♔⊞ • ♕→
Greco - ♟
Europa 1620
C37

1 e4 e5 2 f4 exf4 3 ♘f3 g5 4 ♗c4 f6?
(♟ 4 ... ♗g7)

🧠 5?
→♔⊞ • ♕→

**5 ♘xg5!! fxg5 6 ♕h5+ ♔e7 7 ♕xg5+
♔e8 8 ♕h5+ ♔e7 9 ♕e5#** 1–0

G36

→♔⊞ • ♕→ • →#
Greco - ♟
Europa 1620
C40

1 e4 e5 2 ♘f3 f6?

🧠 **3?**
→♔⊞ • ♕→

3 ♘xe5! fxe5? (3 ... ♕e7!) **4 ♕h5+ ♔e7**

4 ... g6 5 ♕xe5+ ♕e7 6 ♕xh8±
5 ♕xe5+ ♔f7 6 ♗c4+ ♔g6

6 ... d5 7 ♗xd5+ ♔g6 8 h4 h5
9 ♗xb7!! ♗xb7 10 ♕f5+ ♔h6
11 d4++–
7 ♕f5+ ♔h6 8 d4+ g5

🧠 **9?**
→#

9 h4! ♔g7 10 ♕f7+ ♔h6 11 hxg5#
1–0

G37

→♔⊞ • ♕→ • ⊏
Greco - ♟
Europa 1620
C53

1 e4 e5 2 ♘f3 ♘c6 3 ♗c4 ♗c5 4 c3 ♕e7 5 0-0 d6 6 d4 ♗b6 7 ♗g5 f6 8 ♗h4 g5?

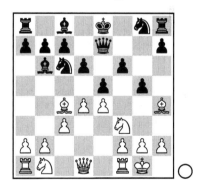

🧠 **9?**
→♔⊞ • ♕→

9 ♘xg5!! fxg5 10 ♕h5+ ♔d7

29

a) 10 ... ♔d8 11 ♗xg5 ♘f6 12 ♕h6 ♖f8 13 f4+−

b) 10 ... ♔f8 11 f4!!+−

11 ♗xg5 ♕g7?? (11 ... ♘f6)

🧠 **12?**
⊏

12 ♗e6+!! ♔xe6 13 ♕e8+ ♘ce7 14 d5#　　　　　　　　　　**1–0**

G38

→♔⊞ • →#
♙ - Greco
Europa 1620
C40

1 e4 e5 2 ♘f3 f5 3 ♘xe5 ♕f6 4 d4 d6 5 ♘c4 fxe4 6 ♘c3 ♕g6 7 f3 ♘f6 8 fxe4 ♗e7

8 ... ♘xe4? 9 ♗d3+−

9 ♗e3? ♘xe4! 10 ♗d3 ♕xg2 11 ♗xe4??

🧠 **11 ...?**
→♔⊞ • →#

11 ... ♗h4+! 12 ♗f2 ♕xf2#　　　　　　**0–1**

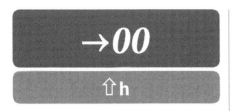

→*00*

⇧h

G39

→*00* • ⇧

Greco - ♟

Europa 1620

C54

1 e4 e5 2 ♘f3 ♘c6 3 ♗c4 ♗c5 4 c3 ♘f6 5 ♘g5?! 0-0 6 d3 h6

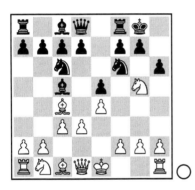

🧠 **7?**

→*00* • ⇧

7 h4!? hxg5??

7 ... d6!∓

8 hxg5 ♘h7 9 ♕h5!　　　1–0

G40

→*00* • ⇧ • ♕→

Greco - ♟

Europa 1620

B00

1 e4 b6 2 d4 ♗b7 3 ♗d3 g6 4 f4!? ♗g7 5 ♗e3 ♘c6 6 ♘f3 ♘f6 7 c4 0-0 8 ♘c3 e6 9 e5 ♘e8 10 g4 d5 11 cxd5 exd5

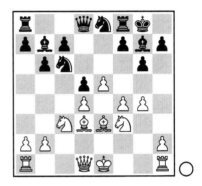

🧠 **12?**

→*00* • ⇧

12 h4! a6 13 h5! b5 14 hxg6 hxg6

14 ... fxg6 15 ♘g5!±

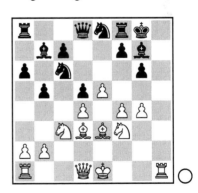

🧠 **15?**

♕→

31

15 ♕e2!! b4 16 ♕h2! bxc3 17 ♕h7#

1–0

G41

→*00* • 🔓 • ♕→
Greco - ♟
Europa 1620
C02

1 e4 e6 2 d4 d5 3 e5 c5 4 c3 cxd4?!
(⌕ 4 ... ♘c6) 5 cxd4 ♗b4+?!

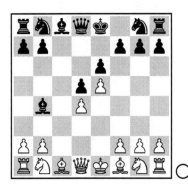

6 ♘c3 ♗xc3+? 7 bxc3 ♘c6 8 ♗d3
♘ge7 9 f4! ♘f5 10 ♘f3 0-0

🧠 **11?**
→*00*

11 g4!!

11 0-0 h5
11 ♘h4 12 0-0 ♘xf3+ 13 ♕xf3 ♗d7

🧠 **11?**
♕→

14 ♕h3! g6

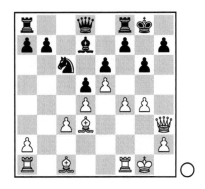

🧠 **15?**
🔓

15 f5! exf5 16 gxf5 gxf5 17 ♖xf5! (17
♗h6!±) **17 ... ♗xf5? 18 ♗xf5** **1–0**

32

G42

→00 • 💣
Greco - ♟
Europa 1620
C01

1 e4 e6 2 d4 ♞f6?! 3 ♗d3 (3 e5!) **3 ... ♞c6 4 ♞f3 ♗e7 5 h4!? 0-0 6 e5 ♞d5**

🧠 **7?**
→00 • 💣

7 ♗xh7+!! ♚xh7 8 ♞g5+ ♗xg5 9 hxg5+ ♚g6

9 ... ♚g8 10 ♕h5 f5 11 g6!±

10 ♕h5+ ♚f5 11 ♕h7+ g6 12 ♕h3+ ♚e4 13 ♕d3#　　　　　　　**1–0**

G43

♕→ • →# • #♞
♟ - Greco
Europa 1620
C50

1 e4 e5 2 ♞f3 ♞c6 3 ♗c4 ♗c5 4 0-0 ♞f6 5 ♖e1 0-0 6 c3 ♕e7 7 d4 exd4 8 e5 ♞g4 9 cxd4

🧠 **9 ...?**
♕→

9 ... ♞xd4! 10 ♞xd4 ♕h4!

11 ♘f3

a) 11 h3? ♛xf2+ 12 ♔h1 ♝xd4 13
hxg4?? (13 ♛xg4 ♛xe1+∓) 13 ...
♛h4#

b) 11 ♝e3□ ♛xh2+ 12 ♔f1 ♛h1+ 13
♔e2 ♛xg2→

11 ... ♛xf2+ 12 ♔h1

🧠 **12 ...?**
→# • #♘

12 ... ♛g1+!! 13 ♘xg1 ♘f2#   **0–1**

G44

💣 • ♛→ • ‡

Greco - ♟
Europa 1620
C53

1 e4 e5 2 ♘f3 ♘c6 3 ♝c4 ♝c5 4 c3

d6!? (♢ 4 ... ♘f6) **5 d4 exd4 6 cxd4
♝b4+ 7 ♘c3 ♘f6 8 0-0 ♝xc3 9 bxc3
♘xe4 10 ♖e1 d5**

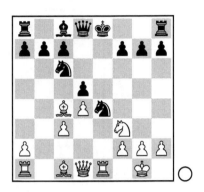

🧠 **11?**
💣

11 ♖xe4+!! dxe4 12 ♘g5! 0-0 (12 ...
♘e5!?)

🧠 **13?**
♛→

13 ♛h5! h6 14 ♘xf7 ♛f6

🧠 **15?**
‡

**15 ♘xh6+!! ♔h8 16 ♘f7+ ♔g8 17
♛h8#**   **1–0**

G45

‡ • ⇄ • ♕→ • ↗
♟ - Greco
Europa 1620
C37

**1 e4 e5 2 f4 exf4 3 ♘f3 g5 4 ♗c4 g4
5 ♘e5 ♘h6** (⌑ 5 ... ♕h4+) **6 ♘xg4
♘xg4 7 ♕xg4**

🧠 **7 ...?**
‡

7 ... d5! (Δ 8 ... ♗xg4)

🧠 **8?**
⇄

8 ♕xf4!

🧠 **8 ...?**
⇄

**8 ... dxc4! 9 ♕e5+ ♗e6 10 ♕xh8
♕h4+! 11 ♔f1**

11 g3 ♕xe4+ 12 ♔f2 ♕xh1∓

🧠 **11 ...?**
♕→

11 ... ♕f4+! 12 ♔g1
12 ♔e1 ♕xe4+ 13 ♔d1?? ♗g4#
12 ... ♕xe4 (Δ 13 ♕e1#) **13 h3**

🧠 **13 ...?**
↗

13 ... ♗d5! 14 ♕g8
14 ♖h2 ♕e1#
14 f5! 15 ♕g3 f4 16 ♕f3 ♕e1+ 17 ♕f1
17 ♔h2 ♕xh1+ 18 ♔xh1 ♗xf3 19
gxf3∓
17 ... ♗c5+ 18 ♔h2 ♕g3#   **0–1**

G46

→# • ‡ • ⊂

♟ - Greco
Europa 1620
C30

1 e4 e5 2 f4 f5?! 3 exf5 ♛h4+ 4 g3
♛e7 5 ♛h5+ ♚d8 6 fxe5 ♛xe5+ 7
♗e2 ♞f6 8 ♛f3?! d5 9 g4 h5 10 h3?
hxg4 11 hxg4 ♜xh1 12 ♛xh1 ♛g3+ 13
♚d1 ♞xg4 14 ♛xd5+? ♗d7 15 ♞f3??

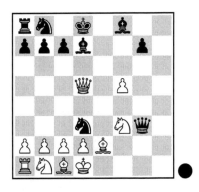

🧠 **17 ...?**
⊂

17 ... ♛e1+!! 18 ♞xe1 ♞f2#   0–1

🧠 **15 ...?**
→#

15 ... ♞f2+! 16 ♚e1

🧠 **16 ...?**
‡

16 ... ♞d3+! 17 ♚d1
17 ♚f1 ♛f2#

G47

⇄ • ⋛♙⋚ • ⛫

♟ - Greco

Europa 1620

C50

1 e4 e5 2 ♘f3 ♘c6 3 ♗c4 ♗c5 4 0-0 ♘f6 5 ♖e1 0-0 6 c3 ♖e8 7 d4 exd4 8 e5 ♘g4 9 ♗g5

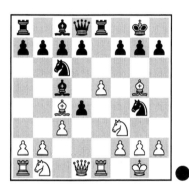

🧠 **9 ...?**

⇄

9 ... ♘xf2!! 10 ♕b3

10 ♗xd8 ♘xd1 11 ♖xd1 dxc3+ 12 ♔f1 cxb2–+

🧠 **10 ...?**

⋛♙⋚

10 ... dxc3! 11 ♗xd8 cxb2 12 ♘c3

12 ♕xb2 ♘d1+ 13 ♔h1 ♘xb2∓

🧠 **12 ...?**

⛫

12 ... ♘d1+! 13 ♔f1 bxa1♕ 14 ♖xd1 ♕xd1+ 15 ♘xd1 ♘xd8   **0–1**

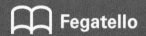 Fegatello

G48

⊏ • 𝗪
♟ - Greco
Europa 1620
C23

1 e4 e5 2 ♗c4 ♗c5 3 ♕e2 ♕e7 4 f4 ♗xg1 5 ♖xg1 exf4 6 d4 ♕h4+ 7 g3 fxg3 8 ♖xg3 ♘f6 9 ♘c3 ♘h5

🧠 **10?**
⊏

10 ♗xf7+!!
10 ♗g5? ♘xg3!⇄
10 ... ♔xf7
a) 10 ... ♔d8 11 ♗g5++−
b) 10 ... ♔f8 11 ♗xh5+−
11 ♗g5! ♘xg3

🧠 **12?**
𝗪

12 ♕f3+!! ♔g6 13 ♗xh4 ♘h5 14 ♕f5+ ♔h6 15 ♕g5#   **1−0**

G49

☆☆☆☆☆

⊏ • f7 • ♟ • ⊂ • ✦
Greco - ♟
Europa 1620
C57

1 e4 e5 2 ♘f3 ♘c6 3 ♗c4 ♘f6 4 ♘g5!? d5 5 exd5 ♘xd5?! (📖 5 ... ♘a5)

🧠 **6?**
⊏ • f7

6 ♘xf7!! ♔xf7 7 ♕f3+! ♔e6
7 ... ♔e8 8 ♗xd5+−

🧠 **8?**
♟

8 ♘c3! ♘ce7 (8 ... ♘cb4!?)

🧠 **9?**
⊂

9 0-0! c6 10 ⬛e1 ♗d7? (10 ... ♔d7) **11 d4 ♔d6 12 ⬛xe5 ♘g6**

12 ... ♔c7 13 ♗xd5 ♘xd5 14 ♘xd5+ cxd5 15 ♗f4 ♗d6 16 ⬛xd5 ♗xf4 17 ♕xf4+ ♔c8 18 ⬛c5+ ♗c6 19 d5±

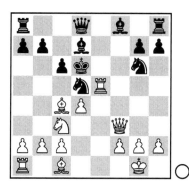

 13?

13 ♘xd5!! (13 ♕g3!?±) **13 ... ♘xe5 14 dxe5+ ♔c5**

a) 14 ... ♗xe5? 15 ♕e2+ ♔d6 16 ♗f4+ ♔c5 17 b4+ ♔d4 18 ⬛d1#

b) 14 ... ♔e6 15 ♘c3+ ♔e7 16 ♕f7#

15 ♕a3+ ♔xc4 16 ♕d3+ ♔c5 17 b4#

1–0

 **Möller**

G50

⊞ • *f7*

Greco - ♟
Europa 1620
C54

1 e4 e5 2 ♘f3 ♘c6 3 ♗c4 ♗c5 4 c3 ♘f6 5 d4 exd4 6 cxd4 ♗b6?! (▭ 6 ... ♗b4+)

 7?
⊞

7 e5! (7 d5!?) **7 ... ♘g8**

a) 7 ... d5 8 exf6 dxc4 9 d5 ♘a5 10 fxg7 ⬛g8 11 0-0±

b) 7 ... ♘g4 8 ♗xf7+!? ♔xf7 9 ♘g5+ ♔e8 10 ♕xg4±

8 d5! ♘ce7

8 ... ♘a5 9 ♗e2 Δ 10 b4±

9 d6! ♘c6?

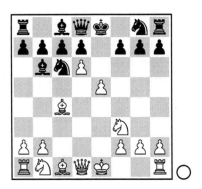

🧠 10?

f7

10 ♕d5!! ♘h6 11 ♗xh6 ♖f8 12 ♗xg7 ♘b4 13 ♕d2 ♖g8 14 ♗f6   **1–0**

G51

☖ • ♄ • 🌩 • →♔
Greco - ♙
Europa 1620
C54

1 e4 e5 2 ♘f3 ♘c6 3 ♗c4 ♗c5 4 c3 ♘f6 5 d4 exd4 6 cxd4 ♗b4+ 7 ♗d2 ♘xe4!? (♟ 7 ... ♗xd2+)

🧠 8?

☖

8 ♗xb4! ♘xb4 9 ♗xf7+!
9 ♕b3?! d5! 10 ♕xb4 dxc4 11 ♕xc4 0-0∓
9 ... ♔xf7

🧠 10?

♄

10 ♕b3+! d5

🧠 11?

🌩

11 ♘e5+!
11 ♕xb4 ♖f8! (△ ...♔g8)
11 ... ♔g8?!
♟ 11 ... ♔e6!? 12 ♕xb4 c5⇄
12 ♕xb4 ♕f6 13 0-0 c5?!

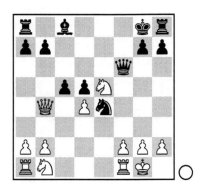

🧠 14?

→♔

14 ♕b5! b6? 15 ♕e8+ ♕f8 16 ♕c6 ♗a6 17 ♕xd5+ ♕f7 18 ♕xf7#   **1–0**

G52

☆☆☆☆☆

💥 • ♕ • ♟ • ♘ • →#

Greco - ♟

Europa 1620

C54

**1 e4 e5 2 ♘f3 ♘c6 3 ♗c4 ♗c5 4 c3
♘f6 5 d4 exd4 6 cxd4 ♗b4+ 7 ♘c3
♘xe4 8 0-0 ♗xc3**

🧠 **9?**

💥

9 d5!

9 bxc3 d5!∓

9 ... ♘e5 (📖 9 ... ♗f6) **10 bxc3! ♘xc4**

🧠 **11?**

♕

**11 ♕d4! ♘cd6 12 ♕xg7 ♕f6 13 ♕xf6!
♘xf6 14 ♖e1+ ♔d8?**

a) 14 ... ♘fe4! 15 ♘d2 f5=

b) 14 ... ♔f8? 15 ♗h6+ ♔g8 16 ♖e5!
♘de4 17 ♘d2! d6 18 ♘xe4 dxe5 19
♘xf6#

🧠 **15?**

📌

15 ♗g5! ♘de8

🧠 **16?**

💣

16 ♖xe8+!! ♔xe8 17 ♖e1+ ♔f8

17 ... ♔d8 18 ♗xf6#

18 ♗h6+ ♔g8

🧠 **19?**

→#

19 ♖e5!! (Δ 20 ♖g5#)   **1–0**

G53

☆☆☆☆☆

♕ • →♔ • ‡

Greco - ♟

Europa 1620

C54

**1 e4 e5 2 ♘f3 ♘c6 3 ♗c4 ♗c5 4 c3
♘f6 5 d4 exd4 6 cxd4 ♗b4+ 7 ♘c3
♘xe4 8 0-0 ♘xc3?!** (📖 8 ... ♗xc3) **9
bxc3 ♗xc3?!**

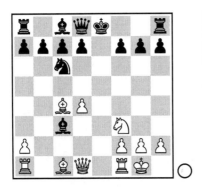

🧠 **10?**

ᖾ

10 ♕b3! ♗xa1
10 ... d5!? 11 ♗xd5 0-0 12 ♗xf7+
♔h8 (12 ... ♖xf7 13 ♘g5!) 13 ♕xc3
♖xf7±
11 ♗xf7+ ♔f8
11 ... ♔e7?? 12 ♗g5++–
12 ♗g5 ♘e7
12 .... ♘xd4 13 ♕a3+! ♔xf7 14
♗xd8±

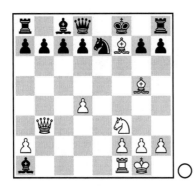

🧠 **13?**

→♔

13 ♘e5!! ♗xd4

🧠 **14?**

→♔

**14 ♗g6!! d5 15 ♕f3+ ♗f5 16 ♗xf5
♗xe5**

🧠 **17?**

‡

17 ♗e6+! ♗f6
17 ... ♔e8 18 ♕f7#
18 ♗xf6 ♔e8
18 ... gxf6 19 ♕xf6+ ♔e8 20 ♕f7#
19 ♗xg7   **1–0**

G54

☆☆☆☆☆
♻ • →♔ • ↬
Greco - ♟
Europa 1620
C54

**1 e4 e5 2 ♘f3 ♘c6 3 ♗c4 ♗c5 4 c3
♘f6 5 d4 exd4 6 cxd4 ♗b4+ 7 ♘c3
♘xe4 8 0-0 ♘xc3?! (⌓ 8 ... ♗xc3) 9
bxc3 ♗xc3?! 10 ♕b3! ♗xd4 11 ♗xf7+
♔f8**

🧠 **12?**

♻

12 ♗g5! ♗f6

12 ... ♘e7 13 ♖ae1+−
13 ♖ae1! ♘e7
13 ... ♗xg5 14 ♘xg5 ♕xg5?? 15 ♖e8#

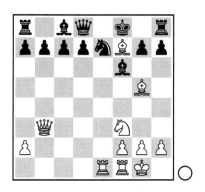

🧠 **14?**
→♔

14 ♗h5!! ♘g6
14 d5 15 ♖xe7!! Δ 16 ♖e1±

🧠 **15?**
→♔

15 ♘e5!! ♘xe5
15 ... ♗xe5 16 ♗xd8±
16 ♖xe5 g6
16 ... d5 17 ♕xd5 ♕xd5?? 18 ♖e8#
17 ♗h6+ ♗g7

🧠 **18?**
↬

18 ♖f5+!! gxf5
18 ... ♔e7 19 ♖e1+±
19 ♕f7#   1–0

Entrena tu juego táctico

1

‡ • → ♔⊞ • → # • *f7*

Kermeur de Legal - Saint Brie
París 1787
C50

**1 e4 e5 2 ♘f3 d6 3 ♗c4 ♘c6 4 ♘c3
♗g4 5 ♘xe5?!**
5 h3! Δ 5 … ♗h5??

🧠 6 ? ❺
‡ • → ♔⊞

6 ♘xe5!! ♗xe5 (6 … dxe5? 7 ♕xh5±;
6 … ♗xd1 7 ♗xf7+ ♔e7 8 ♘d5#) 7
♕xh5 ♘xc4 8 ♕b5+! c6 9 ♕xc4±
5 … ♗xd1?? (5 … ♘xe5!∓)

🧠 6 ? ❷
→ # • *f7*

6 ♗xf7+! ♔e7 7 ♘d5!#   1–0

2

→ ♔⊞ • ♞
Mingrelia - ♟
Italia 1801
C42

**1 e4 e5 2 ♗c4 ♘f6 3 ♘f3 ♘xe4 4 ♘c3
♘xc3**
4 … ♘f6!? 5 ♘xe5 d5=
5 dxc3! f6
a) 5 … d6? 6 ♘g5!±
b) 5 … ♘c6? 6 ♘g5±

6 0-0 d6

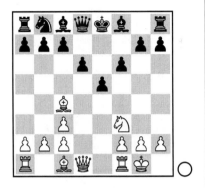

🧠 **7 ?** ❸

→♚⊞ • ↗

7 ♘h4! (△ 8 ♕h5+) **7 ... g6**

🧠 **8 ?** ❷

→♚⊞ • ↗

8 f4! (△ 9 f5!→) **8 ... f5**

8 ... exf4? 9 ♖e1+→

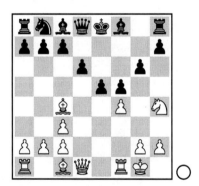

🧠 **9 ?** ❷

→♚⊞

9 ♘f3! ♕f6?

a) 9 ... e4? 10 ♕d4! × ♖h8±

b) 9 ... ♘c6 10 ♘g5!!±

10 fxe5 dxe5 11 ♗g5 ♕b6+ 12 ♔h1 ♕d6

🧠 **13 ?** ❷

→♚⊞

13 ♘xe5!! ♕xd1

13 ... ♕xe5 14 ♕d8#

14 ♗f7#   1–0

3

→♚⊞ • ↗

♟ - Du Mont
París 1802
A02

1 f4 e5!? 2 fxe5 d6 3 exd6 ♗xd6 4 g3 ♕g5!? (▢ 4 ... h5) **5 ♘f3??**

🧠 **5 ...?** ❶

→♚⊞ • ↗

46

5 ... ♛xg3+!! (=5 ... ♝xg3+!) **6 hxg3 ♝xg3#**   **0–1**

4

↻ • *f7* • →♔⊞ • ⚹ • ‡

Parkinson - Scrimgour
Londres 1817
C33

1 e4 e5 2 f4 exf4 3 ♝c4 ♝c5?! 4 d4 ♝e7 5 ♘f3 ♝h4+

🧠 **6 ?** ❸
↻

6 g3!? (6 ♔f1!?) **6 ... fxg3 7 0-0! gxh2+ 8 ♔h1! ♝e7?**

🧠 **9 ?** ❸
f7 • →♔⊞ • ⚹

9 ♝xf7+!! ♔xf7 10 ♘e5+ ♔e8
10 ... ♔e6 11 ♛g4+ ♔d6 12 ♘f7+±
11 ♛h5+ g6 12 ♘xg6 ♘f6

🧠 **13 ?** ❺
⚹ • ‡

13 ♖xf6!! ♝xf6 14 ♘xh8+
14 ♘e5+!! ♔e7 15 ♛f7+ ♔d6
16 ♘c4+ ♔c6 17 ♛d5#
14 ... ♔e7 15 ♛f7+ ♔d6 16 ♝f4+ ♔c6
17 ♛d5+ ♔b6 18 ♛c5+ ♔a6 19 ♝xc7
Δ 19 ... ♛xh8 20 ♛a5#   **1–0**

5

♟ • ⤢ • ↤
Sarratt - ♞
Londres 1818
D20

1 d4 d5 2 c4 dxc4 3 e3 b5?!

🧠 **4 ?** ❷
🔓

4 a4! ♝d7

4 ... c6?! 5 axb5 cxb5? 6 ♕f3!± Δ ♕xa8
5 axb5 ♗xb5 6 ♘c3 ♗a6?

🧠 **7 ? ❷**
↗

7 ♕f3!!
7 ♖xa6! ♘xa6 8 ♕a4+ Δ 9 ♕xa6+−
7 ... c6

🧠 **8 ? ❷**
↬

**8 ♖xa6!! ♘xa6 9 ♕xc6+ ♕d7 10
♕xa8+ ♕d8 11 ♕c6+ ♕d7 12 ♕xa6**
1–0

6

♕ • →♔⊞ • 🔒 • f7 • ⇧ • ⚡
Cochrane - ♟
Inglaterra 1822
C23

**1 e4 e5 2 ♗c4 ♗c5 3 c3 ♕e7 4 ♘f3
d6 5 0-0 ♘f6 6 d4 ♗b6 7 ♗g5 ♗g4 8
♘bd2 exd4?!** (8 ... 0-0) **9 cxd4 ♗xd4?**

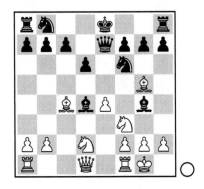

🧠 **10 ? ❷**
♕

10 ♕b3!
10 ♕a4+!? ♗d7 11 ♗xf7+ ♕xf7
12 ♕xd4 ♘c6=
10 ... ♗b6

🧠 **11 ? ❷**
→♔⊞ • 🔓

11 e5! dxe5 12 ♘xe5 ♗e6
a) 12 ... 0-0? 13 ♘xg4±
b) 12 ... ♕xe5? 13 ♖fe1±

🧠 **13 ? ❹**
→♔⊞ • f7 • ⇧

13 ♖ae1!

13 ♘xf7!! ♗xc4 (13 ... ♔xf7 14 ♖ae1+–) 14 ♘xc4 ♕xf7 (14 ... ♔xf7 15 ♘xb6++–) 15 ♖ae1+ ♔f8 (15 ... ♔d8 16 ♖d1+ ♘bd7 17 ♘xb6+–) 16 ♕a3+ ♔g8 (16 ... c5? 17 ♘xb6±) 17 ♖e7! ♕xc4 18 ♗xf6 gxf6 19 ♕g3+ ♔f8 20 ♕g7#

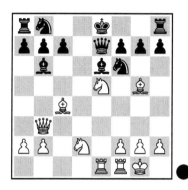

13 ... 0-0 14 ♘e4
a) 14 ♘g4!?
b) 14 ♘xf7?! ♗xc4!⇄
14 ... ♖e8

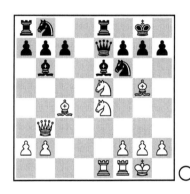

15 ? ❹
🖉

15 ♘xf7!! ♔f8
a) 15 ... ♕xf7 16 ♘xf6+ gxf6 17 ♖xe6±
b) 15 ... ♗xf7 16 ♘xf6+ gxf6 17

♖xe7±
16 ♘xf6 gxf6 17 ♖xe6 ♕xf7 18 ♗h6+ ♔g8 19 ♖xe8#   **1–0**

7

♕ • *f7* • ♟ • →♔⊞
Evans – McDonnell
Londres 1826
C52

1 e4 e5 2 ♘f3 ♘c6 3 ♗c4 ♗c5 4 0-0 d6 5 b4!? ♗xb4 6 c3 ♗a5 7 d4 ♗g4

🧠 8 ? ❷
♕ • *f7*

8 ♕b3!? (⌑ 8 ♗b5!?) **8 ... ♕d7?!** (8 ... ♗xf3!) **9 ♘g5! ♘d8?!** (9 ... ♘h6)

🧠 10 ? ❸
🔓

10 dxe5! dxe5 11 ♗a3!?
11 ♘xf7! ♘xf7 12 ♗xf7+ ♕xf7 13 ♕xb7 ♖d8 14 ♕b5+ ♖d7 15 ♕xa5±
11 ... ♘h6?! 12 f3 ♗b6+ 13 ♔h1 ♗h5 14 ♖d1 ♕c8

49

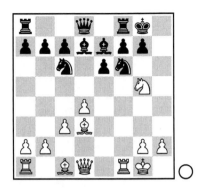

🧠 15 ? ❹

→♔⊞

🧠 12 ? ❸

💣 • →00 • ♕→

15 ♖xd8+!?

15 ♕b5+! c6 (15 ... ♘c6 16 ♗d5!
♕d7 17 ♗xc6 bxc6 18 ♕xe5+±) 16
♕xe5+±

15 ... ♕xd8 16 ♘xf7! ♕h4?

a) 16 ... ♕f6! 17 ♘xh8 0-0-0⇄

b) 16 ... ♗xf7 17 ♗xf7+ ♘xf7 18
♕e6++−

c) 16 ... ♘xf7 17 ♗b5+!! c6 18
♕e6++−

17 ♕b5+!

17 ♗b5+!! c6 18 ♕e6+±

**17 ... c6 18 ♕xe5+ ♔d7 19 ♕e6+ ♔c7
20 ♗d6#**   1–0

**12 ♖xf6!! ♗xf6 13 ♕h5! ♖e8 14 ♗h7+
♔h8**

14 ... ♔f8 15 ♕xf7#

15 ♘xf7#   1–0

8

💣 • →00 • ♕→

Blackmar - Farrar

Francia 1826

D00

**1 d4 d5 2 e4 dxe4 3 f3!? exf3 4 ♘xf3
e6 5 ♗d3 ♘f6 6 c3 ♗e7 7 0-0 ♘c6
8 ♘bd2 h6?! 9 ♘e4 0-0 10 ♘fg5?!
hxg5! 11 ♘xg5 ♗d7??**

9

⊞ • ♕→ • →#

Evans – McDonnell

Londres 1829

C51

**1 e4 e5 2 ♘f3 ♘c6 3 ♗c4 ♗c5 4 b4!?
♗xb4 5 c3 ♗c5?! (🔲 5 ... ♗a5) 6 0-0
♘f6 7 d4! exd4 8 cxd4 ♗b6**

🧠 9 ? ❶

⊞

9 e5! d5 10 exf6 dxc4 11 ♖e1+ ♔f8
11 ... ♗e6? 12 fxg7 ♖g8 13 d5!±
12 ♗a3+ ♔g8

🧠 **13 ?** ❶

⊞

13 d5 ♘a5 14 ♗e7 ♕d7 15 fxg7 ♔xg7

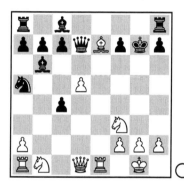

🧠 **15 ?** ❸

♕→

16 ♕d2! (=16 ♕c1!) 16 ... ♕g4
16 ... h6 17 ♗f6+!! ♔xf6 18 ♕c3+
♔g6 19 ♕xh8+−
17 ♕c3+ ♔g8

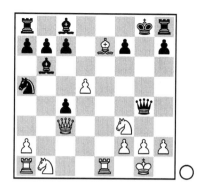

🧠 **18 ?** ❸

→#

**18 ♕xh8+!! ♔xh8 19 ♗f6+ ♕g7 20
♖e8#**   **1–0**

10

→*00* • ✦ • ♖→
Wilke - Priwonitz
Hamburgo 1833
C00

**1 c4 e6 2 e4 d5 3 cxd5 exd5 4 exd5
♘f6 5 ♗b5+ ♗d7 6 ♗c4 ♗e7 7 ♘c3
0-0 8 ♘ge2?! (8 ♘f3) 8 ... ♗d6 9 0-0**

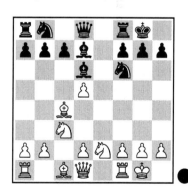

🧠 **9 ...?** ❺

→*00* • ✦

9 ... ♝xh2+!? 10 ♚xh2 ♞g4+ 11 ♚g1?
11 ♚g3! h5!!⩱ (11 ... ♛g5?! 12 f4!
♛g6 13 f5! ♝xf5 14 ♞f4 ♛g5 15 ♞e4
♝xe4 16 ♛xg4±)
11 ... ♛h4 12 ♖e1 ♛xf2+ 13 ♚h1

🧠 **13 ...?** ❹
♖→

13 ... ♖e8!!
Δ 14 ... ♖e5 ∧ 15 ... ♖h5#
14 d4
14 ♖f1? ♛h4+ 15 ♚g1 ♛h2#

🧠 **14 ...?** ❹
♖→

14 ... ♖e3!! 15 ♝d2
15 ♝xe3 ♞xe3 Δ 16 ... ♛xg2# ∨ 16
... ♞xd1∓
15 ... ♖h3!!+ 16 gxh3 ♛h2#   **0–1**

11

‡
Horwitz - Bledow
Berlín 1837
C53

1 e4 e5 2 ♞f3 ♞c6 3 ♝c4 ♝c5 4 c3
♝b6 5 d4 ♛e7 5 d5 (5 0-0!) **6 ... ♞d8?!**
(6 ... ♞b8) **7 ♝e2?! d6 8 h3 f5 9 ♝g5
♞f6 10 ♞bd2 0-0 11 ♞h4 fxe4 12
♞xe4?**

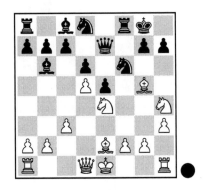

🧠 **12 ...?** ❸
‡

**12 ... ♞xe4!! 13 ♝xe7 ♝xf2+ 14 ♚f1
♞g3#**   **0–1**

12

‡
Von der Lasa - Strumpf
Berlín 1837
B01

1 e4 d5 2 exd5 ♛xd5 3 ♞c3 ♛f5? (📖
3 ... ♛a5) **4 d4 e5? 5 ♞f3 e4 6 ♞d2** (6
♞g5!) **6 ... ♞f6 7 ♛e2 ♞c6 8 ♞dxe4**

♘xd4??

🧠 **9 ?** ❷

‡

9 ♘xf6+!! ♚d8 10 ♕e8#   **1–0**

13

⇄ • ↻ • →♚⊞ • *f7* • ↬ • ↵

Staunton – Popert
Londres 1840
C44

1 e4 e5 2 ♘f3 ♘c6 3 d4 exd4 4 ♗c4 ♗b4+?!

🧠 **5 ?** ❷

⇄

5 c3!

5 ♗d2? ♗c5

5 ... dxc3 6 bxc3 ♗a5 7 e5!? (7 0-0)

7 ... d6?

7 ... d5! 8 ♕xd5 ♕xd5 9 ♗xd5 ♘ge7=

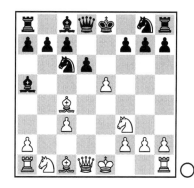

🧠 **8 ?** ❷

→♚⊞ • *f7*

8 ♕b3! ♕e7 9 0-0! dxe5

9 ... ♘xe5 10 ♘xe5 dxe5? 11 ♕a4+ c6 12 ♕xa5±

🧠 **10 ?** ❶

↻

10 ♗a3! ♕f6 11 ♘bd2 ♗f5?!

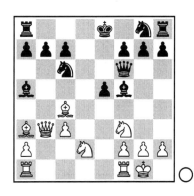

🧠 **12 ?** ❸

↬ • *f7*

12 ♗xf7+!!

12 ♕xb7?! ♖b8 13 ♕a6 ♖b6−+

12 ... ♕xf7 13 ♕xb7! ♖d8 14 ♕xc6+ ♗d7

🧠 **15 ?** ❷

ы

15 ♕c5! ♗b6 16 ♕xe5+ ♘e7 17 ♖ae1 c5 18 ♘e4 ♗c6

18 ... 0-0 19 ♘eg5+−

19 ♘fg5

△ 19 ... ♕g6 20 ♘e6 ♖d5 21 ♘d6+ ♔d7 22 ♘f8+ ♖xf8 23 ♕xe7# **1–0**

14

⊕♗

Gotemburgo - Estocolmo

✉ *1840*

C23

1 e4 e5 2 ♗c4 ♗c5 3 ♘f3 d6 4 c3 ♕e7?! 5 0-0 ♗g4 6 d3 ♘d7 7 b4 ♗b6 8 ♗e3 ♘gf6 9 ♘bd2 c6 10 ♕b3?

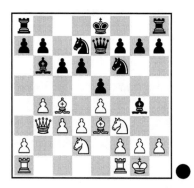

🧠 **10 ...?** ❸

⊕♗

10 ... ♗xe3! 11 fxe3 b5!! **0–1**

15

‡ • →♔⊞ • *f7*

Buckley - ♟

Londres 1840

B30

1 e4 c5 2 ♘f3 d6 3 ♘c3 e5 4 ♗c4 ♘c6 5 d3 ♘ge7?

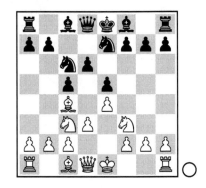

🧠 **6 ?** ❷

→♔⊞ • *f7*

6 ♗g5? (6 ♘g5!!±) **6 ... ♗g4 7 ♘d5 ♘d4?**

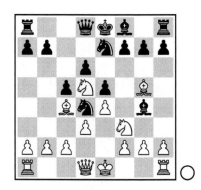

🧠 **8 ?** ❹

‡ • →♔⊞ • *f7*

8 ♘xe5!!

8 ♘xd4! ♗xd1 9 ♗b5+ ♕d7 (9 ... ♘c6
10 ♘xc6 ♕xg5 11 ♘xe5+ ♔d8 12
♘xf7+ ♔c8 13 ♘xg5±) 10 ♗xd7±
8 ... ♗xd1??
8 ... dxe5 9 ♕xg4 ♘xc2+ 10 ♔d1
♘xa1? 11 ♗b5+±
9 ♘f6!+ gxf6 10 ♗xf7#   **1–0**

16

☆☆☆☆☆

→♔⊞ • *f7* • ↭ • ↗
Walker - Popert
Londres 1841
C44

**1 e4 e5 2 ♘f3 ♘c6 3 d4 exd4 4 ♗c4
♗b4+?! 5 c3! dxc3 6 bxc3 ♗a5 7 e5
d6** (7 ... ♘ge7) **8 0-0 dxe5?**

🧠 **9 ? ❹**
→♔⊞ • *f7*

9 ♗xf7+! ♔xf7
9 ... ♔f8 10 ♕b3! Δ 11 ♗a3+±

🧠 **10 ? ❺**
↭

10 ♘xe5+! ♔e8
a) 10 ... ♘xe5? 11 ♕xd8±
b) 10 ... ♔f8 11 ♗a3+ ♘ge7 12 ♕f3+!
♗f5 13 ♕xf5+±
c) 10 ... ♔f6 11 ♗g5+! ♔xg5 12 ♘f7+±
d) 10 ... ♔e6 11 ♕g4+ ♔xe5 12 ♕f4+
♔e6 13 ♖e1+ ♔d7 14 ♖d1+±

🧠 **11 ? ❸**
→♔⊞ • ↗

11 ♕h5+! g6 12 ♘xg6! ♘f6
12 ... hxg6 13 ♕xh8±
13 ♖e1+ ♗e6
13 ... ♘e7 14 ♕e5 hxg6 (14 ... ♕d6
15 ♕xd6 cxd6 16 ♘xh8±) 15 ♕xf6
♖f8 16 ♕xg6+ ♖f7 17 ♗g5±
14 ♖xe6+ ♔f7
14 ... ♔d7 15 ♘f8+!! ♖xf8 16 ♕h3+–
15 ♘xh8+ ♔xe6

🧠 **16 ? ❺**
→♔⊞

16 ♕h3+!?
16 ♕f7+!! ♔f5 17 g4+! ♔xg4 18
♕e6+ ♔h4 19 ♗g5+ ♔h5 (19 ...
♔xg5 20 ♘f7++–) 20 ♕h3+ ♔xg5 21
♘f7++–
16 ... ♔d5

16 ... ♔e7 17 ♗a3+ ♔e8 (17 ... ♗b4!!∞)
18 ♕e6+ ♘e7 19 ♕f7+ ♔d7 20 ♕xf6±
17 ♕f5+ ♔c4
a) 17 ... ♔d6 18 ♘f7+±
b) 17 ... ♘e5 18 ♘f7±
18 ♘a3+! ♔xc3 19 ♕c5+ ♔d3 20 ♕c4#   **1–0**

17

♟ · ♟

Daniels - Walker
Londres 1841
C50

1 e4 e5 2 ♘f3 ♘c6 3 ♗c4 ♗c5 4 d3 ♘f6 5 ♘c3 0-0 6 ♗g5 h6 7 ♗h4 ♗b4 8 0-0 ♗xc3 9 bxc3 g5? (9 ... d6)

🧠 **10 ?** ❸
♟

---

10 ♘xg5!! hxg5
10 ... ♘xe4!? 11 dxe4 hxg5 12 ♕h5! gxh4 13 f4!±
11 ♗xg5 ♔g7

🧠 **12 ?** ❷
♟

12 f4! (× ♘f6)   **1–0**

18

♕→ • ‡ • →♔⊞ • ↻

Laza - Janisch
Berlín 1842
C35

1 e4 e5 2 f4 exf4 3 ♘f3 ♗e7 4 ♗c4 ♗h4+ 5 g3 fxg3 6 0-0 gxh2+ 7 ♔h1 ♗f6 8 ♘e5!? (♙ 8 e5) **8 ... ♗xe5?!**
(8 ... d5!∞)

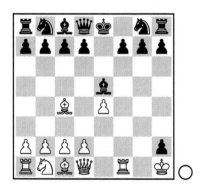

🧠 **9 ?** ❹
♕→

9 ♕h5!
9 ♗xf7+ ♔e7∞
9 ... ♕e7
9 ... g6?! 10 ♕xe5+±
10 ♖xf7 ♕c5!

🧠 **11 ? ❸**

‡

11 ♖f8+!!

a) 11 ♖xg7+? ♔d8 12 ♗xg8 ♕d4!∓
b) 11 ♖f5+ ♔d8!∓

11 ... ♔e7

11 ... ♔xf8 12 ♕f7#

🧠 **12 ? ❷**

→♔⊞

12 d4!! ♕xc4? (12 ... ♕xd4!∞) **13 ♕e8+ ♔d6 14 ♕xe5+ ♔c6**

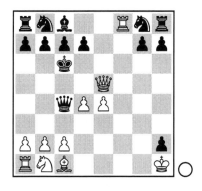

🧠 **15 ? ❷**

↻

15 ♘a3! d6

15 ... ♕b4 16 ♗d2!±

---

16 d5+ ♔c5 17 ♗e3+ ♔b4 18 c3+ ♔a4 19 b3+ ♔xa3

19 ... ♔a5 20 ♘xc4+±

20 ♗c1#   **1–0**

19

f7 • 🔒 • ⇧
Staunton - Cochrane
Londres 1842
C52

1 e4 e5 2 ♘f3 ♘c6 3 ♗c4 ♗c5 4 b4 ♗xb4 5 c3 ♗a5 6 0-0 ♗b6 7 ♗a3 d6 8 d4 exd4 9 cxd4 ♘f6?! (9 ... ♗g4!)

🧠 **10 ? ❸**

🔓

10 e5! dxe5

🧠 11 ? ❷

f7

11 ♕b3! ♕d7 12 dxe5 ♘a5?

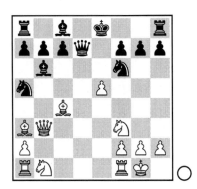

⚪

🧠 13 ? ❺

⬆

13 exf6!! ♘xb3 14 ♖e1+ ♔d8 15 ♗e7+ ♔e8 16 fxg7! ♖g8 17 ♗f6+ ♕e6 18 ♗xe6 ♗xe6 19 axb3±   **1–0**

20

⊕♕

Cochrane - Staunton
Londres 1842
C00

1 e4 c5 2 c4?! e6 3 ♗d3?! ♘e7 4 ♘e2 ♘g6 5 0-0 ♗e7 6 f4 d6 7 ♘bc3 ♘c6

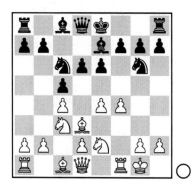

⚪

---

8 a3 ♗f6 9 ♘g3 ♗d4+ 10 ♔h1 0-0 11 ♕h5 e5 12 ♘ce2?! (◻ 12 f5!) **12 ... exf4 13 ♘xf4 ♘ce5 14 ♘ge2??**

⚫

🧠 14 ...? ❶

⊕♕

14 ... ♗g4!!   **0–1**

21

⊕♕

Cochrane - Staunton
Londres 1842
B30

1 e4 c5 2 ♗c4 e6 3 ♘f3 ♘c6 4 e5?! ♘ge7 5 ♘c3 ♘g6 6 ♕e2 ♘f4 7 ♕e4 g5!? 8 g3??

⚫

⊕♛

8 ... d5!
=8 ... f5! 9 exf6 d5!∓
9 exd6
9 ♕e3 ♘g2+∓
9 ... f5!
Δ 10 ♕e3 ♘g2+–+   **0–1**

22

🔒 • ♻ • ‡ • →♚⊞ • *f7*
Cochrane - ♟
Londres 1842
C37

1 e4 e5 2 f4 exf4 3 ♘f3 g5 4 ♗c4 g4 5 0-0! gxf3 6 ♕xf3 ♕e7?! (↬ 6 ... ♕f6)

🧠 7 ? ❷

🔓

7 d4!
7 ♕xf4!? ♕c5+ 8 ♖f2! Δ 8 ... ♕xc4 9 ♕e5+ ∧ 10 ♕xh8 ∞
7 ... ♗g7 (7 ... ♘c6!) **8 ♗xf4 ♗xd4+ 9 ♚h1 ♗xb2**

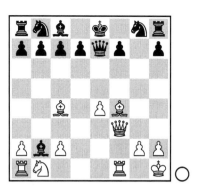

🧠 10 ? ❸

↻

10 ♘c3!! ♗xa1?
a) 10 ... ♗xc3 11 ♕xc3 f6 (11 ... ♘f6 12 ♗g5±) 12 e5±
b) 10 ... c6 11 ♖ab1±
11 ♘d5! ♕c5
11 ... ♕d8? 12 ♗e5!+–

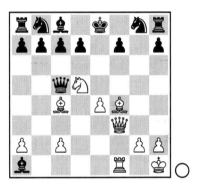

🧠 12 ? ❸

‡ • →♚⊞ • *f7*

12 ♗d6!! ♕xd6 13 ♕xf7+ ♚d8 14 ♕f8+ ♕xf8 15 ♖xf8#   **1–0**

23

♞ • ⇄ • →00
♟ - Perigal
Londres 1843
C44

1 e4 e5 2 ♘f3 ♘c6 3 ♗c4 ♗c5 4 c3 d6 5 0-0 ♗g4 6 d4 exd4 7 ♕b3

🧠 **7 ...?** ❸
⇄

7 ... ♕d7!

a) 7 ... ♕f6? 8 ♕xb7 ♗xf3 9 ♕xc6+ ♔e7 10 ♕xa8 ♕g6 11 g3 ♕h5 12 ♘d2±

b) 7 ... ♘h6? 8 ♗xh6±

c) 7 ... ♘a5!? 8 ♗xf7+ ♔f8 9 ♕a4 ♔xf7 10 ♕xa5∞

8 cxd4

a) 8 ♗xf7+! ♕xf7 9 ♕xb7 ♔d7 10 ♕xa8 ♗xf3 11 gxf3 ♘e5∓

b) 8 ♕xb7 ♖b8⇄

🧠 **8 ...?** ❸
♞

8 ... ♗xf3! 9 dxc5

a) 9 gxf3 ♘xd4∓

b) 9 ♕xf3 ♗xd4∓

🧠 **9 ...?** ❹
⇄

9 ... ♘d4!! 10 ♕xb7?

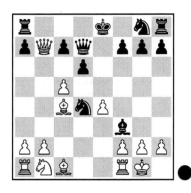

🧠 **10 ...?** ❷
→00

10 ... ♕g4! 11 ♕xa8+ ♔e7 12 ♗g5+ ♘f6 13 cxd6+ ♔d7!

13 ... cxd6 14 ♕b7+

14 g3 ♕h3 15 ♕xh8 ♕g2#   **0–1**

24

♜ • f2 • →#
Hoffman - Petrov
Varsovia 1844
C54

1 e4 e5 2 ♘f3 ♘c6 3 ♗c4 ♗c5 4 c3 ♘f6 5 d4 exd4 6 e5 ♘e4 (♟ 6 ... d5!) **7 ♗d5?!**

🧠 **7 ...?** ❸
♜ • f2

7 ... ♘xf2!!
7 ... f5?! 8 cxd4 ♗b4+ 9 ♘bd2±
8 ♔xf2 dxc3+ 9 ♔g3 (9 ♔f1!?) **9 ... cxb2**

10 ♗xb2 ♘e7!? (10 ... 0-0∞) **11 ♘g5?!**

♘xd5!
11 ... 0-0? 12 ♕d3! →
12 ♘xf7
12 ♕xd5? ♕xg5+∓

🧠 **12 ...?** ❺
→#

12 ... 0-0!!
a) 12 ... ♔xf7 13 ♕xd5+ ♔e8 14 ♕xc5∞
b) 12 ... ♕e7!?
13 ♘xd8 ♗f2+ 14 ♔h3 d6+ 15 e6
15 g4 ♘f4#
15 ... ♘f4+ 16 ♔g4 ♘xe6 17 ♘xe6 ♗xe6+ 18 ♔g5 ♖f5+ 19 ♔g4 h5+ 20 ♔h3 ♖f3#   **0–1**

25

↪ • ♜ • →#
Schulten - Horwitz
Londres 1846
C27

1 e4 e5 2 ♗c4 ♘f6 3 ♘c3 b5?!
♟ 3 ... ♘xe4!? Δ 4 ♘xe4 d5!
4 ♗xb5 ♗c5 5 d3 c6 6 ♗c4?! ♕b6?!
(6 ... d5) **7 ♕e2**
7 ♕d2!? Δ ♘a4

61

7 ... d5! 8 exd5 0-0 9 ♘e4? (◻ 9 ♘f3)
9 ... ♘xe4 10 dxe4

🧠 **10 ...?** ❷
↬

**10 ... ♗xf2+!! 11 ♕xf2 ♕b4+ 12 ♗d2
♕xc4 13 ♕f3?!** (13 ♕e2) **13 ... f5!? 14
exf5 ♗xf5 15 ♕b3??**

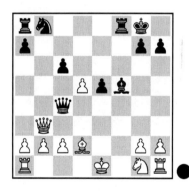

🧠 **15 ...?** ❸
⊏ • →#

**15 ... ♕f1+!! 16 ♔xf1 ♗d3+ 17 ♔e1
♖f1#**   **0–1**

26

☆☆☆☆☆
f7 • ♕→ • ⇧
Staunton - ♟
Londres 1847
C37

**1 e4 e5 2 f4 exf4 3 ♘f3 g5 4 ♗c4 g4 5
d4?! gxf3 6 0-0 fxg2?**

🧠 **7 ?** ❸
f7

7 ♗xf7+!! ♔xf7
7 ... ♔e7 8 ♖xf4±
8 ♖xf4+
8 ♕h5+!:
a) 8 ... ♔g7 9 ♖xf4→
b) 8 ... ♔e6 9 ♕d5+ ♔e7 10 ♖xf4→
c) 8 ... ♔e7 9 ♖xf4 ♘f6 10 ♖xf6!!
♔xf6 11 ♗g5+±
8 ... ♘f6
a) 8 ... ♔g7 9 ♕g4+ ♔h6 10 ♖f6#
b) 8 ... ♔e7 9 ♕h5→
9 e5 ♔g8
9 ... ♗g7 10 exf6 ♗xf6 11 ♕h5+→
10 exf6 d5?
10 ... h5!∞

🧠 **11 ?** ❸

♕→

11 ♕h5! ♘c6

🧠 **12 ?** ❺

⇧

12 ♖f2!!

=12 ♖f3

Δ 13 ♖xg2+ ∨ 13 f7+ ♔g7 14 ♗h6#

1–0

27

⇧ • ↬ • ⊕♕

Petrov - Szymanski
Varsovia 1847
C01

**1 e4 e6 2 d4 d5 3 exd5 exd5 4 c4 ♗b4+
5 ♘c3 ♘e7** (📖 5 ... ♘f6) **6 ♘f3 ♗g4
7 ♗e2 dxc4 8 0-0!? ♗xf3?!** (8 ... 0-0)
9 ♗xf3 c6

🧠 **10 ?** ❷

⇧

10 ♕e2! ♕xd4?

a) 10 ... 0-0! 11 ♕xc4±

b) 10 ... ♗xc3 11 bxc3 b5 12 ♖e1 (Δ

13 ♗a3±)

11 ♖d1! ♕f6

11 ... ♕c5 12 ♘e4±

12 ♘e4! ♕e6

12 ... ♕h4? 13 ♗g5±

🧠 **13 ?** ❹

↬

13 a3! ♗a5 14 ♗g4!

a) 14 ♘d6+!?

b) 14 ♖d6!? ♕e5 15 ♗g5 0-0 16 ♗f6!!
gxf6 17 ♘xf6+±

14 ... ♕g6

14 ... f5 15 ♗xf5! ♘xf5 (15 ... ♕xf5?
16 ♘d6+±) 16 ♘d6+ ♔e7 17 ♗g5+±

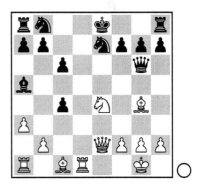

🧠 **15 ?** ❺

⊕♕

15 ♗f5!! (15 ♗h5!±) **15 ... ♘xf5**

15 ... ♕xf5 16 ♘d6+±

16 ♘f6+

16 ... ♔f8 17 ♕e8#   **1–0**

28

‡

Falkbeer - ♟

1847

C44

1 e4 e5 2 ♘f3 ♘c6 3 d4 exd4 4 ♗c4 d6?! 5 c3!? dxc3 6 ♘xc3 ♗g4?! 7 0-0 ♘e5??

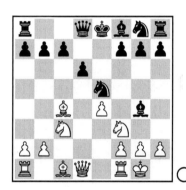

🧠 **8 ? ❸**

‡

8 ♘xe5! ♗xd1

8 ... dxe5 9 ♕xg4±

9 ♗xf7+ ♔e7 10 ♘d5#   **1–0**

29

⊏ • *f7* • ⊂ • →*00*

Discart - Bonetti

Módena 1847

C21

1 e4 e5 2 d4 exd4 3 ♗c4 ♗b4+?! 4 c3! dxc3 5 bxc3 ♕f6

🧠 **6 ? ❺**

⊏

6 cxb4!? ♕xa1

🧠 **7 ? ❶**

f7

7 ♕b3! ♕f6 8 ♗b2 ♕g6

8 ... ♕e7? 9 ♗xg7±

🧠 **9 ? ❷**

⊂

9 ♘e2! (Δ 11 ♘f4) **♘h6?!**

a) 9 ... ♘f6!?

b) 9 ... ♕xg2 10 ♖g1 ♕xe4 11 ♗xg7±

10 ♘bc3 c6

10 ... 0-0 11 ♘d5 ♘c6 (11 ... ♕xe4 12 ♕c3 ♘f5 13 ♘f6+!! gxf6 14 ♕xf6±)

12 b5!± Δ 13 ♘e7+
11 ♘f4 ♕g5
a) 11 ... ♕d6∞
b) 11 ... ♕g4 12 ♘ce2
12 ♘ce2 0-0? 13 h4! ♕e7
13 ... ♕g4? 14 f3±

🧠 **14 ?** ❸
→00

14 ♕g3! g6 15 ♘xg6! (15 ♕c3!!±) **15
... ♕xb4+**
15 ... hxg6? 15 ♕xg6#
15 ♗c3 ♕b1+ 17 ♔d2
17 ... ♕xh1 18 ♘e7#   **1–0**

30

C • →♔⊞
Harrwitz - Anderssen
Breslavia 1848
C33

**1 e4 e5 2 f4 exf4 3 ♗c4 ♕h4+ 4 ♔f1
♗c5? 5 d4 ♗b6 6 ♘f3 ♕e7 7 ♘c3
♘f6?!** (7 ... c6) **8 e5 ♘h5 9 ♘d5 ♕d8**

🧠 **10 ?** ❹
C

10 g4!! fxg3 11 ♗g5! f6 12 exf6 gxf6

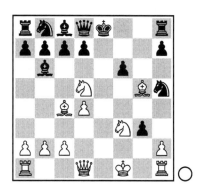

🧠 **13 ?** ❷
→♔⊞

13 ♘e5! (13 ♕e1+!!±) **13 ... 0-0**

13 ... fxg5 14 ♕xh5+±
14 ♕xh5 fxg5+ 15 ♘f6+ ♔g7 16 ♕xh7+ ♔xf6 17 ♘g4# **1–0**

31

ч
Simons - Loewe
Londres 1849
B20

1 e4 c5 2 ♗c4?! e6 3 ♘c3 ♘e7 4 f4?! (4 ♕e2) **4 ... d5 5 ♗b5+ ♘bc6 6 d3 d4!? 7 ♘ce2??**

🧠 **7 ...?** ❷
ч

7 ... ♕a5+! (× ♗b5) **0–1**

32

🔓 • *f7* • ⮌
Chamouillet - ♟
Versalles 1849
C30

1 e4 e5 2 f4 d6 3 ♘f3 ♗g4 4 ♗c4 ♗e7 5 0-0 ♘c6 6 c3
6 ♗xf7+!? ♔xf7 7 ♘g5+ ♗xg5 8

fxg5+ ♔g6 9 ♕xg4 ♕xg5±
6 ... ♘a5?!

🧠 **7 ?** ❹
🔓

7 fxe5!
7 ♗xf7+!! ♔xf7 8 ♘g5+ ♗xg5 9 fxg5+ ∧ 10 ♕xg4±
7 ... dxe5?
7 ... ♘xc4 8 ♕a4+ c6 9 ♕xc4±

🧠 **8 ?** ❸
f7 • ⮌

8 ♗xf7+!! ♔xf7 9 ♘xe5+ ♔e6
9 ... ♔e8 10 ♕xg4±
10 ♕xg4+! ♔xe5 11 ♕f5+ ♔d6 12 ♕d5# **1–0**

33

→♔⊞
Morphy - Le Carpentier
Nueva Orleans 1849
C30
- ♖a1

1 e4 e5 2 ♘f3 ♘c6 3 d4 exd4 4 ♗c4 ♗b4+?! (⌑ 4 ... ♗c5) **5 c3!? dxc3 6**

0-0!? cxb2 7 ♗xb2 ♗f8?

7 ... ♘f6 8 e5 d5!∓

8 e5 d6 9 ♖e1 dxe5?

🧠 **10 ?** ❺

→♔⊞

10 ♘xe5!?

10 ♗xf7+!! ♔xf7 11 ♘xe5+ ♘xe5 12 ♕xd8±

10 ... ♕xd1 11 ♗xf7+ ♔e7? (11 ...
♔d8!∓) **12 ♘g6+ ♔xf7??** (12 ...
♔d6!∓; 12 ... ♔d8∓) **13 ♘xh8#   1–0**

♙ • ⬆

34

Morphy - Alonzo Morphy
Nueva Orleans 1849
C51

**1 e4 e5 2 ♘f3 ♘c6 3 ♗c4 ♗c5 4 b4
♗xb4 5 c3 ♗c5?!** (♟ 5 ... ♗a5) **6 d4!
exd4 7 cxd4 ♗b6 8 0-0 ♘a5?!** (8 ...
d6) **9 ♗d3 d5?!** (9 ... d6)

🧠 **10 ?** ❷

♙

10 exd5! ♕xd5?! (10 ... ♘e7) **11 ♗a3!**
(11 ♘c3!) **11 ... ♗e6 12 ♘c3 ♕d7**

🧠 **13 ?** ❸

⬆

13 d5!! &xd5 14 ♘xd5 ♕xd5 15 ♖e1+

15 ... ♔d8 (15 ... ♔d7 16 &f5+±) 16
&e4!! ♕d7 (16 ... ♕xd1 17 ♖axd1+
♔c8 18 &f5+ ♔b8 19 ♖e8#) 17
♕xd7+ ♔xd7 18 ♖ad1+ ♔e6 (18 ...
♔c8 19 &f5+ ♔b8 20 ♖d8#) 19 &c2+
♔f6 20 &b2++−   **1–0**

35

♟ . ↬ . ♟

Morphy - Rousseau
Nueva Orleans 1849
C39

**1 e4 e5 2 f4 exf4 3 ♘f3 g5 4 h4!? g4
5 ♘g5 (♙ 5 ♘e5) 5 ... h6 6 ♘xf7!?
♔xf7**

7 ♕xg4

7 &c4+ d5! 8 &xd5+ ♔e8∓

**7 ... ♕f6 (7 ... ♘f6!∓) 8 &c4+ ♔e7?!
9 ♘c3!**
9 &xg8? h5!∓
9 ... c6?!

🧠 10 ? ❸
🔓

10 e5!?
a) 10 d4!!⩲
b) 10 &xg8? h5∓
**10 ... ♕xe5+ 11 ♔d1 ♔d8 12 ♖e1
♕c5? (12 ... ♘f6!) 13 &xg8 d5?**

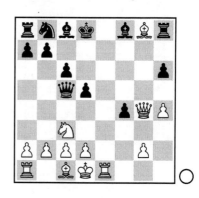

🧠 14 ? ❹
↬

14 ♖e8+!! ♔xe8
14 ... ♔c7? 15 ♖xc8+ ♔b6 16 ♘a4+±

16 ♕xc8+ ♔e7

🧠 15 ? ❺

15 ♘xd5+!! ♔d6

a) 16 ... ♕xd5 17 ♗xd5±
b) 16 ... cxd5 17 ♕xc5++–
17 ♕c7#   1–0

36

f7 · ♟ · ♟
Morphy - ♟
Nueva Orleans 1850
C57
- ♖a1

1 e4 e5 2 ♘f3 ♘c6 3 ♗c4 ♘f6 4 ♘g5 d5 5 exd5 ♘xd5?

🧠 6 ? ❸
f7

6 ♘xf7! ♔xf7 7 ♕f3+ ♔e6 8 ♘c3 ♘ce7 (8 ... ♘cb4) **9 0-0 c6**

🧠 10 ? ❸
🔒

---

10 d4!! exd4?! 11 ♖e1+ ♔d7
11 ... ♔d6 12 ♘e4+→
12 ♘xd5 ♘xd5 13 ♗xd5 cxd5? (13 ... ♔c7) **14 ♕xd5+ ♔c7?**
14 ... ♗d6! 15 ♗f4 ♕f6∞
15 ♗f4+ ♗d6
15 ... ♔b6? 16 ♕xd8+±

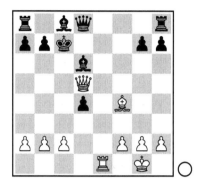

🧠 15 ? ❶
🔒

16 ♕c5+! ♔b8
16 ... ♔d7 17 ♕xd6#
17 ♕xd6+ ♕xd6 18 ♗xd6#   1–0

37

♟ • ⊕♛

Mc Connell - Morphy
Nueva Orleans 1850
C02

1 e4 e6 2 d4 d5 3 e5 c5 4 c3 ♘c6 5 f4?! ♛b6 6 ♘f3 ♗d7 7 a3?! ♘h6! 8 b4 cxd4 9 cxd4 ♖c8 10 ♗b2 ♘f5 11 ♛d3?

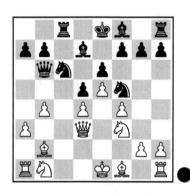

🧠 **11 ...?** ❹
♟

11 ... ♗xb4+!! 12 axb4 ♘xb4 13 ♛d2
13 ♛b3 ♘c2+ 14 ♔f2 ♛xb3∓

🧠 **13 ...?** ❷
⊕♛

13 ... ♖c2! 14 ♛d1 ♘e3!   **0–1**

38

f2 • ↻ • ♟ • →#

♟ - Bird
Inglaterra 1850
C45

1 e4 e5 2 ♘f3 ♘c6 3 d4 exd4 4 ♘xd4 ♛h4!? 5 ♘b5 (▱ 5 ♘c3)

🧠 **5 ...?** ❶
f2

5 ... ♗c5!
5 ... ♛xe4+!? 6 ♗e2 ♔d8 7 0-0↻
6 ♛f3
6 ♘xc7+!? ♔d8 7 ♘xa8?? ♛xf2#

🧠 **6 ...?** ❹
↻

6 ... ♘f6!? (6 ... ♘d4!?; 6 ... ♗b6!?) **7 ♘xc7+** (7 ♛f4!) **7 ... ♔d8 8 ♘xa8**

🧠 **8 ...?** ❷
↻

8 ... ♖e8!? (8 ... ♘d4!?) **9 ♗d3?!**
9 ♘c3! ♘xe4 10 ♘xe4 ♖xe4+ 11 ♗e2± (△ 11 ... ♘d4 12 ♗g5+! ♛xg5

70

13 ♕xe4±)

9 ... ♘xe4 10 0-0

10 ♗xe4 ♘d4 11 ♕d3 ♖xe4+ 12 ♔f1
(12 ♗e3 ♖xe3+!!∓) 12 ... ♘xc2! Δ 13
♕xc2 b6→

🧠 **10 ...?** ❹

10 ... ♘xf2!! 11 ♖xf2 ♖e1+ 12 ♗f1

🧠 **12 ...?** ❺
→#

**12 ... ♘d4!! 13 ♕xf7? ♘e2+ 14 ♔h1
♖xf1+ 15 ♖xf1 ♘g3#**　　　　**0–1**

39

→00 • →# • ‡

Mahescandra - Cochrane
Calcuta 1850
B30

**1 e4 c5 2 ♘f3 ♘c6 3 ♗c4 e6 4 0-0 a6
5 d4 b5 6 ♗e2** (6 d5!?) **6 ... d5?! 7 exd5
exd5 8 dxc5** (8 ♖e1!) **8 ... ♗xc5 9 ♘c3
♗e6 10 ♘g5?! ♘f6 11 ♘xe6 fxe6 12
♗g5 0-0 13 ♗d3 ♘e5** (13 ... ♕d6) **14
♕e2 ♕d6 15 ♖ae1**

15 ♗f4 ♘fg4 16 ♗g3 h5!∓

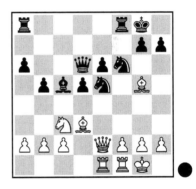

🧠 **15 ...?** ❹
→00

15 ... ♘fg4!
15 ... ♘eg4? 16 ♕e6+±
16 ♘d1?

🧠 **16 ...?** ❷
→# • ‡

16 ... ♘f3!!+
Δ 17 gxf3 ♕xh2#　　　　**0–1**

71

40

⇧ • ♟ • ♵ • →00 • ♛→ • →#

Cochrane - Mahescandra
Calcuta 1850
C45

1 e4 e5 2 d4 exd4 3 ♘f3 ♘c6 4 ♘xd4 ♗c5 5 ♗e3 ♛e7?! 6 ♘f5!? ♛xe4 7 ♗d3?! (7 ♘xg7+) **7 ... ♛e5?!** (7 ... ♛xg2!∓) **8 0-0 ♗xe3**

🧠 **9 ?** ❹

⇧ • ♟

9 ♖e1! ♘ge7 10 ♖xe3 ♛f6
10 ... ♛xb2 11 ♘d2⩲⩲
11 ♘xe7 ♘xe7

🧠 **12 ?** ❷

♵

12 ♘c3!
12 ♛e2?! d5 13 ♘c3 ♗e6!=
12 ... 0-0
12 ... c6 13 ♛h5!±
13 ♘e4 ♛h6?
a) ◌ 13 ... ♛xb2
b) 13 ... ♛b6 14 ♘g5! ♘g6 15 ♘xh7 ♔xh7 16 ♛h5+ ♔g8 17 ♖h3±

14 ♖h3! ♛e6?!
14 ... ♛f4 15 ♘f6+!

🧠 **15 ?** ❸

→00

15 ♖xh7 (15 ♘g5!!) **15 ... f5**
15 ... ♔xh7?? 16 ♘f6+ ♔h8 17 ♛h5#

🧠 **16 ?** ❶

♛→

16 ♛h5! (△ ♖h8#) **16 ... ♘g6 17 ♘g5 ♛f6**

🧠 **18 ?** ❷

→#

18 ♖h8+!! ♘xh8 19 ♛h7#   **1–0**

41

♙ • ♟ • ♵

Cochrane - Mahescandra
Calcuta 1850
B07

1 e4 d6 2 d4 ♘f6 3 ♗d3 c5?! 4 dxc5 dxc5 5 e5!? ♘g4?!
5 ... c4! △ 6 ♗xc4 ♛xd1+ 7 ♔xd1

♘g4⇄
6 ♗b5+! ♗d7?
6 ... ♘c6 7 ♗xc6+ bxc6 8 ♕xd8+
♚xd8 9 ♘f3±

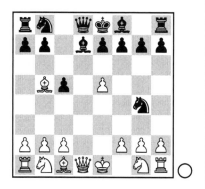

🧠 **7 ? ❺**
ч

7 e6!! ♕a5+
a) 7 ... fxe6?? 8 ♗xd7+ ♕xd7 9
♕xg4±
b) 7 ... ♗xb5? 8 exf7+ ∧ 9 ♕xd8+–
8 ♘c3
8 ♗d2? ♗xb5 9 exd7+ ♕xd7∓
8 ... ♗xb5 9 exf7+ (9 ♕xg4!±) **9 ...
♚xf7 10 ♕xg4 ♘c6 11 ♘f3 ♖d8 12
♘g5+ ♚e8 13 ♕e6?!** (13 ♗e3!±) **13
... ♖d6?** (13 ... ♘d4∞) **14 ♕f7+ ♚d7
15 ♗f4 ♖f6**

🧠 **16 ? ❶**
↻

16 0-0-0+! ♘d4 17 ♕d5+ ♚e8

🧠 **18 ? ❷**
♟

18 ♖xd4! ♗c6
18 ... cxd4 19 ♘xb5±
19 ♕e5　　　　　　　　　　1–0

42

🔒 • →*00* • ⇧
Cochrane - Mahescandra
Calcuta 1850
E20

1 d4 ♘f6 2 c4 g6 3 ♘c3 e6?! 4 e3
(4 e4!) **4 ... ♗b4 5 ♗d3 0-0**

🧠 **5 ? ❸**
🔒

6 h4!? d5 7 h5! ♘xh5 8 cxd5
8 ♖xh5!? gxh5 9 ♕xh5 f5 10 ♘f3⩲
**8 ... ♕xd5 9 ♘f3 ♘f6 10 ♗d2 ♗xc3 11
bxc3 c5 12 c4 ♕d6 13 e4!? ♘fd7**
13 ... cxd4? 14 e5 ♕a3□ 15 ♕b1! △

73

♘fd7 16 ♗b4±
14 e5 ♕a6

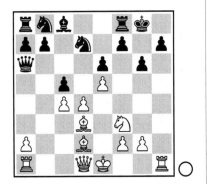

🧠 **15 ?** ❸
→00

15 ♘g5!
15 ♕c1!? Δ 16 ♗c3 ∧ 17 ♕h6±
15 ... cxd4
15 ... h5 16 ♖xh5!±
16 f4!?
a) 16 ♘xh7! ♘xe5 17 ♘f6+ ♔g7 18
♗g5±
b) 16 ♖xh7! ♘xe5 17 ♔e2 Δ 18
♕h1±
16 ... ♘c6 17 ♖xh7 ♘c5

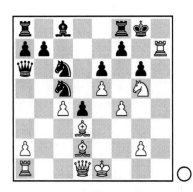

🧠 **18 ?** ❺
⇧

18 ♔e2!! (Δ 19 ♕h1±) **1–0**

43

⇧ • ♘ • ♛ • →#
Mayet - Anderssen
Berlín 1851
C64

**1 e4 e5 2 ♘f3 ♘c6 3 ♗b5 ♗c5 4 c3
♘f6 5 ♗xc6 dxc6 6 0-0 ♗g4 7 h3**

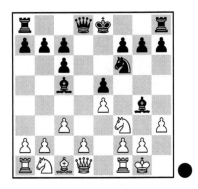

🧠 **7 ...?** ❸
⇧

7 ... h5!?
7 ... ♗xf3 8 ♕xf3=
8 hxg4 (8 d3!?) **8 ... hxg4 9 ♘xe5?**
9 d4! ♘xe4 10 g3! (10 dxc5? ♖h1+!
11 ♔xh1 ♘xf2+∓)

9 ... g3?! (9 ... ♘xe4!) **10 d4 ♘xe4 11 ♛g4?** (11 fxg3!)

🧠 **11 ...?** ❹

⊏ • ↳

11 ... ♗xd4!?

11 ... gxf2+!! 12 ♖xf2 ♖h1+! 13 ♔xh1 ♘xf2+ ∧ 14 ... ♘xg4∓

12 ♛xe4

12 cxd4 gxf2+ 13 ♖xf2 ♖h1+! 14 ♔xh1 ♘xf2+∓

🧠 **12 ...?** ❹

→#

12 ... ♗xf2+!!

∆ 13 ♖xf2 ♛d1+ 14 ♖f1 ♖h1+ 15 ♔xh1 ♛xf1#   **0–1**

44

↳

Harrwitz - Loewenthal
Londres 1851
C40

1 e4 e5 2 ♘f3 f5 3 ♘xe5 ♘f6?! (🖿 3 ... ♛f6) **4 ♘c3!? fxe4 5 ♗c4 d5**

🧠 **6 ?** ❹

↳

6 ♘xd5!! ♘xd5 7 ♛h5+ g6 8 ♘xg6! ♘f6?

8 ... hxg6 9 ♛xh8→ (9 ♛xg6+!?)

9 ♛e5+ ♗e7 10 ♘xh8 ♘c6 11 ♗f7+ ♔f8 12 ♛g5 (∆ 13 ♛h6#) **♘g4? 13 ♛g8#**   **1–0**

45

⊏ • ↳ • *f7* • ♛→ • • →#

Barnet - Laroche
París 1851
C21

1 e4 e5 2 d4 exd4 3 ♘f3 ♗b4+?! 4 c3! dxc3 5 bxc3 ♗c5 6 ♗c4 d6 7 0-0 b5?

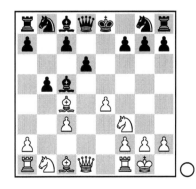

🧠 8 ? ❷

⊏ • ५

8 ♗b3?!

8 ♗xf7+! ♔xf7 (8 ... ♔f8 9 ♗xg8
♖xg8 10 ♘g5→) 9 ♕d5+ ♔f8 10
♕xa8±

8 ... ♘e7?

🧠 9 ? ❷

f7

9 ♘g5! 0-0

🧠 10 ? ❶

♕→

10 ♕h5! h6 11 ♘xf7 ♕d7?

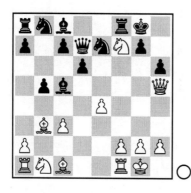

🧠 12 ? ❷

→#

12 ♘xh6+! ♔h7 13 ♘g8#   1–0

46

♙ • ♟ • ⚔

Anderssen - Marmaduke
Londres 1851
B20

**1 e4 c5 2 ♗c4 a6 3 a4 ♘c6 4 ♘c3 e6!
5 d3 g6 6 ♘ge2 ♗g7 7 0-0 ♘ge7 8 f4
0-0 9 ♗d2 d5! 10 ♗b3**

10 exd5 exd5 11 ♗b3 ♗e6∓

10 ... ♘d4

10 ... b6! Δ 11 ... ♗b7

11 ♘xd4 ♗xd4+

11 ... cxd4 12 ♘e2 dxe4 13 dxe4=

12 ♔h1 ♗d7?! (12 ... dxe4!?) **13 exd5
♗xc3?!**

13 ... exd5 14 ♘xd5 ♗xb2 15 ♖b1
♗g7=

14 ♗xc3 exd5? (14 ... ♘xd5!)

🧠 15 ? ❸

♟

15 ♗f6! ♗e6

🧠 **16 ? ❷**

16 f5! ♗xf5
16 ... ♗c8 17 ♕d2! Δ 18 ♕h6±

🧠 **17 ? ❸**

17 ♖xf5!! gxf5 18 ♕h5 ♕d6 19 ♕h6!
19 ♕g5+? ♘g6∓
19 ... ♕xf6 20 ♕xf6　　　　**1–0**

47

♟ • ♟ • ♖→

Anderssen - Loewenthal
Londres 1851
C51

**1 e4 e5 2 ♘f3 ♘c6 3 ♗c4 ♗c5 4 b4
♗xb4 5 c3 ♗a5 6 d4 exd4 7 0-0 d6 8
cxd4**
8 ♕b3!?
**8 ... ♗b6 9 h3 ♘f6 10 ♘c3 0-0 11 ♗g5
h6 12 ♗h4 g5**

🧠 **13 ? ❸**
♟

13 ♘xg5!? hxg5 14 ♗xg5 ♗xd4

🧠 **15 ? ❶**
♟

15 ♘d5! ♗e6?!
a) 15 ... ♗xa1? 16 ♕xa1±
b) 15 ... ♖e8!?
16 ♖b1! ♖b8?

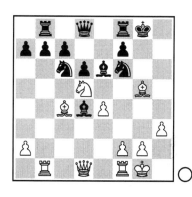

🧠 **17 ? ❹**
♖→

17 ♖b3!! (Δ 18 ♖g3) **17 ... ♔h7 18
♗xf6 ♗xf6 19 ♕h5+ ♔g8 20 ♘xf6+**
　　　　　　　　　　1–0

48

→00 • ♟ • ♕→ • ♖→

Rives - Staunton
Bruselas 1853
C44

**1 e4 e5 2 c3 d5! 3 exd5 ♕xd5 4 ♘f3
♘c6 5 d3?!** (5 d4) **5 ... ♗g4 6 ♗e2 ♘f6
7 0-0 ♖d8** (7 ... 0-0-0!) **8 ♕c2 ♗e7**
8 ... ♗xf3?! 9 ♗xf3! ♕xd3 10 ♕a4⇄
9 ♘bd2 0-0 10 c4?! ♕d7 11 a3

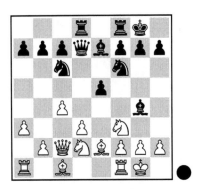

🧠 **11 ...?** ❸

→00

11 ... ♘h5!! 12 b4? (12 ♘b3) **12 ... ♘f4
13 ♘e4 ♘xe2+ 14 ♕xe2**

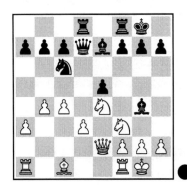

🧠 **14 ...?** ❶

🔖

14 ... ♘d4! 15 ♕d1 ♗xf3 16 gxf3

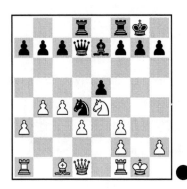

🧠 **16 ...?** ❶

♕→

16 ... f5 (16 ... ♕h3!) **17 ♘g3 f4 18
♘e4 ♕h3! 19 ♘d2**

🧠 **19 ...?** ❷

♖→

19 ... ♖f5! 0–1

49

♘ • ⇧ • ✚ • →♔⊞

Lange - Mayet
Berlín 1853
C51

**1 e4 e5 2 ♘f3 ♘c6 3 ♗c4 ♗c5 4 0-0
d6 5 b4 ♘xb4 6 c3 ♘c6 7 d4 exd4 8
cxd4 ♗b6 9 h3 ♘a5 10 ♗d3 d5?** (10 ...
♘e7) **11 exd5 ♕xd5?**

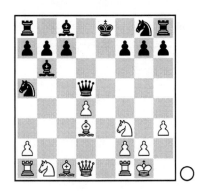

🧠 **12 ?** ❶

♘

12 ♘c3! ♕h5?!

🧠 **13 ?** ❶

⇧

78

13 ♖e1+! ♔d8
a) 13 ... ♘e7 14 ♗a3±
b) 13 ... ♗e6 14 ♖e5±

♟ **14 ? ❹**
‡ • →♔⊞

14 ♘g5!!
=14 ♘e5±
**14 ... ♕xd1 15 ♘xf7+ ♔d7 16 ♗f5+
♔c6 17 ♘d8+ ♔d6 18 ♗f4#   1–0**

50

⇧ • →00 • ‡
Maximov - Andreyev
Rusia 1854
D53

**1 d4 d5 2 c4 e6 3 ♘c3 ♘f6 4 ♘f3 c6
5 ♗g5 ♗e7 6 e3 ♘bd7 7 ♗d3 dxc4 8**

♗xc4 0-0 9 ♗d3 h6

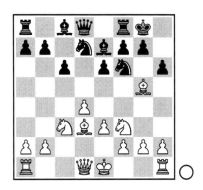

♟ **10 ? ❸**
⇧

10 h4!? hxg5?! (◌ 10 ... c5) **11 hxg5
♘e8** (11 ... g6!?)

♟ **12 ? ❹**
→00

12 ♔d2?
12 ♗h7+! ♔h8 13 ♕c2 (Δ 14 ♗g8+!!
♔xg8 15 ♕h7#) 13 ... g6 14 ♕e4!± Δ
15 ♕h4
12 ... ♗xg5?
a) 12 ... f5!
b) 12 ... g6 13 ♕g1 ♗d6!
c) 12 ... c5? 13 ♖h8+! ♔xh8 14 ♕h1+
♔g8 15 ♕h7#

13 ♘xg5 ♕xg5

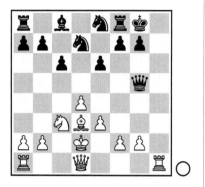

🧠 14 ? ❺
⇧

14 ♖h5! ♕f6 15 ♗h7+ ♔h8

🧠 16 ? ❷
‡

16 ♗g6+! ♔g8 17 ♖h8+!! ♔xh8 18 ♕h1+ (18 ♕h5++–) **1–0**

51
‒‒‒‒‒

🔒 • f7 • ⇧
Cochrane - Mahescandra
Calcuta 1854
C37

1 e4 e5 2 f4 exf4 3 ♗c4 g5 4 ♘f3 g4 5

0-0!? gxf3 6 ♕xf3 ♕f6

🧠 7 ? ❸
🔒

7 e5! ♕xe5 8 d3 ♗c5+ (📖 8 ... ♗h6!)
9 ♔h1 ♗e3 10 ♘c3?!
10 ♗xe3!? ♕xe3 11 ♕h5⩲
10 ... ♘e7?
10 ... ♗xc1 11 ♖axc1 ♔d8∞
11 ♗xe3! ♕xe3
11 ... fxe3?? 12 ♕xf7+ ♔d8 13 ♕f8+ ♖xf8 14 ♖xf8#

🧠 12 ? ❹
f7

12 ♕h5! ♘bc6
a) 12 ... ♘g6 13 ♖ae1±
b) 12 ... 0-0 13 ♖ae1 ♕b6 14 ♖xe7±

c) 12 ... ♖f8? 13 ♖ae1 ♕d4 14 ♘d5 ♘bc6 15 ♕h6±

🧠 **13 ? ❶**

⇧

13 ♖ae1! ♕d4 14 ♕xf7+ ♔d8

🧠 **15 ? ❸**

→#

15 ♖xf4!

△ 16 ♕f8+ ♖xf8 17 ♖xf8#   **1–0**

52

f7 • ♟ • ♟
Cochrane - Mahescandra
Calcuta 1854
C37

1 e4 e5 2 f4 exf4 3 ♘f3 g5 4 ♗c4 g4 5 d4 gxf3 6 ♕xf3 ♗h6 7 0-0 ♘c6?! (7 ... ♕f6)

🧠 **8 ? ❺**

f7 • ♟

8 ♗xf7+!!

8 ♗xf4 ♕f6!∞

8 ... ♔xf7 9 ♗xf4 ♗xf4

9 ... ♕f6? 10 e5 ♕f5 11 ♕b3+! ♔e8 12 ♗xh6±

10 ♕xf4+ ♘f6

10 ... ♔g6 11 ♕f7+ ♔h6 12 ♖f5 ♕h4 13 g3±

11 ♘c3 (11 e5!?) **11 ... ♘xd4?** (11 ... d6)

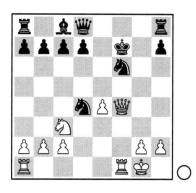

🧠 **12 ? ❶**

♟

12 e5! ♘e6 13 ♕h6! ♕g8 14 ♘d5! ♕g7 15 ♕h5+ ♔f8

15 ... ♕g6 16 ♖xf6+±

16 ♖xf6+ ♔g8 17 ♕e8+ ♘f8 18 ♘e7+
                                    1–0

53

⇄ • ♟ • ‡
Cochrane - Mahescandra
Calcuta 1854
C37

1 e4 e5 2 f4 exf4 3 ♘f3 g5 4 ♗c4 g4 5 0-0 gxf3 6 ♕xf3 ♕f6 7 e5!? ♕xe5 8 d3 ♗h6! 9 ♘c3 ♘c6 10 ♗d2 ♘ge7 11 ♖ae1 ♕f5 12 ♘d5 ♔d8 13 ♗c3 (13 ♕e2!?) **13 ... ♖g8?! 14 ♗f6 ♗f8?**

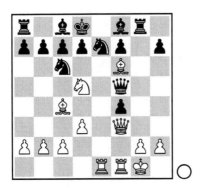

🧠 **15 ?** ❷

📌

15 ♕e2! ♕e6

🧠 **16 ?** ❹

‡

16 ♘xe7!! ♕xe2
16 ... ♕xf6 17 ♘xc6+ ∧ 18 ♕e8#
17 ♘xc6+ ♔e8 18 ♖xe2+   **1–0**

⇄ • →00 • 💣 • ↬
Shumov - Janisch
San Petersburgo 1854
C54

1 e4 e5 2 ♘f3 ♘c6 3 ♗c4 ♗c5 4 c3 ♘f6 5 d4 exd4 6 e5

🧠 **6 ...?** ❸

⇄

6 ... d5! 7 exf6?
📖 7 ♗b5 ♘e4 8 cxd4
7 ... dxc4 8 ♕e2+? ♗e6 9 fxg7
9 ♘g5 ♕xf6
9 ... ♖g8

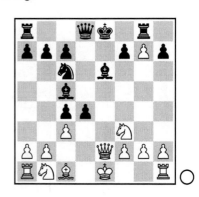

10 cxd4

a) 10 ♗g5!?

b) 10 ♘g5? ♕d5 11 ♘xh7 0-0-0 12 ♘f6 ♕xg2∓

10 ... ♘xd4 11 ♘xd4 ♗xd4 12 ♕h5?

12 0-0 ♕f6 13 ♘c3 ♕xg7 14 g3 0-0-0∓

12 ... ♕f6 13 0-0 ♖xg7 14 ♕b5+?! (14 ♘c3) **14 ... c6 15 ♕xb7**

🧠 **15 ...?** ❺

→00 • 🖊

15 ... ♖xg2+!! 16 ♔xg2 ♕g6+ 17 ♔h1

17 ♔f3 ♕g4#

17 ... ♗d5+ 18 f3

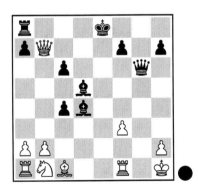

🧠 **18 ...?** ❷

↪

18 ... ♗xf3+!

△ 19 ♖xf3 ♕g1#   **0–1**

55

⇧ • ‡ • ⊕♕

Morphy - Maurian

Nueva Orleans 1854

C23

-♖a1 -♘b1

1 e4 e5 2 ♗c4 ♗c5 3 d4!? ♗xd4 4 ♘f3 ♘c6 5 c3 ♗b6 6 ♘g5 ♘h6 7 ♕h5 ♕f6 (7 ... 0-0)

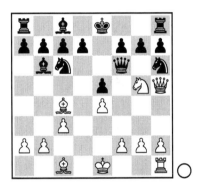

🧠 **8 ?** ❹

⇧

8 ♖f1!? 0-0 9 f4! ♕g6 10 ♕f3 d6 11 f5 ♕f6 12 ♕g3 ♗d7

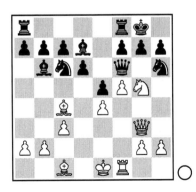

83

🧠 **13 ?** ❹

‡ · ⊕♕

13 ♘xh7!! ♚xh7 14 ♗g5! ♕xg5 15 ♕xg5 f6 16 ♕h5 1–0

56

C

Budzinsky - Morphy
París 1854
C33

1 e4 e5 2 f4 exf4 3 ♗c4 d5!? 4 ♗xd5 ♘f6 (4 ... ♕h4+!?) **5 ♘c3 ♗b4 6 d3?** (6 ♘f3) **6 ... ♘xd5 7 exd5**

🧠 **7 ...?** ❸

C

7 ... 0-0!
a) 7 ... ♕xd5 8 ♕f3∓
b) 7 ... ♕h4+!?∓
8 ♕f3 ♖e8+ 9 ♘ge2 ♗xc3+ 10 bxc3 ♕h4+ 11 g3?
11 ♕f2 ♕h5!→

🧠 **11 ...?** ❹

C

11 ... ♗g4!! 12 gxh4 ♗xf3 13 ♖f1 ♗xe2
0–1

57

C · →♚⊞ · ‡

Morphy - Meek
EE UU 1855
C38

1 e4 e5 2 f4 exf4 3 ♘f3 g5 4 ♗c4 ♗g7 5 h4 g4?! (⌓ 5 ... h6) **6 ♘g5 ♘h6 7 d4 f6** (7 ... ♘c6) **8 ♗xf4 fxg5?** (8 ... ♕e7) **9 ♗xg5 ♗f6**

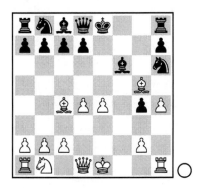

🧠 **10 ?** ❷

C

10 ♕d2!? (10 ♗xh6!±) **10 ... ♗xg5**
a) 10 ... ♖f8? 11 ♗xh6
b) 10 ... ♘f7? 11 ♗xf7+ ♚xf7 12 0-0±
c) 10 ... d5! 11 ♗xd5 c6⇄
11 hxg5 ♘f7

🧠 **12 ?** ❷

→♚⊞

12 ♗xf7+ (= 12 ♕f4) **12 ... ♚xf7 13 ♕f4+ ♚g8**
13 ... ♚g7 (∨ 13 ... ♚e8) 14 ♕e5+±

84

14 0-0 ♕e7 15 ♘c3 c6

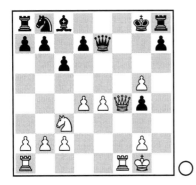

🧠 **16 ? ❸**

↻

16 ♖ae1!

16 e5! △ 17 ♘e4+–

16 ... d6

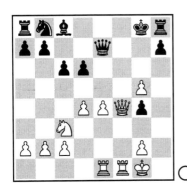

🧠 **17 ? ❹**

‡

17 ♘d5! cxd5 18 exd5

18 ... ♕g7 19 ♖e8++– **1–0**

58

‡

Meek - Adbor
Nueva Orleans 1855
C36

**1 e4 e5 2 f4 exf4 3 ♘f3 d5 4 exd5
♕xd5?!** (⬚ 4 ... ♘f6) **5 ♘c3 ♕d8 6
♘e4?!** (6 d4) **6 ... ♗g4 7 ♕e2 ♗xf3??**

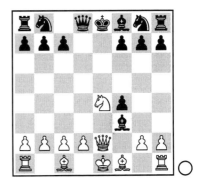

🧠 **8 ? ❷**

‡

8 ♘f6# **1–0**

59

☆☆☆☆☆

↻ • →♔⊞

Mayet - Anderssen
Berlín 1855
D30

**1 d4 d5 2 c4 e6 3 a3?! c5 4 dxc5 ♗xc5
5 ♘f3 a5 6 e3 ♘c6 7 cxd5 exd5 8 ♗b5
♘f6 9 ♘e5?!**

🧠 **9 ...? ❸**

↻

9 ... 0-0! (9 ... ♕d6!?) **10 ♘xc6**

10 ♗xc6 bxc6 11 ♘xc6? ♕c7 ∧ 12 ...
♗a6∓

10 ... bxc6 11 ♗xc6

🧠 **11 ...?** ❸
→♔⊞

11 ... ♗a6! 12 ♗xa8

12 ♘c3 d4!→

12 ... ♕xa8 13 ♕f3

a) 13 f3 ♕a7! 14 ♔f2 (14 ♕b3 ♖e8 15
♔f2 a4! 16 ♕c3 d4−+) 14 ... d4 15 e4
d3+ 16 ♔g3 ♗c8!−+
b) 13 ♘d2 d4! 14 ♘f3 (14 exd4?
♖e8+∓) 14 ... ♘g4∓

🧠 **13 ...?** ❺
→♔⊞

13 ... ♘d7!

Δ 14 ... ♘e5 ∧ 15 ... ♘d3

14 ♘c3

a) 14 ♕f5 d4! (Δ ...♕xg2−+) 15 f3
♕c6 16 e4 ♗d6! (16 ... ♕b5!∓) 17 ♗f4
♕c2 18 ♘d2 ♗xf4 19 ♕xf4 ♘c5∓
b) 14 ♕g3 ♖e8 Δ 15 ... d4!

14 ... ♘e5 15 ♕xd5

a) 15 ♕g3 ♘d3+ 16 ♔d1 d4!
b) 15 ♕f5 ♘d3+ 16 ♔d2 d4

15 ... ♘d3+ 16 ♔d2

🧠 **16 ...?** ❷
→♔⊞

16 ... ♕c8!

16 ... ♖d8? 17 ♕xa8±

17 ♔c2 ♖d8 18 ♕h5

18 ♕f3 ♘e1+!! 19 ♖xe1 ♗d3+ 20
♔b3 (20 ♔d1 ♗e4+∓) 20 ... ♕e6+ 21
♔a4 ♗c2+−+

18 ... ♘f4!?

18 ... ♘xf2! 19 ♖e1 ♗d3+∓
Δ 19 ♕g5! (19 exf4? ♗d3+ 20 ♔b3
♕e6+−+) 19 ... ♗d3+ 20 ♔d1 ♗c4+
21 ♗d2 (21 ♔c2 ♕b8∓) 21 ... ♘d3∓

0–1

60

C • ⇧ • 🔒

Mahescandra - Cochrane
Calcuta 1855
C56

**1 e4 e5 2 ♘f3 ♘c6 3 ♗c4 ♗c5 4 0-0
♘f6 5 c3 d6?!** (📖 5 ... ♘xe4!) **6 d4
exd4 7 cxd4 ♗b6 8 h3 d5?** (8 ... 0-0)
9 exd5 ♘xd5

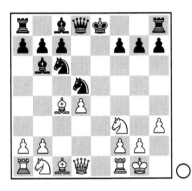

🧠 **10 ? ❸**
C

10 ♗xd5! (10 ♖e1+!?) **10 ... ♕xd5 11
♘c3! ♕h5?** (11 ... ♕d8) **12 d5 ♘e7**

🧠 **12 ? ❶**
⇧

13 ♖e1! ♔f8 14 ♗g5 (14 ♕e2!±) **14
... f6**

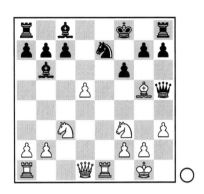

🧠 **15 ? ❷**
🔒

15 d6!!+−
a) 15 ... fxg5 16 dxe7+ ♔f7 17
♘e5+±
b) 15 ... cxd6 16 ♕xd6 ♕f7 17 ♘d5±
c) 15 ... ♘c6 16 d7 ♗xd7 17 ♕xd7
fxg5 18 ♘e5± **1–0**

61

C • ♕→ • 🏇

Mahescandra - Cochrane
Calcuta 1855
C42

1 e4 e5 2 ♘f3 ♘f6 3 ♗d3? d5! 4 ♕e2
4 exd5 e4 5 ♕e2 ♕e7∓
4 ... ♗d6!? (4 ... dxe4!) **5 exd5?! ♘xd5
6 ♘xe5?** (6 0-0)

🧠 **6 ...? ❸**
C

6 ... 0-0! 7 ♘c4?
7 0-0!? ♖e8 (7 ... ♘f4! 8 ♕e4 ♘xd3

9 ♘xd3 ♖e8∓) 8 ♗xh7+! ♔xh7 (8 ...
♔h8? 9 ♘xf7+ ♔xh7 10 ♕h5+! ♔g8
11 ♘xd8±; 8 ... ♔f8 9 d4∞) 9 ♕h5+
♔g8 10 ♕xf7+ ♔h7 11 ♕h5+=
7 ... ♖e8 8 ♘e3 ♘f4 9 ♕f3?! (9 ♕f1)

🧠 **9 ...?** ❸

C

9 ... ♘c6! 10 0-0 ♘d4 11 ♕d1

🧠 **11 ...?** ❸

♕→

11 ... ♕h4! 12 g3 ♕h3 13 ♖e1
13 gxf4? ♗xf4+−

🧠 **13 ...?** ❷

💣

---

13 ... ♖xe3!! 14 ♗f1
14 dxe3 ♕g2#
14 ... ♖xe1! 15 ♕xe1 ♘f3+ 16 ♔h1
♕xh2#   0−1

62

♟ • ♕→

Mahescandra - Cochrane
Calcuta 1855
C22

1 e4 e5 2 ♘f3 d6 3 ♗c4 ♗e7 4 0-0 ♘f6
5 d4?! (5 ♘c3) **5 ... exd4! 6 ♕xd4**
6 ♘xd4 ♘e4!−+
6 ... 0-0 7 ♘c3 ♘c6 8 ♕e3 ♘g4 9 ♕e2
♘ge5 10 ♗b3?

🧠 **10 ...?** ❶

♟

10 ... ♗g4! 11 ♗e3 ♘xf3+ 12 gxf3

🧠 **12 ...?** ❷

♟

12 ... ♗h5! 13 ♔h1?
⌓ 13 ♘b1 △ 14 ♘d2
13 ... ♘e5 14 ♕b5 ♗xf3+ 15 ♔g1

🧠 **15 ...?** ❸

♕→

15 ... ♕c8!

△ ...♕h3   **0–1**

63

⊞ • *f2* • ↬ • →*00* • ♕→

Mahescandra - Cochrane
Calcuta 1855

C44

1 e4 e5 2 ♘f3 ♘c6 3 ♗d3?! ♘f6 4 0-0 ♗c5 5 c3

🧠 **5 ...?** ❸

⊞

5 ... d5! 6 ♖e1?

6 exd5 ♕xd5∓

🧠 **6 ...?** ❸

f2

6 ... ♘g4!?

6 ... dxe4! 7 ♗xe4 ♘xe4 8 ♖xe4 ♕d5∓
△ 9 ♕e2 ♗f5!

7 ♖f1 (7 ♖e2)

🧠 **7 ...?** ❹

⊞

7 ... f5! 8 exd5 e4! 9 ♗b5

9 dxc6 ♕xd3∓

9 ... a6!? 10 ♕a4?

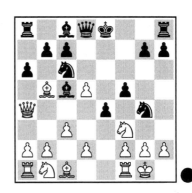

🧠 **10 ...?** ❷

↬

10 ... axb5! 11 ♕xa8 exf3 12 dxc6 0-0!

12 ... fxg2! 13 ♔xg2 0-0→

13 cxb7

a) 13 gxf3? ♕h4 14 fxg4 ♕xg4+ 15 ♔h1 ♗e6∓

b) 13 d4 fxg2 14 ♔xg2 ♕d6→

🧠 **13 ...?** ❷

→*00* • ♕→

13 ... ♕h4! 14 h3 ♕g3!!   **0–1**

64

→♚⊞ • ♟ • ⇧
Falkbeer - Brien
Londres ✕ 1855
C25

1 e4 e5 2 ♘c3 ♝b4?! 3 f4!? (3 ♘d5) **3 ... exf4 4 ♘f3 g5 5 ♝c4 g4 6 0-0!?**
6 ♘e5!? ♕h4+ 7 ♚f1∞
6 ... ♝xc3 7 bxc3 (7 dxc3!) **7 ... gxf3 8 ♕xf3 ♕e7**
8 ... ♕f6 9 e5! ♕xe5 10 d4 ♕f6 11 ♝xf4±
9 d4! (9 ♕xf4!?) **9 ... d6 10 ♝xf4 ♝e6? 11 d5! ♝d7 12 ♖ae1!? f6**

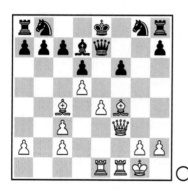

🧠 **13 ?** ❺
→♚⊞ • ♟ • ⇧

13 e5!! dxe5 14 ♝xe5 ♝g4
14 ... fxe5? 15 ♖xe5 ♕xe5 16 ♕f8#
15 ♕xg4 ♚d8

🧠 **16 ?** ❸
→♚⊞ • ♟ • ⇧

16 d6! cxd6 17 ♝xd6 ♕d7

17 ... ♕xd6 18 ♖d1±
18 ♕g3 ♘c6 19 ♝e6   **1–0**

65

f7 • →00 • ♕→ • 🔥
Dubois - Lecrivain
París 1855
C23

1 e4 e5 2 ♝c4 ♝c5 3 b4!? ♝xb4 4 f4!? exf4 5 ♘f3 ♘c6 6 c3 ♝c5? (6 ... ♝e7!)
7 d4! ♝b6 8 ♝xf4 d6 9 0-0 ♘ge7?

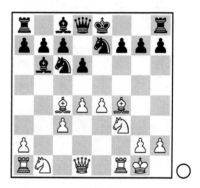

🧠 **10 ?** ❷
f7

10 ♘g5! 0-0

🧠 **8 ?** ❷
→00 • ♕→

11 ♕h5! h6 12 ♘xf7 ♖xf7 13 ♕xf7+ ♚h8

🧠 **8 ?** ❸
🔥

14 ♝xh6!! gxh6 15 ♖f6 ♘g8 16 ♖g6+–
   1–0

66

🧨 • ‡

Dubois – De Riviere
París 1855
C38

**1 e4 e5 2 f4 exf4 3 ♘f3 g5 4 ♗c4 ♗g7
5 d4 d6 6 ♘c3 c6 (⛉ 6 ... ♘c6!) 7 0-0
♘h6?**

🧠 8 ? ❸
🧨

8 h4!! gxh4?
a) 8 ... g4!? 9 ♘g5±
b) 8 ... f6 9 ♘xg5!? fxg5 10 ♕h5+→
9 ♗xf4 0-0 10 ♕d2 ♘g4 11 ♗g5 ♗f6?
(11 ... ♕c7) **12 ♗xf6 ♕xf6**
12 ... ♘xf6?! 13 ♕g5+ ♔h8 14
♕xh4→

🧠 13 ? ❷
‡

13 ♘e5! (13 ♘g5!!+−) **13 ... ♕g7?!**
(13 ... ♕h6) **14 ♘xf7!! d5 15 exd5!
♖xf7 16 d6 ♘f6**

🧠 17 ? ❹
🧨

**17 ♖xf6!! ♕xf6 18 ♖f1 ♗f5 19 ♘e4!
♕g6 20 ♘g5 (△ ♗xf7)   1–0**

67

⊞ • →♔⊞

Cochrane - Mahescandra
Calcuta 1855
C42

**1 e4 e5 2 ♘f3 ♘f6 3 ♘xe5 d6 4
♘xf7!? ♔xf7**

🧠 5 ? ❹
⊞

5 ♗c4+?!

5 d4! ♘xe4? 6 ♕h5+!!:

a) 6 ... ♔g8?? 7 ♕d5++–

b) 6 ... ♔e6 7 ♗c4+! d5 (7 ... ♔d7
8 ♕f5+ ♔c6 [8 ... ♔e8 9 ♕f7#] 9
♕b5#) 8 ♕e5+ ♔d7 9 ♗xd5±

c) 6 ... g6 7 ♕d5+±

d) 6 ... ♔e7 7 ♕e2! △ ... d5? 8 ♗g5+±

5 ... ♗e6?!

5 ... d5! 6 exd5 ♗d6∓

6 ♗xe6+ ♔xe6 7 0-0 g6?! (7 ... ♔f7)

🧠 **8 ?** ❷

⊞

8 d4! ♗g7

8 ... ♘xe4? 9 ♕g4+ ♔d5 10 c4+±

9 c4 ♕f8? (9 ... ♔f7!?)

🧠 **10 ?** ❷

→♔⊞

10 e5! dxe5? (10 ... ♘e8) **11 dxe5**
♘fd7 12 ♕d5+! ♔e7 13 ♗g5+ ♔e8
14 ♕e6+

△ 14 ... ♕e7 15 ♕xe7#   **1–0**

68

⊞ · 🔒

Cochrane - Mahescandra
Calcuta 1855
C42

**1 e4 e5 2 ♘f3 ♘f6 3 ♘xe5 d6 4
♘xf7!? ♔xf7 5 ♗c4+ ♗e6 6 ♗xe6+
♔xe6 7 0-0 ♘c6 8 d4 ♔f7 9 ♘c3 g6?!**
◌ 9 ... ♗e7 10 f4 ♖e8

🧠 **10 ?** ❹

⊞

10 f4! ♗g7?!

🧠 **11 ?** ❸

⊞

11 d5!?

11 e5! dxe5 12 fxe5 ♕xd4+ 13 ♕xd4
♘xd4 14 exf6 ♗f8 (14 ... ♗xf6? 15
♗g5±) 15 ♗f4±

11 ... ♘b4 (11 ... ♘e7!) **12 e5! ♘e8**

🧠 **13 ?** ❷

🔓

13 f5! (13 ♘e4!?) **13 ... gxf5?**

92

13 ... dxe5 14 ♕g4! ♕d6 (14 ... ♘xd5
15 fxg6+ ♔g8 [15 ... ♔e7 16 ♖f7+
♔d6 17 ♘xd5±] 16 ♕e6#) 16 ♘e4→

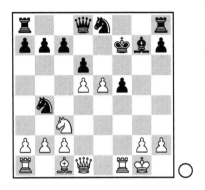

14 ♕h5+ ♔g8 15 ♕xf5 ♕e7

15 ... h6 16 a3 ♘a6 17 ♕e6+ ♔h7 18
♖f7→

16 ♗g5!   **1–0**

69

→♔⊞ • ‡ • ✦ • ♟

Cochrane - Mahescandra
Calcuta 1855
C42

**1 e4 e5 2 ♘f3 ♘f6 3 ♗c4!? ♘xe4 4
♘c3! ♘d6**

4 ... ♘xc3 5 dxc3⩱

5 ♗b3 f6?! (5 ... ♘c6) **6 0-0 c6?**

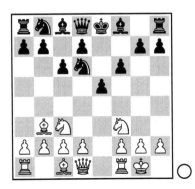

☹ 7 ? ❹

→♔⊞ • ‡

7 ♘xe5!! fxe5? (7 ... g6) **8 ♕h5+! g6
9 ♕xe5+ ♕e7 10 ♕xh8 ♘f5 11 d4 d5
12 ♗f4 ♗e6 13 ♗xb8!?** (13 ♖fe1!) **13
... ♖xb8 14 ♖fe1 ♔f7**

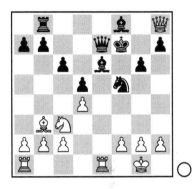

☹ 15 ? ❺

✦

**15 ♘xd5!! cxd5 16 ♗xd5 ♘g7 17
♗xe6+ ♘xe6**

☹ 18 ? ❶

♟

18 d5!   **1–0**

70

→♚⊞ • f7 • 🔒 • →#

Cochrane - Mahescandra

Calcuta 1855

C41

1 e4 e5 2 ♘f3 d6 3 d4 exd4 4 ♗c4 ♗e7 5 c3!? dxc3?

🧠 5 ? ❸

→♚⊞ • f7

6 ♕b3! cxb2

a) 6 ... ♗e6 7 ♗xe6 fxe6 8 ♘xc3! ♕c8 9 ♘d4±

b) 6 ... ♘h6? 7 ♗xh6±

7 ♗xf7+! ♚f8 8 ♗xb2 ♗f6? 9 ♗xg8 ♖xg8

🧠 10 ? ❹

🔓

10 e5! dxe5? 11 ♗a3+ ♗e7

🧠 12 ? ❷

→#

12 ♘g5!

=12 ♘xe5!

△ 13 ♕f7# (12 ... ♕e8 13 ♘xh7#) **1–0**

71

〰 • ↦ • ℂ

Mahescandra - Cochrane

Calcuta 1855

C41

1 e4 e5 2 ♘f3 d6 3 ♗c4 ♗e7 4 0-0 ♘f6 5 d4 exd4 6 ♘xd4 0-0 7 ♘c3 a6

7 ... ♘xe4!? △ 8 ♘xe4 d5!

8 a4 c6 9 f4 ♕b6?! (9 ... d5!) 10 ♚h1 a5?! 11 e5 dxe5?! (11 ... ♗g4!?) 12 fxe5 ♘g4?

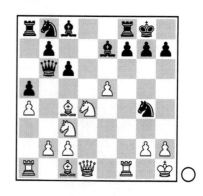

🧠 13 ? ❺

〰

13 e6!! (x♘g4) 13 ... f5? 14 ♘xf5 ♖xf5

15 ♖xf5 ♘f2+ 16 ♖xf2! ♕xf2

🧠 **17 ? ④**
↬

17 ♕d8+!! ♕f8
17 ... ♗xd8?? 18 e7+ ♔h8 19
exd8♕++–
18 ♕d4 ♘a6

🧠 **9 ? ③**
↺

19 ♗g5! ♔h8
19 ... ♗xg5?? 20 e7++–
20 ♖f1!   **1–0**

72

▬
🔓 • ⬆ • →♔

Cochrane - Mahescandra
Calcuta 1855
C37

**1 e4 e5 2 f4 exf4 3 ♘f3 d6 4 d4 g5 5
♗c4 g4 6 0-0 gxf3 7 ♕xf3 ♗h6** (7 ...
♕f6!)

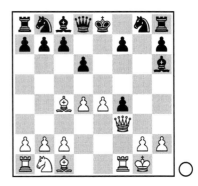

🧠 **7 ? ③**
🔓

8 ♗xf7+?! (8 ♗xf4!?→) **8 ... ♔xf7 9
♕h5+ ♔g7 10 ♗xf4 ♗xf4 11 ♖xf4
♘h6 12 ♘c3 ♘c6?**
12 ... ♗d7! △ 13 ... ♗e8∓

🧠 **13 ? ②**
⬆

13 ♖af1! ♗e6
a) 13 ... ♕e8 14 ♕h4!±
b) 13 ... ♘e7 14 ♖h4 ♘eg8 15 ♘d5±

🧠 **14 ? ④**
→♔

14 ♖f6! (△ ♕g5#) **14 ... ♕xf6 15 ♖xf6
♔xf6 16 ♕xh6+ ♔e7 17 ♕g7+ ♗f7 18**

95

♘d5+   1–0

73

⇄ • ℂ • ℭ • ⊕♕

Cochrane - Mahescandra
Calcuta 1855
C56

**1 e4 e5 2 ♗c4 ♘f6 3 ♘f3 ♗d6?! 4 d4!
♘c6 5 dxe5 ♗xe5**
5 ... ♘xe5? 6 ♘xe5 ♗xe5 7 f4! ♗d6 8
e5±
6 ♘g5?! (6 0-0) **6 ... 0-0 7 f4 ♗d4 8 e5**

🧠 **8 ...? ❹**
⇄

8 ... d5! 9 ♗b5
9 exf6? dxc4 10 fxg7 ♖e8+∓

🧠 **9 ...? ❶**
ℂ

9 ... ♗g4! 10 ♕d3
a) 10 ♕d2 ♘e4!
b) 10 ♗e2 ♗xe2 11 ♕xe2 ♖e8∓
10 ... ♘b4! 11 ♕d2
a) 11 ♕b3 c5 12 exf6 ♖e8+→
b) 11 ♕xd4?? ♘xc2+∓
11 ... c5 12 c3
12 exf6 ♕xf6 Δ 13 ... ♖e8∓

🧠 **12 ...? ❸**
ℭ • ⊕♕

12 ... ♗e3!
Δ 13 ♕xe3 ♘c2+∓   0–1

74

♟ • ♖→

Cochrane - Mahescandra
Calcuta 1855
C66

**1 e4 e5 2 ♘f3 ♘c6 3 ♗b5 d6 4 d4 exd4
5 ♘xd4 ♗d7 6 ♗xc6 ♗xc6?!** (⌑ 6 ...
bxc6) **7 ♘c3 ♘f6 8 0-0 ♗e7**
8 ... ♘e4? 9 ♖e1
9 ♘f5! 0-0 10 ♖e1 ♗d7 11 ♗g5 ♔h8?

11 ... ♗xf5! 12 exf5 c6=

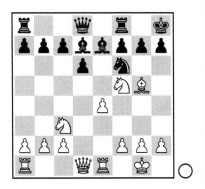

🧠 **12 ? ❷**
♟

12 ♘xe7! ♕xe7 13 ♘d5! ♕e5
13 ... ♕d8? 14 ♘xf6 gxf6 15 ♕d4
♔g7 16 ♖e3! Δ ♖g3±
14 f4! ♕xb2 15 ♖b1! ♕a3 (15 ...
♕xa2) **16 ♘xf6 gxf6 17 ♗xf6+ ♔g8**

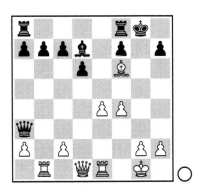

🧠 **18 ? ❷**
♖→

18 ♖b3! ♕c5+ 19 ♗d4! (Δ 19 ♖g3+)
1–0

75

♕ • ♟ • ♙ • #♘
Morphy - ♟
Nueva Orleans 1856
C33

**1 e4 e5 2 f4 exf4 3 ♗c4!? ♕h4+ 4 ♔f1!
g5 5 ♘c3 ♗g7 6 d4 ♘c6 7 ♘f3 ♕h5**

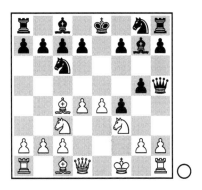

🧠 **8 ? ❹**
♕

**8 ♘d5! ♔d8 9 c3 ♘f6 10 ♘xf6 ♗xf6
11 e5 ♗g7**

🧠 **12 ? ❸**
♟

12 h4! f6 13 ♔g1!? g4 14 ♘h2?!

14 exf6! ♗xf6 15 ♘g5→

14 ... fxe5 15 ♘xg4 exd4 16 ♗xf4 ♖f8?? (16 ... ♕c5!) **17 ♗g5+! ♘e7 18 ♕e2 ♖e8**

🧠 19 ? ❷
‡ • #♘

19 ♘e5!! ♕xe2 20 ♘f7#   **1–0**

76
───────

✕f5 • ᖆ • →♔⊞ • ⇧
Morphy - E. Morphy
Nueva Orleans 1856
C64

1 e4 e5 2 ♘f3 ♘c6 3 ♗b5 ♗c5 4 c3 ♕e7?! (♙ 4 ... ♘f6) **5 0-0 ♘f6 6 d4 ♗b6 7 ♗g5!**
7 ♗xc6 dxc6 8 ♘xe5!?±

7 ... h6 8 ♗xf6 gxf6
8 ... ♕xf6? 9 ♗xc6 dxc6 10 ♘xe5±
9 d5 ♘d8

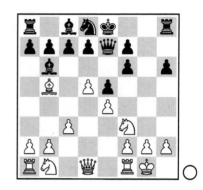

🧠 9 ? ❸
✕f5

10 ♘h4! c6 11 ♘f5 ♕c5?

🧠 12 ? ❷
ᖆ

12 b4! ♕f8
12 ... ♕xb5? 13 ♘d6+±
13 dxc6 (13 ♗e2!±) **13 ... dxc6 14 ♘d6+ ♔e7 15 ♕d3!? cxb5? 16 ♘xc8+ ♖xc8**

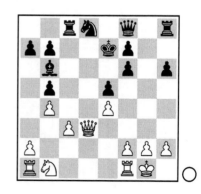

🧠 17 ? ❸
→♔⊞ • ⇧

98

17 ♖d1!! ♕g7 18 ♕d7+ ♔f8 19 ♕xc8
1–0

77

🔒 • →♔⊞

Morphy - Knight
Nueva Orleans 1856
C37

1 e4 e5 2 f4 exf4 3 ♘f3 g5 4 ♗c4 ♕e7?! 5 d4 d5?!

5 ... ♕xe4+?! 6 ♔f2 Δ 7 ♖e1

6 ♗xd5 c6 (6 ... ♘f6!?+−) **7 ♗xf7+?! ♕xf7**

7 ... ♔xf7 8 ♘e5+ ♔g7 9 h4!?∞

8 ♘e5 ♕f6?! (8 ... ♕g7!) **9 ♕h5+ ♔e7**

9 ... ♔d8? 10 ♘f7+!

🧠 **10 ? ❹**
🔒

10 h4!! gxh4 11 0-0 ♗h6

🧠 **12 ? ❹**
→♔⊞

12 b3! ♘d7?

12 ... ♗e6 13 ♗a3+ ♔d8∞

13 ♗a3+ c5

13 ... ♔d8 14 ♘f7+!±

14 ♖d1?

14 ♘c3!! Δ 15 ♘d5+

14 ... ♘xe5?? (14 ... ♔f8!) **15 ♗xc5+ ♔e6**

15 ... ♔d8 16 dxe5+±

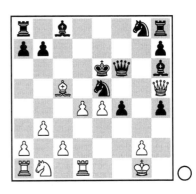

🧠 **15 ? ❷**
→♔⊞

16 ♕e8+! ♘e7 17 d5#
1–0

78

⊕♕

Falkbeer - Zitogorski
Londres 1856
C21

1 e4 e5 2 d4 exd4 3 ♗c4 ♕h4?! 4 ♕e2 ♗b4+ 5 c3! dxc3 6 bxc3 ♗c5 7 ♘f3

♕h5?

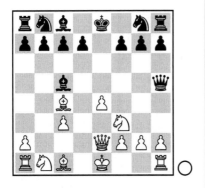

🧠 **8 ?** ❹

⊕♕

8 g4!!

8 ... ♕xg4 (8 ... ♕h3 9 ♗xf7+!) 9
♗xf7+!! ♚f8 (9 ... ♚xf7 10 ♘e5+±)
10 ♖g1 ♕h3 11 ♖g3± **1–0**

79

→*00* • ♕→ • 🗡

Cochrane - Mahescandra
Calcuta 1856
C42

1 e4 e5 2 ♘f3 ♘f6 3 ♘xe5 ♕e7?!
(📖 3 ... d6)

**4 d4 d6 5 ♘f3 ♕xe4+ 6 ♗e2 ♗e7 7 0-0
0-0 8 ♘c3! ♕e6 9 ♖e1! ♕d7 10 ♗d3
h6?! 11 ♕e2! ♗d8?!** (11 ... ♖e8)

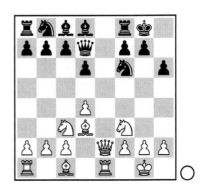

🧠 **12 ?** ❹

→*00*

12 ♘e4!!

△ 13 ♘xf6+ ♗xf6 14 ♕e4! g6 15
♗xh6+-

12 ... d5 13 ♘e5! ♕e8?

13 ... ♕e6!? 14 ♘c5 ♕b6

14 ♘xf6+ ♗xf6

🧠 **15 ?** ❹

♕→

15 ♕h5! ♘c6

🧠 **16 ?** ❸

🗡

16 ♗xh6!! ♘xe5

16 ... gxh6 17 ♕xh6+-

17 ♗xg7! **1–0**

80

♕→ • ⚐

Mahescandra - Cochrane
Calcuta 1856
C56

**1 e4 e5 2 ♘f3 ♘c6 3 ♗c4 ♗c5 4 0-0
♘f6 5 c3?! d6** (⌂ 5 ... ♘xe4!) **6 d4
exd4 7 cxd4 ♗b6 8 ♘c3 h6?!** (8 ...
♗g4) **9 h3 0-0 10 ♗e3 ♘e7?!**
10 ... ♘xe4 11 ♘xe4 d5!=
11 ♗d3 d5?! 12 e5! ♘h7

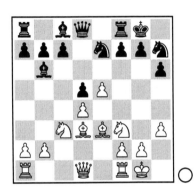

🧠 **13 ? ❹**
♕→

13 ♘h4!? (⌂ 13 ♕c2!!+−) **13 ... ♘c6
14 ♕h5! ♗xd4**

🧠 **15 ? ❸**
⚐

15 ♗xh6!? ♗xe5?
15 ... gxh6 16 ♕xh6 ♘g5∞ (16 ... f5
17 exf6→)
16 ♗xh7+! ♔h8 17 ♗g5   **1–0**

81

♟ • ♙ • ⚐ • ◖ • ♙♙

Lange - Sickel
Halle 1856
C78

**1 e4 e5 2 ♘f3 ♘c6 3 ♗b5 a6 4 ♗a4 b5
5 ♗b3 ♘f6 6 d4!?**
a) 6 0-0
b) 6 ♘g5?! d5! 7 exd5 ♘d4⇄
6 ... exd4 7 0-0 ♘xe4?! 8 ♖e1! d5

🧠 **9 ? ❹**
♟

9 ♗xd5!?
a) ⌂ 9 ♘c3! Δ 9 ... dxc3 10 ♗xd5±
b) 9 ♘bd2? ♗e7∓
9 ... ♕xd5 10 ♘c3! ♕h5 (10 ... ♕d8!?)
11 ♘xe4 ♗e6
11 ... ♗e7 12 ♗g5→
12 ♗g5 ♗d6
12 ... h6 13 ♗f6! Δ ...gxf6? 14 ♘xf6+
∧ 15 ♘xh5±
13 ♘xd6+ cxd6

🧠 **14 ? ❹**
♙

14 ♘xd4!? ♕xg5

14 ... ♕xd1! 15 ♖axd1 ♘xd4 16 ♖xd4 ♔d7±

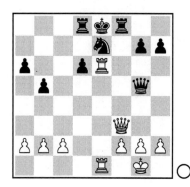
○

🧠 **15 ? ❹**
🖊

15 ♘xe6!? (15 ♘xc6∞) **15 ... fxe6 16 ♖xe6+ ♘e7**

16 ... ♔f7? 17 ♕xd6±

🧠 **17 ? ❷**
C

17 ♕f3! ♖d8?

17 ... ♖a7! 18 ♖ae1 ♖f8∞
18 ♖ae1 ♖f8??

18 ... ♖d7 19 ♕a8+ ♖d8 20 ♖xe7+ ♕xe7 21 ♖xe7+ ♔xe7 22 ♕xa6±

🧠 **19 ? ❷**
↵

19 ♕h5+!! ♕xh5 20 ♖xe7#   1–0

82

→♔⊞ • ♟ • ♘ • ♕→
Cochrane - Mahescandra
Calcuta 1856
C57

1 e4 e5 2 ♗c4 ♘f6 3 ♘f3 ♘c6 4 ♘g5 d5 5 exd5 ♘xd5 6 ♘xf7! ♔xf7 7 ♕f3+ ♔e6 8 ♘c3 ♘ce7

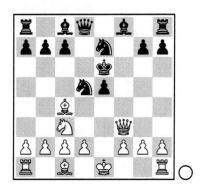
○

🧠 **9 ? ❸**
→♔⊞ • ♟

9 d4! c6

9 ... exd4? 10 ♘xd5 ♘xd5 11 ♕e4+±

🧠 **10 ? ❷**
C

10 ♗g5!?

10 0-0!? Δ 11 ♖e1
10 ... h6

10 ... exd4? 11 ♘xd5 cxd5 12 0-0-0!! dxc4 13 ♖he1+ ♔d7 14 ♖xd4+ ♔c7

15 ♖xd8+–
11 ♗xe7 ♗xe7 12 0-0-0 ♖f8

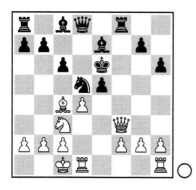

🧠 **13 ? ❹**

♕→

13 ♕e4!
a) 13 ♕g4+? ♔f7∓
b) 13 ♕h5!?
13 ... ♖f4?
a) 13 ... ♗g5+ 14 ♔b1 ♖f4∞
b) 13 ... ♗d6? 14 ♘xd5 cxd5 15 ♕xd5+ ♔e7 16 dxe5±
14 ♕xe5+ ♔d7
14 ... ♔f7? 15 ♕xf4++–
15 ♘xd5!
15 ♕xf4?? ♗g5–+
15 ... cxd5 16 ♗b5#   1–0

↻ • ⊞ • ♟ • ↬

Cochrane - Mahescandra
Calcuta 1856
B21

1 e4 c5 2 f4 a6!? 3 ♘f3 ♘c6 4 d4 cxd4 5 ♘xd4 ♘f6?! (5 ... e6) **6 e5! ♘d5 7 ♗c4 ♕a5+** (7 ... ♘b6) **8 c3 e6 9 0-0 ♘xd4 10 cxd4**
10 ♕xd4? ♗c5∓
10 ... g6?

🧠 **11 ? ❸**

↻

11 ♗xd5! ♕xd5 (11 ... exd5?) **12 ♘c3! ♕c6?!** (12 ... ♕c4)

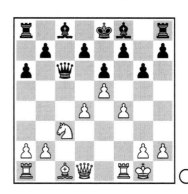

🧠 13 ? ❷

⊞ • 🔓

13 d5! exd5 14 ♘xd5 ♝c5+ 15 ♔h1 0-0?

🧠 13 ...? ❹

↗

13 ... ♘xd4!!
△ 14 ♝xd4 ♝c5!!∓
=13 ... ♝c5!∓   **0–1**

85

→♔⊞ • *f7* • →#
Raphael - Montgomery
EE UU 1856
B21

1 e4 c5 2 f4 e5 3 ♘f3 ♘c6 4 ♝c4 d6 5 d3 ♝g4 6 0-0 ♘d4?

🧠 7 ? ❹

→♔⊞ • *f7*

🧠 16 ? ❸

↬

16 b4!
△ 16 ... ♝a7 17 ♘e7+!+–   **1–0**

84

↻ • ↗
Somacarana - Cochrane
Calcuta 1856
C02

1 e4 e6 2 d4 d5 3 e5 c5 4 c3 ♕b6 5 f4?! ♘c6 6 ♘f3 ♘h6! 7 b3? cxd4 8 ♘xd4 ♘xd4 9 cxd4

🧠 9 ...? ❶

↻

9 ... ♝b4+! 10 ♔f2
10 ♝d2 ♕xd4∓
10 ... 0-0 11 a3 ♝e7 12 ♔g1 ♘f5 13 ♝b2?

7 ♗xf7+!! ♚e7

7 ... ♚xf7 8 ♘g5+ ♚e8 (8 ... ♕xg5 9 fxg5+ ♚e8 10 ♕xg4+−) 9 ♕xg4±

8 fxe5 ♗xf3 9 ♗g5+! ♚d7 10 e6+ ♚c6

10 ... ♘xe6 11 ♗xe6+ ♚xe6 12 ♕xf3 ♕xg5 13 ♕f7+ ♚e5 14 ♕d5#

🧠 **11 ? ❸**
→#

11 ♗xd8!! ♗xd1 12 ♗e8#   **1−0**

86

⇄ • →♚⊞ • ↝
Schulten - ●● Morphy
Nueva York × 1857
C33

1 e4 e5 2 f4 exf4 3 ♗c4 ♘f6 4 ♘c3 ♗b4 5 e5

🧠 **5 ...? ❸**
⇄

5 ... d5! 6 exf6?! (6 ♗b5+!) **6 ... dxc4 7 fxg7 ♖g8 8 ♕e2+? ♗e6 9 a3? ♗c5 10 ♘f3 ♘c6 11 ♘e4?**

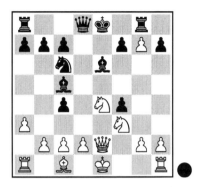

🧠 **11 ...? ❸**
→♚⊞

11 ... ♘d4! 12 ♘xd4 ♗xd4 13 c3?! ♕h4+! 14 ♚f1

14 g3 fxg3 15 ♘xg3 ♗xg7∓

14 ... ♗b6 15 d4 cxd3 16 ♕xd3 ♖d8 17 ♕e2

🧠 **17 ...? ❷**
↝

17 ... ♖d1+! △ 18 ♕xd1 ♗c4++−   0−1

105

87

★★★★★

C • ♟ • ⇄ • →# • ↬

Schulten - ●● Morphy
Nueva York ✕ 1857
C32

1 e4 e5 2 f4 d5 3 exd5 e4 4 ♘c3 ♘f6 5 d3 (5 ♕e2!?) **5 ... ♗b4 6 ♗d2**
6 dxe4 ♘xe4 7 ♕e2?! 0-0! Δ 8 ♕xe4? ♖e8!∓

🧠 **6 ...?** ❺
↬

6 ... e3!! 7 ♗xe3

🧠 **7 ...?** ❹
C

7 ... 0-0! 8 ♗d2 ♗xc3 9 bxc3
9 ♗xc3 ♖e8+ 10 ♗e2 ♘xd5⩲
9 ... ♖e8+ 10 ♗e2

🧠 **7 ...?** ❶
♟

10 ... ♗g4! 11 c4
11 ♘f3 ♗xf3! 12 gxf3 ♘xd5 Δ 13 ...

♕h4+∓

🧠 **11 ...?** ❺
C

11 ... c6! 12 dxc6? (12 h3□) **12 ... ♘xc6 13 ♔f1?!**

🧠 **13 ...?** ❹
♟

13 ... ♖xe2!! 14 ♘xe2 ♘d4! 15 ♕b1 ♗xe2+ 16 ♔f2 ♘g4+ 17 ♔g1
17 ♔g3 ♘f5+ 18 ♔h3 ♕h4#

🧠 **17 ...?** ❸
→#

17 ... ♘f3+!! 18 gxf3 ♕d4+ 19 ♔g2 ♕f2+ 20 ♔h3 ♕xf3+ 0–1

88

♟ · *f7* · ♞

●● Morphy - Schulten
Nueva York ✕ *1857*
C50

1 e4 e5 2 ♘f3 ♘c6 3 ♗c4 ♗c5 4 0-0 f5?

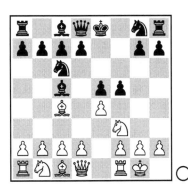

🧠 **5 ? ❹**
♟

5 d4!! exd4

5 ... fxe4 6 ♘xe5 ♘xe5 7 dxe5±
6 e5!?

6 ♘g5! ♘e5 7 exf5! ♘xc4 8 ♕h5+±
6 ... d6 7 exd6 ♕xd6? (7 ... cxd6) **8 ♖e1+ ♘ge7**

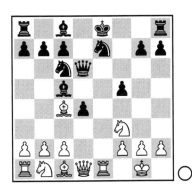

🧠 **9 ? ❸**
f7

9 ♘g5! ♘e5

🧠 **10 ? ❷**
♟

10 ♗f4! ♘7g6 11 ♗xe5 ♘xe5 12 ♘f7!
1–0

89

♟ · ♟ · ⚔

Morphy - ♟
Nueva Orleans 1857
C52
-♖*a1*

1 e4 e5 2 ♘f3 ♘c6 3 ♗c4 ♗c5 4 b4!? ♗xb4 5 c3 ♗c5?! (◯ 5 ... ♗a5) **6 0-0 d6 7 d4 exd4 8 cxd4 ♗b6 9 ♘c3 ♘a5 10 ♗d3 ♗g4 11 ♗e3 ♕f6? 12 ♘d5 ♕d8 13 h3 ♗xf3 14 ♕xf3 ♘f6 15 ♗g5 ♗xd4**

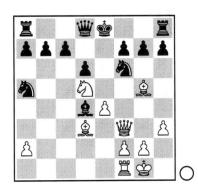

🧠 **16 ? ❹**
♟

16 e5!! ♗xe5

107

🧠 17 ? ❷
♟

17 ♖e1! 0-0?

🧠 18 ? ❹
🏹

18 ♖xe5!! dxe5?
18 ... ♘xd5! 19 ♖xd5 (19 ♗xd8
dxe5∓) 19 ... f6 (19 ... ♕e8 20 ♗f6!!±)
20 ♕h5 g6 21 ♗xg6 ♕e7!∓
19 ♘xf6+ (19 ♗xf6!±) **19 ... gxf6**
19 ... ♔h8 20 ♕e4! g6 21 ♕h4 h5 22
♘xh5±
20 ♗xf6
20 ♗h6!! ♔h8 21 ♕f5±   **1–0**

90

🔒

●● Morphy - Meek
Nueva York 1857
A43

**1 e4 e6 2 d4 c5?! 3 d5! e5?! 4 f4! d6 5
♘f3 ♗g4?!** (△ 5 ... exf4) **6 fxe5! ♗xf3
7 ♕xf3 dxe5 8 ♗b5+! ♘d7 9 ♘c3
♘gf6?!** (△ 9 ... a6) **10 ♗g5 ♗e7**

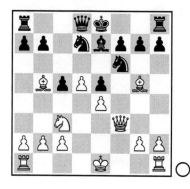

🧠 11 ? ❺
🔒

11 d6!! ♗xd6 12 0-0-0
△ 12 ... ♗e7 (12 ... ♕e7 13 ♗xf6 gxf6
14 ♘d5±) 13 ♗xf6 ♗xf6 14 ♖xd7±
                                        1–0

91

→♔⊞ • *f7* • ○ • 🏹
Morphy - Maurian
Nueva Orleans 1857
C37
-♘b1

**1 e4 e5 2 f4 exf4 3 ♘f3 g5 4 ♗c4 g4 5
d4!? gxf3 6 ♕xf3 d5! 7 ♗xd5 c6**

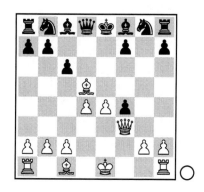

🧠 8 ? ❸
→♔⊞ • *f7*

**8 ♗xf7+!? ♔xf7 9 ♕h5+! ♔g7 10
♗xf4 ♗e7**
△ 10 ... ♘f6! 11 ♗e5 ♘bd7
11 0-0 ♕xd4+? (11 ... h6!∓) **12 ♔h1
♕xe4**
a) 12 ... ♘d7 13 ♗e3! △ 14 ♖f7#
b) 12 ... ♘f6 13 ♗h6+ ♔g8 14 ♕g5+
♔f7 15 ♕g7+ ♔e6 16 e5!→

108

🧠 **13 ?** ❷

↻

13 ♖ae1! ♕g6?

🧠 **14 ?** ❹

💣

14 ♖xe7+! ♔f8
14 ... ♘xe7 15 ♗h6+!! ♕xh6 (15 ...
♔g8 16 ♖f8#) 16 ♕f7#
**15 ♗d6+ ♘f6 16 ♖xf6+! ♕xf6 17
♕e8#**   **1–0**

92

🔒 • 🍖 • 🖋

Morphy - Kennicott
Nueva York 1857
C51

**1 e4 e5 2 ♘f3 ♘c6 3 ♗c4 ♗c5 4 b4
♗xb4 5 c3 ♗c5 6 0-0 d6 7 d4 exd4 8
cxd4 ♗b6 9 ♗b2 f6?** (9 ... ♘f6) **10 ♖e1
♘ce7?!**

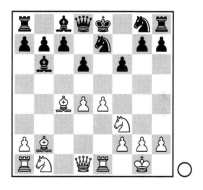

🧠 **11 ?** ❹

🔒

11 e5!? (11 ♘h4!; 11 ♕b3!) **11 ... d5?!**
a) 11 ... dxe5? 12 ♕b3!±
b) 11 ... fxe5!
12 exf6 ♘xf6

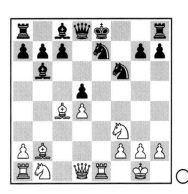

🧠 13 ? ❸
♟

13 ♗a3! ♘e4

🧠 14 ? ❹
💣

14 ♖xe4!?
14 ♘bd2!±
14 ... dxe4 15 ♘e5 ♕xd4 16 ♕h5+ g6
17 ♗f7+ ♔d8
17 ... ♔f8?? 18 ♕h6#
18 ♗xe7+ ♔xe7=
Δ 19 ♕g5+ ♔f8 (19 ... ♔d6 20 ♘c3!
Δ 21 ♖d1±) 20 ♕h6+ (20 ♘c3 ♕xf2+
21 ♔h1 ♗e3-+) 20 ... ♔e7=   **1–0**

93

☆☆☆☆☆
⇄ • ↻ • 🔥 • ‡
Marache - Morphy
Nueva York 1857
C52

1 e4 e5 2 ♘f3 ♘c6 3 ♗c4 ♗c5 4 b4
♗xb4 5 c3 ♗a5 6 d4 exd4 7 e5?

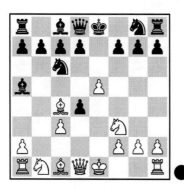

🧠 7 ...? ❸
⇄

7 ... d5! 8 exd6 ♕xd6! 9 0-0 ♘ge7 10
♘g5?! 0-0 11 ♗d3
11 ♕h5 ♕g6!

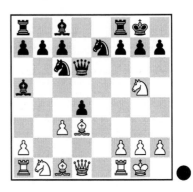

🧠 11 ...? ❸
↻

11 ... ♗f5! 12 ♗xf5 ♘xf5 13 ♗a3 ♕g6!
14 ♗xf8

🧠 14 ... ? ❺
🔥

14 ... ♕xg5! 15 ♗a3 dxc3! 16 ♗c1
♕g6 17 ♗f4 ♖d8! 18 ♕c2 ♘cd4! 19
♕e4
a) 19 ♖d1 ♘e3! 20 ♕xg6 ♘e2+ 21

♔h1 ♖xd1#

b) 19 ♕a4 b5! 20 ♕xa5 ♘e2+ 21 ♔h1 ♘xf4 22 g3 (22 ♖g1 ♖d1!) 22 ... ♕c6+ 23 f3 ♕xf3+!! 24 ♖xf3 ♖d1+–+

🧠 19 ...? ❺

‡

19 ... ♘g3!!
△ 20 ♕xg6 ♘de2#   0–1

94

→♔⊞ • ♟

Cochrane - Somacarana
Calcuta 1857
C42

1 e4 e5 2 ♗c4 ♘f6 3 ♘f3 ♘xe4 4 ♘c3 ♘xc3 5 dxc3 f6 6 0-0 c6??

🧠 7 ? ❸

→♔⊞

7 ♘xe5! d5
7 ... fxe5 8 ♕h5+! g6 9 ♕xe5+±
8 ♕h5+ g6

🧠 7 ? ❸

♟

9 ♘xg6! hxg6
9 ... dxc4 10 ♘xh8+±
10 ♕xh8 ♘d7
10 ... dxc4 11 ♖e1+ ♔f7 (11 ... ♔d7?
12 ♖d1+±) 12 ♗h6 △ 13 ♕h7+±
11 ♗d3 ♘e5 12 ♗f4 ♕d6 13 ♖ae1
                                   1–0

95

⇄ • ♛ • →♔⊞
Lichtenhein - Morphy
Nueva York 1857
C56

1 e4 e5 2 ♘f3 ♘c6 3 d4 exd4 4 ♗c4
♘f6 5 e5 d5 6 ♗b5 ♘e4 7 ♘xd4 ♗d7
8 ♘xc6?! (⌐ 8 ♗xc6) 8 ... bxc6 9 ♗d3
♗c5 10 ♗xe4

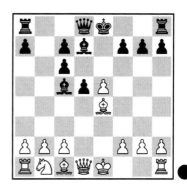

🧠 **10 ...?** ❹

⇄

10 ... ♕h4!
10 ... dxe4 11 0-0
11 ♕e2
a) 11 g3?? ♕xe4+! 12 ♕e2 ♕xh1+–+
b) 11 0-0 ♕xe4∓
11 ... dxe4 12 ♗e3

🧠 **12 ...?** ❹

💥

12 ... ♗g4! 13 ♕c4?
a) 13 g3! ♕h5∓
b) 13 ♕d2 ♖d8→
13 ... ♗xe3 14 g3

🧠 **14 ...?** ❸

→♔⊞

14 ... ♕**d8!?** (14 ... ♕h6!!∓; 14 ...
0-0-0!∓) **15 fxe3 ♕d1+ 16 ♔f2 ♕f3+**
16 ... ♕xh1!? 17 ♕xc6+ ♔f8 18
♕xa8+ ♔e7 19 ♕xh8 ♕f3+ 20 ♔g1
(20 ♔e1 ♕e2#) 20 ... ♗h3–+
**17 ♔g1 ♗h3 18 ♕xc6+ ♔f8 19 ♕xa8+
♔e7** **0–1**

96

─────

💣 • →♔⊞ • ♻

Spitzer - Szen
Budapest 1857
C42

**1 e4 e5 2 ♘f3 ♘f6 3 ♗c4!? ♘xe4 4
♘c3 ♘xc3 5 dxc3 f6 6 0-0 d6 7 ♘h4
g6 8 f4 f5?!**

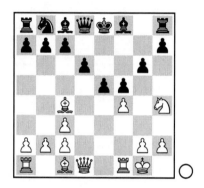

🧠 **9 ?** ❹

💣

9 ♘xf5!? ♗xf5
a) 9 ... gxf5 10 ♕h5+ ♔d7 (10 ... ♔e7
11 ♕f7#) 11 fxe5+–
b) 9 ... d5!∞

🧠 **10 ?** ❷

→♔⊞

10 ♕d5! (△ 11 ♕f7#) **10 ... ♗e7**
10 ... ♕d7 11 ♕xb7+–
11 fxe5
11 ♕xb7?! ♘d7∓
11 ... ♘c6
11 ... dxe5?? 12 ♕f7+ ♔d7 13
♖d1++–

112

12 ? ❸

12 ♖xf5!! ♘xe5

12 ... gxf5?? 13 ♕f7+ ♔d7 14 ♗e6#

 13 ? ❷

13 ♖xe5!! dxe5 14 ♕f7+ ♔d7

15 ? ❸

→♔⊞ • ↻

15 ♗g5!

△ 16 ♖d1+± **1–0**

97

→♔⊞ • 🔓 • *f7* • ↻
Suhle - Riquet
Colonia 1858
C52

**1 e4 e5 2 ♘f3 ♘c6 3 ♗c4 ♗c5 4 b4
♗xb4 5 c3 ♗a5 6 d4 exd4 7 0-0 ♘f6**

8 ? ❹

→♔⊞

8 ♗a3! d6

9 ? ❸

🔓

9 e5! dxe5?!

10 ? ❸

f7

10 ♕b3! ♗e6? (10 ... ♕d7) **11 ♗xe6
fxe6 12 ♕xe6+ ♘e7 13 ♘xe5 ♖f8**

14 ? ❹

↻

14 ♖d1! (◯ 14 ♖e1!!) **14 ... ♘fd5 15
♗xe7 ♘xe7 16 ♖xd4**

△ 16 ... ♕c8 17 ♖d7+– **1–0**

♟ • ♖ • ♛ • ↗

Saalbach - Anderssen
Leipzig 1858
C54

1 e4 e5 2 ♘f3 ♘c6 3 ♗c4 ♗c5 4 c3 ♘f6 5 d4 exd4 6 cxd4 ♗b4+ 7 ♗d2 ♗xd2+ 8 ♘bxd2 d5 9 exd5 ♘xd5 10 0-0 (♜ 10 ♕b3) **10 ... 0-0 11 ♖e1 ♘f4!?** (11 ... ♗e6) **12 ♕c2** (12 ♘e4) **12 ... ♕f6** (12 ... ♘xd4!?) **13 ♘f1?**

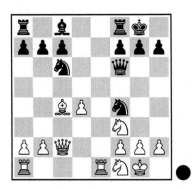

🧠 **13 ...?** ❺
♟

13 ... ♘xg2!! 14 ♔xg2

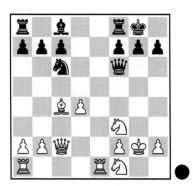

🧠 **14 ...?** ❸

14 ... ♕xf3!+ 15 ♔g1
15 ♔xf3 ♘xd4+ 16 ♔g2 ♘xc2∓
15 ... ♘xd4 16 ♕e4

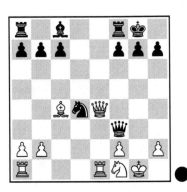

🧠 **16 ...?** ❹
↗

16 ... b5!? 17 ♗d3 f5 18 ♕xd4 ♗b7!!
△ ...♕g2# ∨ ...♕h1#   **0–1**

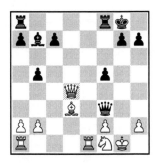

99

⇄ • ♟ • 🔒 • →00

Owen - Morphy
Londres 1858
B07
-♟f7

1 e4 d6 2 d4 ♘f6 3 ♗c4 ♘c6

3 ... ♘xe4? 4 ♕h5+ g6 5 ♕d5±

**4 ♘c3 e6 5 ♘f3 d5 6 ♗d3 ♗b4 7 ♗g5
h6 8 e5? hxg5 9 ♗g6+ ♔f8 10 ♘xg5**

🧠 **10 ...?** ❹
⇄

10 ... ♖h6! 11 ♗d3
11 ♘f7? ♕e8 12 ♘xh6 ♕xg6 13 exf6
♕xh6∓

🧠 **11 ...?** ❹
♥

11 ... ♔g8!
11 ... ♘e4 12 ♕f3+→
12 exf6 ♕xf6 13 ♘f3

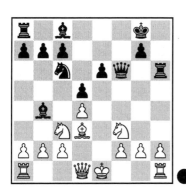

🧠 **13 ...?** ❷
🔒

13 ... e5!
13 ... ♘xd4? 14 ♘xd4 ♕xd4 15
♗h7+!!+−
14 dxe5 ♘xe5 15 0-0

🧠 **15 ...?** ❺
→00

15 ... ♕f4!!
15 ... ♗g4 15 ♗e2!
16 h4
a) 16 g3 ♘xf3+−+
b) 16 h3 ♖xh3!! 17 gxh3 ♘xf3+ 18
♔g2 ♗xh3+ 19 ♔xh3 ♕h4+ 20 ♔g2
♕g4+ 21 ♔h1 ♕h3#
c) 16 ♖e1 ♗g4!∓
**16 ... ♘xf3+ 17 ♕xf3 ♕xh4 18 ♕xd5+
♗e6** 0–1

100

→00 • ♕→ • ♞

Morphy - Worrall
Nueva Orleans 1858
B00

**1 e4 d6 2 f4 ♘c6 3 ♘f3 ♗g4 4 c3!?
♗xf3?! 5 ♕xf3 e5 6 ♗c4 ♘f6 7 b4 a6 8
d3 ♗e7 9 f5!? 0-0 10 g4 b5?** (10 ... d5!)
11 ♗b3 ♘e8

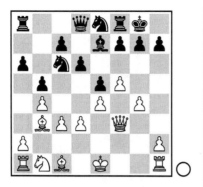

🧠 **12 ? ❹**
→00

12 h4!? (12 ♗d5!) **12 ... ♚h8?!**
12 ... ♗xh4+ 13 ♚d1 ♗e7 14 ♕h3!± **13 g5 f6?**

🧠 **14 ? ❸**
♕→

14 ♕h5! d5 15 g6 h6

🧠 **16 ? ❶**
💣

16 ♗xh6!! 1–0

101

♟ • →♚⊞ • ♕→
♟♟ Morphy - ♟
Nueva Orleans 1858
C57
- ♖a1

1 e4 e5 2 ♘f3 ♘c6 3 ♗c4 ♘f6 4 ♘g5 d5 5 exd5 ♘xd5 6 ♘xf7 ♚xf7 7 ♕f3+ ♚e6

🧠 **8 ? ❷**
♟

8 ♘c3! ♘d4?! 9 ♗xd5+ ♚d6 10 ♕f7 ♗e6?? (10 ... ♕e7) **11 ♗xe6 ♘xe6 12 ♘e4+ ♚d5**

116

🧠 **13 ?** ❹

→♔⊞

13 c4+!? (13 ♘c3+!?) **13 ... ♔xe4 14 ♕xe6 ♕d4??**

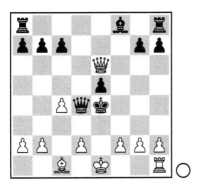

🧠 **15 ?** ❹

♕→

15 ♕g4+!!

15 ♔e2!? ♕d3+ 16 ♔d1± △ 17 ♖e1+

15 ... ♔d3 16 ♕e2+ ♔c2 17 d3+ ♔xc1?

17 ... ♔b1 18 0-0+−

18 0-0#   **1–0**

102

♟ · ↻ · ‡

👥 Morphy - ♟
Nueva Orleans 1858
C37

1 e4 e5 2 f4 exf4 3 ♘f3 g5 4 ♗c4 g4 5 d4?! (📖 5 0-0) **5 ... gxf3 6 0-0 d5!? 7 ♗xd5 c6 8 ♗xf7+!? ♔xf7 9 ♕xf3 ♘f6**

9 ... ♕xd4+ 10 ♗e3!

10 c3?! ♗h6?

10 ... ♖g8 11 ♗xf4 ♗g4

11 ♗xf4 ♗xf4 12 ♕xf4 h5?

🧠 **13 ?** ❶

♟

13 e5! ♗e6

🧠 **14 ?** ❸

↻

14 ♘d2! ♘bd7 15 ♘e4 ♕e7? 16 exf6 ♘xf6 17 ♘xf6 ♔f8

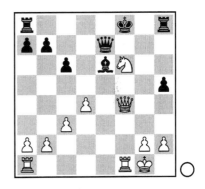

🧠 **18 ?** ❷

‡

18 ♘d5+! ♕f7 19 ♕d6+!   **1–0**

103

♟♟ Morphy - Lyttelton
Birmingham 1858
C39

1 e4 e5 2 f4 exf4 3 ♘f3 g5 4 h4!? g4 5 ♘e5 d6 6 ♘xg4 ♗e7 (6 ... ♘f6!?)

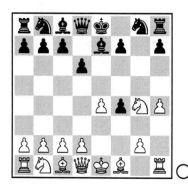

🧠 7 ? ❸

♗

7 d4! ♗xh4+ 8 ♘f2 ♗xf2+?! (8 ... ♗g3!) **9 ♔xf2 ♘f6 10 ♘c3 ♕e7 11 ♗xf4! ♘xe4+? 12 ♘xe4 ♕xe4**

🧠 13 ? ❸

⇧

13 ♗b5+! ♔f8
a) △ 13 ... c6? 14 ♖e1+−
b) 13 ... ♔d8 14 ♗g5++−
14 ♗h6+ ♔g8

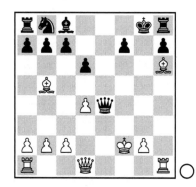

🧠 15 ? ❺

♖→

15 ♖h5!!
a) 15 ♖e1? ♕h4+ 16 ♔g1 ♕xh6∞
b) 15 ♕d2! △ 16 ♕g5+ ♕g6 17 ♕d8#
15 ... ♗f5

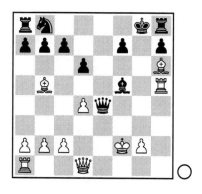

🧠 16 ? ❹

♕→

16 ♕d2! ♗g6
16 ... ♘c6 17 ♗xc6! bxc6 18 ♕g5+ ♗g6 19 ♕f6+−

🧠 17 ? ❶
⇧

17 ♖e1
△ 18 ♖e8#   1–0

104

☆☆☆☆☆
🔥 • ५ • *f7* • ♟ • ♟ • ↬

Morphy - Brunswick e Isouard
París 1858
C41

1 e4 e5 2 ♘f3 d6 3 d4 ♗g4?!

🧠 4 ? ❷
🔥

4 dxe5! ♗xf3
4 ... dxe5 5 ♕xd8+ ♔xd8 6 ♘xe5+−
5 ♕xf3 dxe5 6 ♗c4 ♘f6? (6 ... ♕f6)

🧠 7 ? ❷
५ • *f7*

7 ♕b3! ♕e7
7 ... ♕d7 8 ♕xb7 ♕c6 9 ♗b5+−
8 ♘c3!
a) 8 ♕xb7! ♕b4+ 9 ♕xb4 ♗xb4+ 10 c3±

b) 8 ♗xf7+!? ♕xf7 9 ♕xb7 ♗c5 10 ♕c8+ (10 ♕xa8 0-0 11 0-0 c6⩲) 10 ... ♔e7 11 ♕xh8 ♗xf2+!

8 ... c6 9 ♗g5 b5?

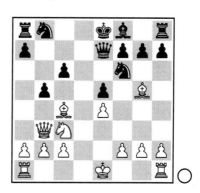

🧠 10 ? ❹
🗡

10 ♘xb5!!
a) 10 ♗xb5!? cxb5 11 ♘d5⩲
b) 10 ♗d3? ♘bd7 △ 11 ... ♘c5⇄
10 ... cxb5 11 ♗xb5+ ♘bd7
11 ... ♔d8 12 0-0-0+ ♔c8 13 ♖d3→
12 0-0-0 ♖d8
12 ... 0-0-0? 13 ♗a6+ ♔c7 14 ♕b7#

🧠 13 ? ❹
♟

13 ♖xd7!!

13 ♗xf6!? gxf6 14 ♖xd7 ♖xd7 15 ♖d1 ♗h6+ 15 ♔b1 0-0 17 ♖xd7±

13 ... ♖xd7 14 ♖d1! ♕e6 15 ♗xd7+! ♘xd7

🧠 **16 ?** ❸
↬

16 ♕b8+!! ♘xb8 17 ♖d8#   **1–0**

105

♟ • →♔⊞ • *f7* • ⌐ • ♘
Morphy - Hampton
Londres 1858
C51

1 e4 e5 2 ♘f3 ♘c6 3 ♗c4 ♗c5 4 b4 ♗xb4 5 c3 ♗a5 6 d4 exd4 7 0-0 ♗b6?! 8 cxd4 d6 9 ♘c3 ♘f6?

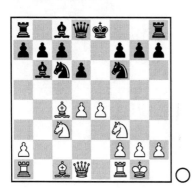

🧠 **10 ?** ❹
♟

10 e5! dxe5

🧠 **11 ?** ❹
→♔⊞

11 ♗a3! ♗g4?

🧠 **12 ?** ❸
f7

12 ♕b3!
Δ 13 ♗xf7+ ♔d7 14 ♕e6#
12 ... ♗h5 13 dxe5 ♘g4 14 ♖ad1 ♕c8

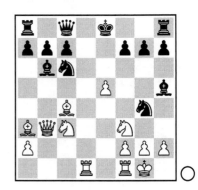

🧠 **15 ?** ❸
♟

15 e6! f6

🧠 **16 ?** ❹
⌐ • ♘

16 ♕b5! (16 e7!±) **16 ... ♗g6 17 ♗d5**
Δ 18 ♗xc6+ bxc6 19 ♕xc6++−   **1–0**

106

↻ • ♖→ • ♟

Morphy - Anderssen
París ✕ 1858
C65

1 e4 e5 2 ♘f3 ♘c6 3 ♗b5 ♘f6 4 d4 ♘xd4!?

4 ... ♘xe4 5 0-0 ♘d6

5 ♘xd4 exd4 6 e5 c6!?

6 ... ♘d5 7 ♕xd4

🧠 7 ? ❺

↻

7 0-0!

7 ♗c4? ♕a5+ 8 ♘d2 ♕xe5+∓

7 ... cxb5?! (7 ... ♘d5!?)

🧠 8 ? ❹

♟

8 ♗g5!

8 exf6?! ♕xf6 9 ♖e1+ ♗e7 10 ♕e2 a6
Δ 11 ... d5 ∧ 12 ... ♗e6∓

8 ... ♗e7

8 ... h6? 9 exf6 hxg5 10 ♖e1+!±

9 exf6 ♗xf6

9 ... gxf6 10 ♕xd4! Δ ...fxg5 11

♕xh8++−

10 ♖e1+ ♔f8 11 ♗xf6 ♕xf6

🧠 12 ? ❸

↻

12 c3!

Δ 12 ... dxc3? 13 ♘xc3↻
a) 12 ♘d2!? d5 13 ♘b3⩲
b) 12 ♖e4!?

12 ... d5! 13 cxd4 ♗e6 14 ♘c3 a6 15 ♖e5! ♖d8

15 ... g6!? 16 ♘xd5 ♗xd5 17 ♖xd5 ♔g7=

16 ♕b3 ♕e7 17 ♖ae1

17 ♘xd5? ♕d6∓

17 ... g5? (17 ... g6) **18 ♕d1**

18 ♘e2! Δ 19 f4 (19 ♘g3)

18 ... ♕f6

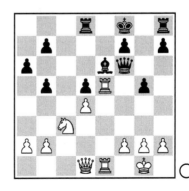

19 ? ❹

🨄→

19 ♖1e3! (19 ♕d2!?) **19 ... ♖g8?**
19 ... ♔g7! Δ 20 ♖xg5+ ♕xg5 21 ♖g3
♕g6=

 20 ? ❸

📌

20 ♖xe6!!
Δ 20 ... fxe6 21 ♖f3±   **1–0**

107

♗ • ♕ • ⇄ • ♥ • 🔒
Morphy - Anderssen
París ✕ 1858
B32

**1 e4 c5 2 ♘f3 ♘c6 3 d4 cxd4 4 ♘xd4
e6 5 ♘b5 d6 6 ♗f4 e5 7 ♗e3 f5?!** (♙
7 ... ♘f6)

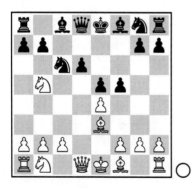

 8 ? ❸

♗

8 ♘1c3!
8 exf5 ♗xf5∞
8 ... f4

8 ... a6? 9 ♘d5! axb5 10 ♗b6 Δ 11
♘c7++–

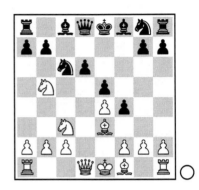

 9 ? ❹

♕

9 ♘d5! fxe3 10 ♘bc7+ ♔f7 11 ♕f3+?!
11 ♘xa8! exf2+ 12 ♔xf2±
11 ... ♘f6 12 ♗c4

 12 ...? ❺

⇄

12 ... ♘d4!
a) 12 ... ♘a5 13 ♘xf6+ ♘xc4 14
♘fd5+ ♔g6 15 ♘xa8+–
b) 12 ... ♔g6 13 ♕g3++–
13 ♘xf6+ d5!
13 ... ♔g6? 14 ♕h5+ ♔xf6 15 ♘e8+!
♕xe8 (15 ... ♔e7 16 ♕f7#) 16 ♕xe8±

14 ♗xd5+

14 ♘fxd5+? ♘xf3+∓

🧠 **14 ...?** ❺
♟

14 ... ♔g6?

a) 14 ... ♕xd5? 15 ♘fxd5+ ♘xf3+ 16 gxf3 exf2+ 17 ♔xf2±

b) 14 ... ♔e7! 15 ♕h5 gxf6 16 ♕f7+ ♔d6 17 ♘xa8 ♘xc2+ 18 ♔e2 ♘d4+!∞

15 ♕h5+ ♔xf6

🧠 **16 ?** ❸
🔒

16 fxe3!

a) 16 ♘e8+? ♕xe8 17 ♕xe8 ♗b4+! 18 c3 ♖xe8−+

b) 16 f4!±

16 ... ♘xc2+

16 ... ♕xc7 17 ♖f1+ ♘f5 18 ♖xf5+! ♗xf5 19 ♕xf5+ ♔e7 20 ♕e6+ ♔d8 21 0-0-0!

17 ♔e2

Δ 18 ♖hf1+   **1–0**

☆☆☆☆☆
♘ • ♖ • f7 • ♝ • →♔⊞
♟♟ ●● Morphy - ♟
Nueva Orleans 1858
C56

1 e4 e5 2 ♘f3 ♘c6 3 ♗c4 ♘f6 4 ♘g5 d5 5 exd5 ♘xd5? 6 d4! (6 ♘xf7!?) **6 ... exd4**

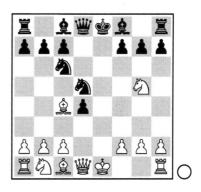

🧠 **7 ?** ❹
♘

7 0-0!

7 ♘xf7? ♕e7+!=

7 ... ♗e7

7 ... ♗e6 8 ♖e1 ♕d7 9 ♘xf7 ♔xf7 (9 ... ♕xf7 10 ♗xd5) 10 ♕f3+ ♔g8 (10 ... ♔g6? 11 ♖xe6+ ♕xe6 12 ♗d3+) 11 ♖xe6!±

🧠 **8 ?** ❺
♘ • f7

8 ♘xf7!! ♔xf7 9 ♕f3+ (9 ♕h5+!?) **9 ... ♔e6**

9 ... ♔e8 10 ♗xd5±

🧠 10 ? ❹

C

10 ♘c3! dxc3 11 ♖e1+ ♘e5

11 ... ♔d7? 12 ♕xd5+ ♔e8 (12 ... ♗d6 13 ♕e6#) 13 ♕f7+ ♔d7 14 ♖d1++−

12 ♗f4 ♗f6 13 ♗xe5 ♗xe5

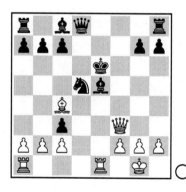

🧠 14 ? ❸

14 ♖xe5+! ♔xe5 15 ♖e1+ ♔d4

15 ... ♔d6 16 ♕xd5#

🧠 16 ? ❺

→♔⊞

16 ♗xd5!! ♖e8

a) 16 ... ♕xd5 17 ♕xc3#

b) 16 ... cxb2 17 ♖e4+ ♔c5 18 ♕a3+ ♔xd5 19 ♕d3+ ♔c6 20 ♖c4+ ♔b6 21 ♕b3+ ♔a6 22 ♖a4#

c) 16 ... ♔c5 17 ♕xc3+ ♔d6 18 ♕e5+ ♔c5 19 ♗c4+ ♔xc4 20 ♖e4++−

17 ♕d3+ ♔c5

🧠 18 ? ❷

C

18 b4!+ ♔xb4

18 ... ♔b6 19 ♕d4+ ♔a6 20 ♕c4+ b5 (20 ... ♔b6 21 ♕c5+ ♔a6 22 ♕a5#) 21 ♕c6#

19 ♕d4++−

Δ 19 ... ♔a5 20 ♕xc3+ ♔a4 21 ♕b3+ ♔a5 22 ♕a3+ ♔b6 23 ♖b1#   **1–0**

109

☆☆☆☆☆

⇄ • ♟ • ♞ • →00 • ♕→ • ⇧

Anderssen - Lange
Berlín 1858
C61

1 e4 e5 2 ♘f3 ♘c6 3 ♗b5 ♘d4 4 ♘xd4 exd4 5 ♗c4?! (5 0-0) **5 ... ♘f6 6 e5?**

6 ...? ❸

⇄

6 ... d5! 7 ♗b3

7 exf6? dxc4∓

7 ... ♗g4?! (7 ... ♘g4!) 8 f3

 **8 ...?** ❹

♟

8 ... ♘e4!? 9 0-0!

a) 9 g3?! ♗h5!
b) 9 fxg4? ♕h4+ 10 g3 ♘xg3∓
c) 9 d3? ♕h4+∓

9 ...? ❸

↗

9 ... d3!?

9 ... ♗h5 10 g4±

10 fxg4?

10 ♕e1! ♗c5+ 11 ♔h1±

10 ... ♗c5+ 11 ♔h1

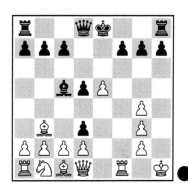 **11 ...?** ❺

→00

11 ... ♘g3+! 12 hxg3

12 ...? ❸

♕→

12 ... ♕g5!!

△ 13 ... ♕h6#

12 ... h5? 13 g5 h4 14 g4 h3 15 g3±

13 ♖f5

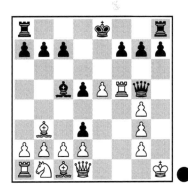 **13 ...?** ❸

⇧

13 ... h5!! 14 gxh5 ♕xf5

14 ... ♖xh5+? 15 ♕xh5±

15 g4 ♕f2! 16 g3 ♕xg3 17 ♕f1 ♕xg4

0–1

110

→*00* • ✒

Somacarana - Cochrane
Calcuta 1858
D30

1 d4 d5 2 e3 e6 3 c4 c5 4 dxc5 ♗xc5 5 a3 a5 6 ♘f3 ♘f6 7 ♘c3 0-0 8 cxd5 exd5 9 ♗e2 ♘c6 10 ♘b5 ♘e4 11 0-0 ♗e6 12 ♘bd4 ♗d6 13 ♘xe6?! fxe6 14 ♘d4?

🧠 **14 ...?** ❹

→*00*

14 ... ♖xf2!!

a) 14 ... ♗xh2+!? 15 ♔xh2 ♕h4+ 16 ♔g1 ♘xf2 17 ♖xf2 ♕xf2+ 18 ♔h2 ♖f6 19 ♗g4 ♖h6+ 20 ♔h3 ♘e5 21 ♕e2∞

b) 14 ... ♕h4!? 15 g3 (15 f4!) 15 ... ♘xg3!! 16 fxg3 ♗xg3! 17 hxg3 ♕xg3+ 18 ♔h1 ♖xf1+ 19 ♗xf1 ♖f8∓

15 ♖xf2

🧠 **15 ...?** ❹

✒

15 ... ♘xf2?!

⌒ 15 ... ♗xh2+!! 16 ♔xh2 (16 ♔h1 ♘g3+ 17 ♔xh2 ♕h4+ 18 ♔g1 ♕h1#; 16 ♔f1 ♕h4-+) 16 ... ♕h4+ 17 ♔g1 ♕xf2+ 18 ♔h2 ♕h4+ 19 ♔g1 ♖f8!-+

16 ♔xf2 ♕h4+ 17 ♔f1 ♖f8+ 18 ♘f3??

18 ♗f3! ♘e5∞

18 ... ♕xh2 19 ♔e1 ♕xg2 20 ♘d4

20 ♔d2 ♖xf3-+

△ 20 ... ♕g3+ 21 ♔d2 ♘xd4 22 exd4 ♗f4+ 23 ♔c2 ♖c8+ 24 ♔b1 ♖xc1+-+

0–1

111

♙ • ♘

Morphy - Bottin
París 1858
C20

1 e4 e5 2 c3!? ♘f6 3 d4 ♘xe4 4 dxe5 ♗c5

🧠 **5 ?** ❹

♙

5 ♕g4!? (5 ♕d5!?) **5 ... ♘xf2??**

5 ... ♗xf2+! 6 ♔d1 d5 7 ♕xg7 ♖f8 8 ♗h6 ♗c5–+

6 ♕xg7 ♖f8

🧠 **7 ?** ❷

↻

7 ♗g5! f6

7 ... ♗e7 8 ♖xe7 ♕xe7 9 ♔xf2+–

8 exf6 ♖xf6

8 ... ♘xh1 9 ♗e2!! Δ 10 ♗h5++–

9 ♗xf6 ♗e7 10 ♕g8+   **1–0**

112

🔒 • ↻ • →♔⊞ • ♕→

Suhle - Lange
Duisburgo 1859
C52

1 e4 e5 2 ♘f3 ♘c6 3 ♗c4 ♗c5 4 b4 ♗xb4 5 c3 ♗a5 6 d4 exd4 7 0-0 ♘f6 8 ♗a3 d6

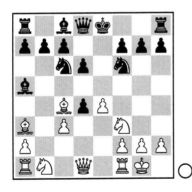

🧠 **9 ?** ❸

🔒

9 e5! ♘g4

a) 9 ... dxe5? 10 ♕b3!→

b) 9 ... ♘xe5?! 10 ♘xe5 dxe5 11

♕b3!+–

c) 9 ... ♘e4!?∞

10 exd6 (10 cxd4!?) 10 ... cxd6

10 ... 0-0?! 11 dxc7 ♕xc7 12 ♗xf8±

11 ♖e1+ ♘ge5 12 ♘xe5

12 cxd4? ♗xe1 13 ♕xe1 ♗e6!⇄

12 ... dxe5

12 ... ♘xe5? 13 ♗b5+ ♔f8 (13 ... ♗d7 14 ♗xd6 ♗xb5 15 ♖xe5+ ♔d7 15 ♕xd4±) 14 ♖xe5±

🧠 **13 ?** ❹

↻ • →♔⊞

13 ♘d2! ♗xc3 14 ♘e4 (14 ♕h5!?) 14 ... ♗xe1

🧠 **15 ?** ❹

♕→

15 ♕h5! (15 ♕f3!?) 15 ... g6

🧠 **16 ?** ❶

♕→

16 ♕f3! f5?

16 ... ♗xf2+ 17 ♔xf2 ♗f5∞

17 ♘d6+ ♔d7

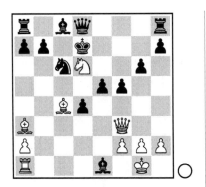

🧠 **18 ? ❶**

♕→

18 ♕d5! ♗xf2+ 19 ♔xf2 ♕h4+ 20 ♔g1 1–0

113

→♔⊞ • *f7* • ✒ • ♟

♟♟ Paulsen - ♟
Pittsburgh 1859
C51

1 e4 e5 2 ♘f3 ♘c6 3 ♗c4 ♗c5 4 b4 ♗xb4 5 c3 ♗c5 6 0-0 ♗b6 7 d4 exd4 (📖 7 ... d6) **8 cxd4 ♘ge7**

🧠 **9 ? ❸**

→♔⊞ • *f7*

9 ♘g5! d5
9 ... 0-0? 10 ♕h5!±
10 exd5 ♘xd5? (10 ... ♘a5!)

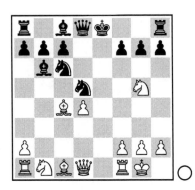

🧠 **11 ? ❹**

✒

11 ♘xf7!! ♔xf7 12 ♕f3+ ♕f6
12 ... ♔e6? 13 ♖e1+
13 ♗xd5+ ♔e8
a) 13 ... ♔g6? 14 ♕g3++–
b) 13 ... ♔f8 14 ♗a3+ ♘e7 15 ♖e1+–
14 ♖e1+ ♘e7
14 ... ♔d8!? 15 ♗xc6 bxc6 16 ♗f4+–

🧠 **15 ? ❷**

♟

15 ♕h5+!! (15 ♗a3!) **15 ... ♔d8**
15 ... g6? 16 ♗g5 gxh5 17 ♗xf6+–
16 ♗g5! g6 17 ♕h4 1–0

114

✒ • ♕→ • →#

♟♟ Paulsen - ♟
Pittsburgh 1859
C44

1 e4 e5 2 ♘f3 ♘c6 3 d4 exd4 4 ♗c4

♗b4+?! (4 ... ♘f6; 4 ... ♗c5) **5 c3!**
dxc3 6 0-0!? cxb2 7 ♗xb2 ♗f8?! (7
... ♘f6) **8 ♘c3 ♗e7?!** (8 ... d6) **9 ♘d5**
♘f6 10 ♘g5!? 0-0

10 ... ♘xd5? 11 ♕xd5± Δ 11 ... ♗xg5
12 ♕xf7#
11 ♘f4!? d6 12 ♗xf6 ♗xf6

🧠 **13 ? ❸**

13 ♘xh7! ♗xa1

13 ... ♔xh7? 14 ♕h5+ ♔g8 15 ♘g6 Δ
16 ♕h8#

🧠 **14 ? ❹**

♕→

14 ♕h5! ♘e5 (14 ... ♗g4!∞) **15 ♘g5**
♖e8

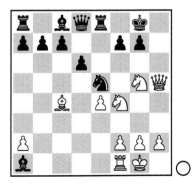

🧠 **16 ? ❷**

→#

16 ♘xf7!

16 ♕xf7+!! ♘xf7 17 ♗xf7+ ∧ 18
♘g6#
16 ... ♘xf7 17 ♕xf7+ ♔h8 18 ♕h5#

1–0

115

C • ↬

♟ - Paulsen ♟♟
Pittsburgh 1859
C58

1 e4 e5 2 ♘f3 ♘c6 3 ♗c4 ♘f6 4 ♘g5
d5 5 exd5 ♘a5 6 ♗b5+ c6 7 dxc6
bxc6 8 ♕f3 ♕b6?! (⊞ 8 ... ♖b8!?) **9**
♗a4?! (9 ♗e2) **9 ... ♗g4 10 ♕e3**

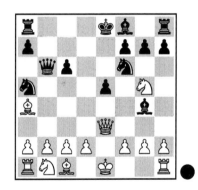

🧠 **10 ...? ❺**

C

10 ... ♗c5!? 11 ♕xe5+ ♔d7!?

Δ 12 ... ♖he8∓; ○ 11 ... ♔f8!-+
12 0-0

🧠 **12 ...? ❸**

↬

12 ... ♗xf2+! 13 ♔h1

13 ♖xf2?? ♖ae8! 14 ♕g3 ♖e1#

13 ... ♖ae8 14 ♕f4 ♗c5 15 ♘xf7?! (15 d4!)

🧠 **15 ...?** ❶

C

15 ... ♖hf8! 16 ♘e5+ ♔d8 (16 ... ♔c8!∓) **17 ♘xg4?** (17 b4!) **17 ... ♘xg4 18 ♕g5+ ♗e7 19 ♖xf8 ♗xg5**

19 ... ♖xf8! Δ 20 ... ♖f1#   **0–1**

116

🔒 • ♟ • ♜

Morphy - Thompson
Nueva York 1859
C52
-♘b1

1 e4 e5 2 ♘f3 ♘c6 3 ♗c4 ♗c5 4 b4 ♗xb4 5 c3 ♗a5 6 0-0 ♘f6 7 ♘g5!? 0-0

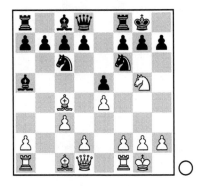

🧠 **8 ?** ❸

🔒

8 f4!? h6? 9 ♘xf7 ♖xf7 10 ♗xf7+ ♔xf7 11 fxe5 ♗b6+ 12 d4 ♘xe5

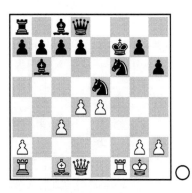

🧠 **13 ?** ❷

♟

13 ♕h5+! ♘g6? (13 ... ♔g8!∓)

🧠 **14 ? ❶**

♟

14 e5! c5? 15 exf6 gxf6 16 ♗xh6 d5

🧠 **17 ? ❶**

♟

17 ♗g5!   **1–0**

117

ㅂ • ♟ • ‡
Morphy - Thompson
Nueva York 1859
C41
-♘b1

**1 e4 e5 2 ♘f3 d6 3 d4 ♘c6 4 c3 ♘f6
5 ♗d3 ♗g4 6 0-0 exd4 7 cxd4 ♗xf3 8
gxf3 ♘xd4**

🧠 **9 ? ❶**

ㅂ

**9 ♕a4+! ♘c6 10 ♗b5 ♕d7 11 ♖d1!?
a6**

🧠 **12 ? ❸**

♟

**12 e5! ♘h5 13 ♗g5! h6 14 ♖ac1!
♖c8?!**

14 ... hxg5! 15 ♖xc6 ♖c8 16 ♖xc7 (16
♖xa6 c6!∓) 16 ... axb5!∓

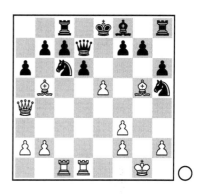

🧠 **15 ? ❹**

‡

15 ♕e4! f5?
a) 15 ... axb5?? 16 exd6+ ♕e6 17 d7#
b) 15 ... hxg5! 16 exd6+ ♗e7 17 dxe7
♕e6 18 ♗xc6+ bxc6 19 ♕d3 f5∓

16 exf6+
a) 16 ... ♔f7 17 ♗c4++–
b) 16 ... ♔d8 17 fxg7++–
c) 16 ... ♗e7 17 ♕g6+ ♔f8 18 fxe7+
♘xe7 19 ♗xe7+–   **1–0**

118

⊕♕ • →♔⊞
♟♟ Morphy - ♟
Nueva York 1859
C37
-♖a1

1 e4 e5 2 f4 exf4 3 ♘f3 g5 4 ♗c4 g4

5 d4!? gxf3 6 ♕xf3 ♕h4+?! 7 g3 ♕e7 8 ♘c3! ♗h6?! 9 ♘d5 ♕d6 (9 ... ♕d8) **10 e5 ♕c6**

🧠 **11 ?** ❷

⊕♕

11 ♗b5!? ♕xc2

11 ... ♕xb5? 12 ♘xc7++−

12 0-0 a6 13 ♗d3 (13 e6!?) **13 ... ♕c6**

🧠 **14 ?** ❸

⊕♕

14 ♗e4! (△ 12 ♘f6+±) **14 ... ♕c4 15 ♗xf4 ♕xd4+ 16 ♔h1 ♗xf4? 17 ♕xf4 ♘h6**

🧠 **18 ?** ❹

→♔⊞

18 ♕h4!?

a) 18 ♘f6+!! ♔e7 (18 ... ♔f8 19 ♕xh6+) 19 ♕h4±

b) 18 ♕xh6?? ♕xe4+−+

18 ... 0-0?? (18 ... ♕xe5□=) **19 ♘e7+ ♔g7 20 ♕f6#**   1−0

119

↻ · ♟

Morphy - Laroche
París 1859
C52

1 e4 e5 2 ♘f3 ♘c6 3 ♗c4 ♗c5 4 b4 ♗xb4 5 c3 ♗a5 6 d4 ♘f6? 7 dxe5 ♘g4

7 ... ♘xe4? 8 ♕d5!±

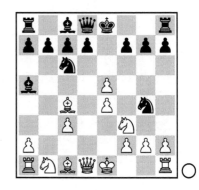

🧠 **8 ?** ❸

↻

8 ♗g5!

8 ♗xf7+!? ♔xf7 9 ♘g5+ ♔e8 (9 ... ♔g8?? 10 ♕d5+ ♔f8 11 ♕f7#) 10 ♕xg4 ♘xe5=

8 ... f6

8 ... ♘e7 9 h3 ♘h6 10 0-0±

9 exf6 ♘xf6?

🧠 **10 ?** ❷

♟

10 e5! h6? 11 exf6 hxg5 12 fxg7 ♕e7+

🧠 **13 ?** ❷

♟

13 ♕e2! 1–0

120

↪

👥 Morphy - Julien
Nueva York 1859
C41
-♘b1

**1 e4 e5 2 ♘f3 d6 3 d4 exd4 4 ♗c4
♘c6 5 c3 ♘e5 6 ♘xe5 dxe5 7 ♕b3
♕e7 8 f4 dxc3 9 0-0 c6 10 fxe5 ♗e6
11 ♗xe6 fxe6?**

11 ... ♕xe6 12 ♕xb7 ♗c5+ 13 ♔h1
♖d8∓

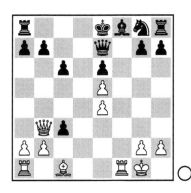

🧠 **12 ?** ❹
↪

12 ♗g5!! ♕xg5?
a) 12 ... ♕d7 13 ♖ad1→

b) 12 ... ♕c5+ 13 ♔h1 ♗e7∞
13 ♕xb7! ♗c5+
a) 13 ... ♖d8?? 14 ♕f7#
b) 13 ... ♕d8?? 14 ♕f7#
**14 ♔h1 ♕xe5 15 ♕xa8+ ♔d7 16
♕b7+ ♕c7 17 ♖ad1+! ♗d6**

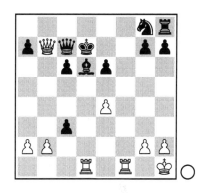

🧠 **18 ?** ❷
↪

18 ♖xd6+!! ♔xd6 19 ♖d1+ 1–0

121

🗡 • f7
Morphy - Gonbey
Nueva York 1859
C37

**1 e4 e5 2 f4 exf4 3 ♘f3 g5 4 ♗c4 g4 5
d4!? gxf3 6 ♕xf3 ♗h6?!**

133

6 ... d5! 7 ♗xd5 ♘f6∓

7 0-0 ♘e7? 8 ♗xf4 ♗xf4

🧠 **8 ... ? ❹**
💥

8 ... ♕e7+!!

8 ... ♘xh1?! 9 ♕e2+ ♕e7 (9 ... ♗e7?? 10 ♘f6+ ♔f8 11 ♗h6#) 10 ♘f6+ ♔d8 11 ♗xc7+! ♔xc7 12 ♘d5++−

9 ♔f2 ♘xh1+ 10 ♔g1 ♗g7 11 ♘c3

11 ♔xh1? ♕xh4+ 12 ♗h2 d6∓

11 ... h5 12 ♘d5

🧠 **9 ? ❸**
💣 • f7

9 ♗xf7+!!

9 ♕xf4 f5!±

9 ... ♔xf7 10 ♕xf4+ ♔g7 11 ♕f6+ ♔g8 12 ♕f7#   **1–0**

122

💥 • C

Gocher - Harrwitz
Londres 1859
C39

1 e4 e5 2 f4 exf4 3 ♘f3 g5 4 h4 g4 5 ♘e5 ♘f6 6 ♘xg4 ♘xe4 7 d3 ♘g3 8 ♗xf4

🧠 **12 ... ? ❺**
C

12 ... hxg4!! 13 ♘xe7 ♗d4+ 14 ♔xh1 ♖xh4+ 15 ♗h2 g3   **0–1**

123

♟

Anderssen - Suhle
Breslavia 1859
C60

**1 e4 e5 2 ♘f3 ♘c6 3 ♗b5 ♘ge7 4
d4!?** (🕮 4 0-0) **4 ... exd4 5 0-0 ♘g6
6 ♘xd4 ♗e7?!** (6 ... ♗c5) **7 ♘f5 0-0
8 ♘c3 ♗c5?!** (8 ... d6) **9 ♕h5! d6 10
♗g5 ♕e8?** (10 ... f6)

🧠 **11 ?** ❸
♟

11 ♘xg7!! ♔xg7? 12 ♕h6+
△ **13 ♗f6+–** 1–0

124

💥 • ‡ • →00

Mandolfo - Kolisch
París 1859
C27

**1 e4 e5 2 ♗c4 ♘f6 3 ♘c3 c6 4 d3
b5** (🕮 4 ... d5!?) **5 ♗b3 a5 6 a4 b4 7
♘a2?** (7 ♘ce2) **7 ... d5 8 exd5 cxd5
9 ♘f3 ♘c6 10 ♕e2?!** (10 0-0) **10 ...**

♗g4! 11 0-0 ♗c5 12 ♗g5 h6!? 13 h3??
13 ♗xf6 gxf6∓

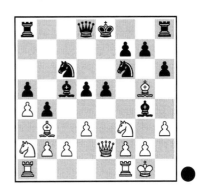

🧠 **13 ... ?** ❷
💥

13 ... h5
⌓ 13 ... ♗xf3!! 14 ♗xf6 (14 ♕xf3
hxg5∓) 14 ... ♗xe2 15 ♗xd8 ♗xf1–+
14 hxg4 hxg4 15 ♘xe5 ♘d4! 16 ♕e1

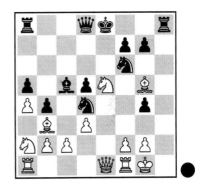

🧠 **16 ... ?** ❺
‡

16 ... ♘e4!! 17 ♗xd8
17 dxe4 ♕xg5–+

🧠 **17 ... ?** ❹
→00

17 ... ♞g3!! 18 ♞c6+
18 fxg3 ♞e2#
18 ... ♞de2+ 19 ♛xe2+ ♞xe2#   0–1

125

♟ • *f7*
Steinitz - Reiner
Viena ✕ *1860*
C51

**1 e4 e5 2 ♞f3 ♞c6 3 ♝c4 ♝c5 4 0-0
d6 5 b4 ♝xb4 6 c3 ♝c5** (⌘ 6 ... ♝a5)
7 d4 exd4 (7 ... ♝b6) **8 cxd4 ♝b6 9
d5!? ♞e5** (9 ... ♞a5) **10 ♞xe5 dxe5
11 ♝b2 f6 12 ♚h1!? ♞h6 13 f4 ♞f7**
(13 ... exf4) **14 fxe5 fxe5**

🧠 **15 ?** ❸
♟ • *f7*

15 ♜xf7!! ♚xf7 16 ♛h5+ ♚f8
16 ... g6 17 ♛xe5+–
17 d6!? ♛d7 18 ♞c3 (Δ 19 ♜f1+) **18 ...
g6 19 ♛xe5   1–0**

126

♟ • *f7* • ↻
Steinitz - Lange
Viena ✕ *1860*
C37

**1 e4 e5 2 f4 exf4 3 ♞f3 g5 4 ♝c4
♞c6?! 5 d4 g4 6 c3!? gxf3 7 0-0!?
fxg2?**

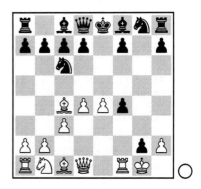

🧠 **8 ?** ❹
♟ • *f7*

8 ♝xf7+!! ♚xf7 9 ♛h5+ ♚e7? (9 ...
♚g7=) **10 ♜xf4! ♞h6**
10 ... ♛e8 11 ♛h4+±

🧠 **11 ?** ❹
↻

11 ♜xf8!? (11 ♜f2!) **11 ... ♛xf8 12
♝g5+ ♚e6**
12 ... ♚d6 13 ♞a3!→
13 d5+ ♚d6 14 ♞d2 (14 ♞a3!) **14 ...**

♚c5? (14 ... ♘e5) 15 ♗e3+ ♚b5 16 ♕e2+ ♚a5 17 ♘b3+ ♚a4 18 ♕c4+ ♘b4 19 ♘c5+   1–0

127

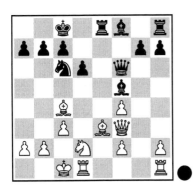

↗ • ✒

Schulder – Boden
Londres 1860
C41

1 e4 e5 2 ♘f3 d6 3 c3?! f5!? (▱ 3 ... ♘f6) **4 ♗c4 ♘f6**

4 ... fxe4! Δ 5 ♘xe5 dxe5 5 ♕h5+ ♚d7∓ (6 ... g6? 7 ♕xe5+)

5 d4 (5 ♘g5!) **5 ... fxe4 6 dxe5**

6 ♘g5!? d5 7 dxe5 dxc4 8 ♕xd8+ ♚xd8 9 exf6±

6 ... exf3 7 exf6 ♕xf6

7 ... fxg2? 8 f7+!

8 gxf3?! (8 0-0!?) **8 ... ♘c6 9 f4 ♗d7 10 ♗e3 0-0-0 11 ♘d2 ♖e8 12 ♕f3 ♗f5 13 0-0-0?**

🧠 **13 ... ?** ❹

↗

13 ... d5! 14 ♗xd5

🧠 **13 ... ?** ❷

✒

14 ... ♕xc3+!! 15 bxc3 ♗a3#   0–1

128

✒ • ♖ • →00 • ↤

Reiner - Steinitz
Viena ✕ 1860
C44

1 e4 e5 2 ♘f3 ♘c6 3 d4 exd4 4 ♗c4 ♗c5 5 0-0?! (▱ 5 c3) **5 ... d6 6 c3 ♗g4 7 ♕b3**

🧠 **7 ...?** ❹

✒ • ♖

7 ... ♗xf3! 8 ♗xf7+

8 ♕xb7? ♗xe4 9 ♖e1 ♘ge7 10 ♖xe4

0-0∓

8 ... ♔f8 9 ♗xg8 (△ 10 ♕f7#) **9 ...
♖xg8 10 gxf3**

🧠 **10 ...?** ❺
→*00*

10 ... g5!

a) 10 ... ♘e5?! 11 cxd4 ♗xd4 12 f4∞

b) 10 ... ♕h4? 11 ♕xb7±

11 ♕e6 ♘e5

11 ... g4? 12 ♗h6+±

12 ♕f5+ ♔g7 13 ♔h1

a) 13 ♕xg5+? ♔h8−+

b) 13 ♗xg5 ♘xf3+! 14 ♕xf3 ♕xg5+∓

**13 ... ♔h8 14 ♖g1 g4!? 15 f4 ♘f3! 16
♖xg4?**

🧠 **16 ...?** ❸
↬

16 ... ♕h4!! 17 ♖g2

17 ♖xh4?? ♖g1#

17 ... ♕xh2+! 18 ♖xh2 ♖g1#   **0–1**

129

→♔⊞ • *f7* • ♖→
Morphy - ♟
EE UU 1860
C37

**1 e4 e5 2 f4 exf4 3 ♘f3 g5 4 ♗c4 g4
5 d4 gxf3 6 ♕xf3 ♗h6!? 7 0-0 c6?** (◌
7 ... ♕f6)

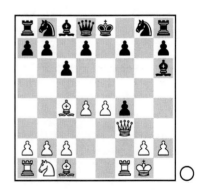

🧠 **8 ?** ❹
→♔⊞ • *f7*

8 ♗xf7+!! ♔xf7 9 ♗xf4 ♗xf4

9 ... ♕f6?! 10 e5 ♕xf4 11 ♕h5+!+−

10 ♕xf4+ ♔g6?

10 ... ♘f6 11 e5±
11 ♕f7+ ♔h6

🧠 **12 ?** ❷
♖→

12 ♖f5!
△ 13 ♖h5#
12 ... ♕h4 13 ♘d2 ♘e7 14 ♘f3 ♕g4

15 ♖g5
15 ♕f6+!! ♘g6 16 ♘e5+–
15 ... ♕xg5 16 ♘xg5 ♔xg5 17 ♕xe7+
♔g6 18 ♖f1   1–0

→♔⊞ • ♟ • ⇧ • →#
De Riviere - Journoud
París 1860
C52

1 e4 e5 2 ♘f3 ♘c6 3 ♗c4 ♗c5 4 b4
♗xb4 5 c3 ♗a5 6 d4 exd4 7 0-0 ♘f6
8 ♗a3 d6

🧠 **9 ?** ❹
→♔⊞ • ♟

9 e5! dxe5?! 10 ♕b3 ♕d7 11 ♖e1 e4
12 ♘bd2!? (12 ♘g5!) **12 ... ♗xc3**

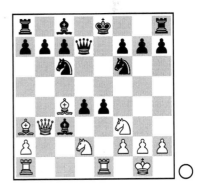

🧠 **13 ?** ❹
⇧

13 ♘xe4! ♗xe1 14 ♖xe1 ♔d8

14 ... ♘xe4 15 ♖xe4+ ♔d8 16 ♘g5±

15 ♘eg5! ♘a5

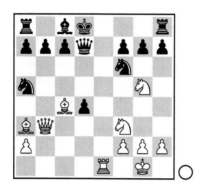

🧠 **16 ? ❸**

→#

16 ♘e5!! ♘xb3 17 ♘exf7+ ♕xf7 18 ♘xf7+ ♔d7 19 ♗b5+! c6 20 ♖e7#

1–0

131

Ⴤ • ♟

Kolisch - Geake
Cambridge 1860
C42

1 e4 e5 2 ♘f3 d6 3 d4 ♗g4? 4 dxe5! ♗xf3 5 ♕xf3 dxe5 6 ♗c4! ♘f6?

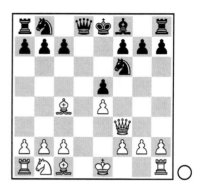

🧠 **7 ? ❸**

Ⴤ

7 ♕b3! ♕d7 8 ♕xb7 ♕c6??

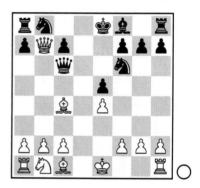

🧠 **9 ? ❶**

♟

9 ♗b5!   1–0

132

♟ • ♞

Lelie - Anderssen
Ámsterdam 1861
C42

1 e4 e5 2 ♘f3 ♘c6 3 d4 exd4 4 ♗c4 ♗c5 5 0-0 ♘f6 6 e5 d5 7 exf6 dxc4 8 ♖e1+ ♔f8?! (♢ 8 ... ♗e6) **9 ♗g5!?**

♕d5? (9 ... gxf6!)

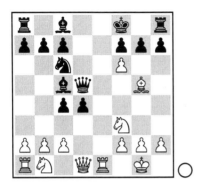

🧠 **10 ? ❷**
🏷

10 ♘c3! ♕f5 11 ♘e4 ♗e6? 12 fxg7+ ♔xg7 13 ♘h4! ♕d5
13 ... ♕g4 14 ♗f6+ ♔g8 15 ♘xc5±
14 ♗f6+ ♔g8 15 ♕f3 ♘e7 16 ♘xc5 ♕xc5

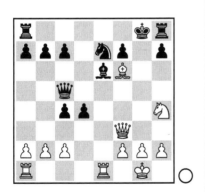

🧠 **17 ? ❸**
🏷

17 ♖xe6!! fxe6 18 ♕g4+ ♘g6
18 ... ♔f7 19 ♕g7+ ♔e8 20 ♕xh8+±
19 ♕xe6+ ♔f8 20 ♘f5
20 ♘xg6+±
△ 20 ... ♖g8 21 ♖e1+−   **1–0**

133

🏷 • ‡

Kloos - Anderssen
Ámsterdam 1861
C50

1 e4 e5 2 ♗c4 ♘f6 3 ♘c3 ♗c5 4 ♘f3 ♘c6 5 d3 d6 6 h3 h6 7 a3 ♗b6 8 0-0 g5!? 9 ♗e3 g4 10 hxg4 ♗xg4 11 ♘e2??

🧠 **11 ...? ❶**
🏷

11 ... ♗xf3 12 gxf3 ♖g8+ 13 ♔h1
13 ♘g3? ♗xe3 14 fxe3 ♖xg3+∓

🧠 **13 ...? ❸**
‡

13 ... ♘xe4!! (=13 ... ♘d5!!−+) **14 ♘g3**
14 dxe4 ♕h4#
14 ... ♕h4+ 15 ♔g2 ♖xg3+! 16 fxg3 ♕xg3+ 17 ♔h1 ♕h3+ 18 ♔g1 ♗xe3+ 19 ♖f2 ♗xf2#   **0–1**

134

☆☆☆☆☆

→♔⊞ • ⤢ • 🔒 • *f7* • ♟ • ♕→ • ‡ • ⇧

Steinitz - Pilhal
Viena 1862
C52

**1 e4 e5 2 ♘f3 ♘c6 3 ♗c4 ♗c5 4 b4
♗xb4 5 c3 ♗a5 6 0-0 ♘f6 7 d4 exd4?**

🧠 **8 ? ❸**
→♔⊞ • ⤢

8 ♗a3! d6

🧠 **9 ? ❷**
🔒

9 e5! dxe5?!

🧠 **10 ? ❷**
f7

10 ♕b3! ♕d7

🧠 **11 ? ❷**
⇧

11 ♖e1! ♕f5?!

🧠 **12 ? ❷**
♟

12 ♗b5! ♘d7

🧠 **13 ? ❹**
♕→

13 ♕d5!! ♗b6
13 ... ♕e6? 14 ♗xc6 bxc6 15 ♕xa5±
14 ♘xe5 ♘e7
14 ... ♘cxe5 15 ♖xe5++−

🧠 **15 ? ❺**
‡

15 ♘xd7!! ♕xd5
15 ... ♗xd7 16 ♕xf5+−
16 ♘f6+ ♔d8
16 ... ♔f8 17 ♗xe7#
17 ♗xe7#   1–0

142

135

C • 📌 • →000 • 🧨

Rosanes - Anderssen

Breslavia 1862

C32

1 e4 e5 2 f4 d5 3 exd5 e4 4 ♗b5+?! c6 5 dxc6 ♘xc6 (5 ... bxc6!?) **6 ♘c3 ♘f6 7 ♕e2?! ♗c5! 8 ♘xe4?!**

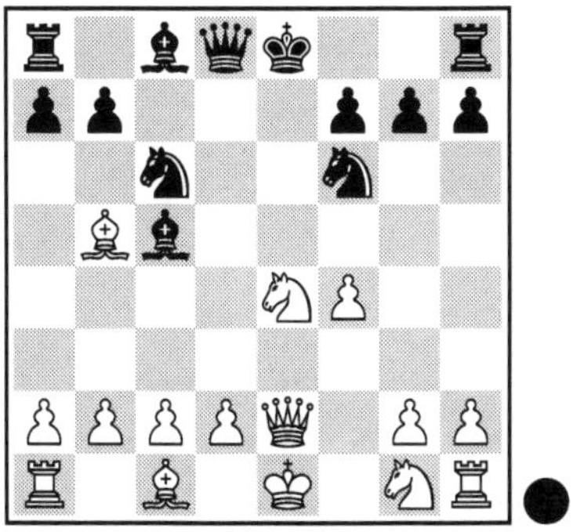

🧠 **8 ...? ❹**

C

8 ... 0-0! 9 ♗xc6 bxc6 10 d3

10 ♘xc5?? ♖e8–+

10 ... ♖e8 11 ♗d2 ♘xe4 12 dxe4

🧠 **12 ...? ❷**

📌

12 ... ♗f5! 13 e5 ♕b6

13 ... ♗xc2?! 14 ♕c4⇄

14 0-0-0

🧠 **14 ...? ❷**

→000

14 ... ♗d4! 15 c3

15 b3? ♕c5∓

15 ... ♖ab8 16 b3 ♖ed8! 17 ♘f3

a) 17 cxd4? ♕xd4–+

b) 17 ♔b2 ♗e6! Δ 18 ... ♗xb3!!

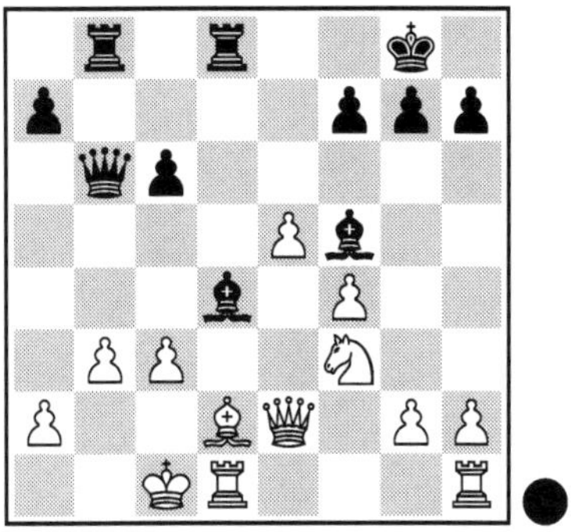

🧠 **17 ...? ❺**

🧨

17 ... ♕xb3!! 18 axb3 ♖xb3 19 ♗e1 ♗e3+! (Δ ...♖b1#) **1–0**

136

→♔⊞ • ⋐ • 🧨

Mackenzie - Paulsen

Londres 1862

C39

1 e4 e5 2 f4 exf4 3 ♘f3 g5 4 h4 g4 5 ♘e5 ♗g7 6 ♘xg4?! (📖 6 d4) **6 ... d5! 7 exd5?**

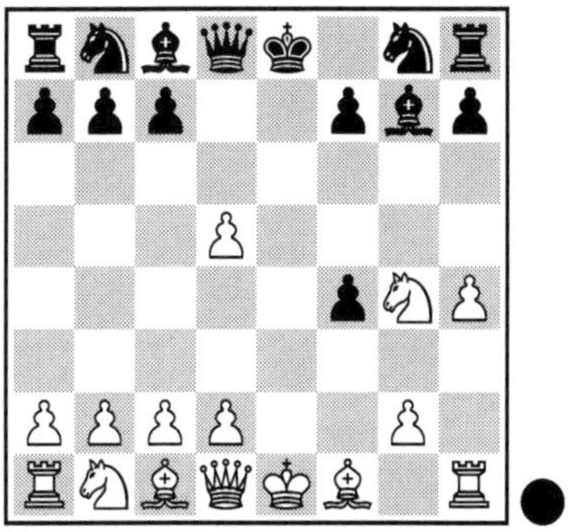

🧠 **7 ...?** ❸

→♚⊞

7 ... ♛e7+! 8 ♚f2

8 ♛e2? ♝xg4∓

8 ... ♝d4+ 9 ♚f3 h5

9 ... ♝xg4+!! 10 ♚xg4 ♘f6+ 11 ♚h3 ♖g8∓

10 ♝b5+ ♚d8 (10 ... c6!?∓) **11 ♘f2**

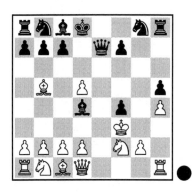

🧠 **11 ...?** ❹

⊏

11 ... ♝g4+! 12 ♘xg4 hxg4+ 13 ♚xg4 ♘f6+ 14 ♚h3

a) 14 ♚f3 ♛e4#

b) 14 ♚xf4 ♛e4+ 15 ♚g3 ♖g8+−+

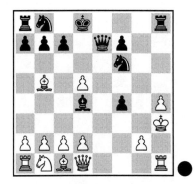

🧠 **14 ...?** ❺

🖋

---

14 ... ♖xh4+!! 15 ♚xh4 ♘e4+ 16 ♚g4 ♘f2+ 17 ♚h5 ♛e5+ 18 ♚h4 ♛f6+ 19 ♚h5 ♛g6+ 20 ♚h4 ♝f6#   **0–1**

137

🔓 · 🖋

MacDonnell - Mongredien
Londres 1862
C41

1 e4 e5 2 d4 exd4 3 ♘f3 d6 4 c3!? dxc3 5 ♘xc3 ♝g4 6 ♝c4 ♛d7 7 0-0 c6 8 ♝f4 ♝xf3? 9 ♛xf3 ♘f6

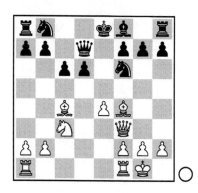

🧠 **10 ?** ❹

🔓

10 e5!! dxe5 11 ♖fe1! ♝e7 12 ♖xe5 ♚f8

12 ... 0-0 13 ♖d1!:

a) 13 ... ♕c7 14 ♖e2!±
b) 13 ... ♕e8 14 ♖de1±
c) 13 ... ♗d6 14 ♖ee1±
13 ♖d1 ♕c8

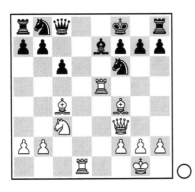

🧠 **14 ?** ❸
💣

14 ♖xe7!! ♔xe7 15 ♗d6+ ♔d8
15 ... ♔e8 16 ♕e3++−
16 ♗xb8+ ♔e8 17 ♗d6 ♘d5 18 ♘xd5 cxd5 19 ♕xd5 ♕e6 20 ♕xb7+− 1−0

138

🧱 • →#
Kennedy - Dubois
Londres 1862
C44

1 e4 e5 2 ♘f3 ♘c6 3 c3!? d5 4 ♗b5

dxe4 5 ♘xe5 ♗d7 (♙ 5 ... ♕g5; 5 ...
♕d5) **5 ♘xd7 ♕xd7 7 0-0?!** (7 d4) **7
... 0-0-0 8 ♕a4 ♘f6! 9 ♗xc6 ♕xc6 10
♕xc6**
10 ♕xa7?! ♗c5 11 ♕a8+? ♔d7 12
♕a5 ♖a8∓
10 ... bxc6 11 f3?! (11 b3) **11 ... ♗c5+
12 ♔h1**

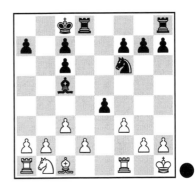

🧠 **12 ...?** ❷
🧱

12 ... ♖d3!? (12 ... ♖he8!) **13 b4 ♗b6
14 a4 a6 15 ♘a3 ♖e8 16 ♘c4 exf3 17
gxf3**
17 ♖xf3? ♖e1+∓
17 ... ♖e2 18 ♘b2

🧠 **18 ...?** ❸
→#

18 ... ♞g4!
Δ 19 fxg4 ♜h3–+   **0–1**

139

♛→ • ♟ • ℭ • →♔⊞
Blackburne - Steinitz
Londres 1862
A83

**1 d4 f5 2 e4 fxe4 3 ♞c3 e6 4 ♞xe4
♞f6 5 ♝g5 ♝e7 6 ♝d3?!**
☐ 6 ♝xf6! ♝xf6 7 ♛h5+ g6 8 ♛h6
**6 ... ♞xe4 7 ♝xe7 ♛xe7 8 ♝xe4 0-0
9 ♛e2?!** (9 ♞f3) **9 ... ♞c6 10 c3 d5
11 ♝c2**

🧠 **11 ...?** ❷
♛→

11 ... ♛g5!? 12 g3
12 ♞f3? ♛xg2∓

🧠 **12 ...?** ❸
♟

12 ... e5! 13 dxe5? (13 ♞f3!)

🧠 **13 ...?** ❸
ℭ

---

13 ... ♝g4! 14 ♛e3
14 f3 ♜ae8!∓
14 ... ♛h5!?
14 ... ♛xe3+ 15 fxe3 ♞xe5∓
15 f4

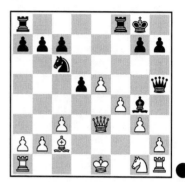

🧠 **15 ...?** ❹
→♔⊞

15 ... ♞xe5! 16 fxe5 ♜ae8 17 ♝xh7+
17 ♔d2 ♜xe5 18 ♛d4 ♛h6+∓
17 ... ♔xh7 18 ♛d4 ♛g5!?
18 ... ♛xe5+!
19 h4 ♛xe5+
20 ♛xe5 ♜xe5+ 21 ♔d2 ♜f2+ 22 ♔d3
c5!∓   **0–1**

140

⊕♛
Anderssen - Mayet
Berlín 1862
C52

**1 e4 e5 2 ♞f3 ♞c6 3 ♝c4 ♝c5 4 b4
♝xb4 5 c3 ♝a5 6 d4 exd4 7 0-0 dxc3?!
8 ♛b3 ♛f6 9 e5 ♛g6**
9 ... ♞xe5? 10 ♜e1 d6 11 ♛b5+±
10 ♞xc3 ♝xc3?! (10 ... ♞ge7) **11
♛xc3 ♞ge7 12 ♝a3** (12 ♞g5!?) **12 ...**

0-0 13 ♖ad1 ♖e8 14 ♖fe1 a6 15 ♗d3!
♕h5?

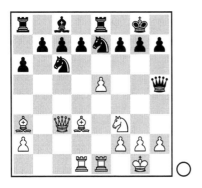

○

🧠 **16 ?** ❹

⊕♕

16 ♖e4!! ♘g6

🧠 **17 ?** ❷

⊕♕

17 g4! ♕h3 18 ♗f1 ♕h6 19 ♗c1   1–0

141

↻ • ↬

Rein - Lange
Dusseldorf 1862
C56

1 e4 e5 2 ♘f3 ♘c6 3 ♗c4 ♘f6 4 d4

exd4 5 e5 d5 6 ♗b5 ♘e4 7 ♘xd4

●

🧠 **7 ...?** ❹

↻

7 ... ♗c5!? (⌑ 7 ... ♗d7) **8 ♘xc6?!**
♗xf2+!

8 ... bxc6? 9 ♗xc6+ ♔f8 10 0-0±
9 ♔f1

9 ♔e2? ♗g4+ 10 ♔f1 ♕h4 11 ♕xd5
♗b6∓

9 ... bxc6 10 ♗xc6+ ♔f8 11 ♕xd5??
(11 ♕d3∞) **11 ... ♗a6+! 12 c4**

●

🧠 **12 ...?** ❸

↬

12 ... ♗xc4+!! 13 ♕xc4 ♕d1#   0–1

147

142

f7 • 🔒
Kolisch - Shumov
San Petersburgo 1862
C55

1 e4 e5 2 ♘f3 ♘c6 3 ♗c4 ♘f6 4 0-0 d6 5 ♘g5 d5 5 exd5 ♘a5 7 d3 (7 ♗b5+) **7 ... ♗d6** (7 ... h6) **8 f4 ♘xc4 9 dxc4 h6??** (9 ... e4)

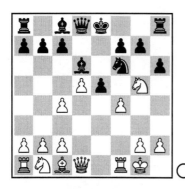

🧠 10 ? ❹
f7

10 ♘xf7!! ♔xf7 11 fxe5 ♗c5+
11 ... ♗xe5 12 ♕h5+! Δ 13 ♕xe5+−
12 ♔h1 ♖e8 13 exf6 g6 14 ♗xh6 ♖e4 15 ♘d2 ♖h4 16 ♗g5 ♗g4 17 ♕e1 ♖h5

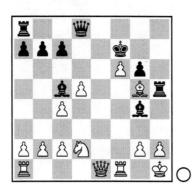

---

18 ♕e7+!! ♗xe7
18 ... ♔g8? 19 ♕g7#
19 fxe7+ (Δ 20 exd8♕+−)   **1–0**

143

♟ • ‡
Watkinson - ♝
Londres 1863
C50

1 e4 e5 2 ♘f3 ♘c6 3 ♗c4 h6?! 4 c3!? (4 d4!) **4 ... ♘f6 5 d4 exd4 6 e5 ♘h7?** (6 ... d5!) **7 0-0 dxc3 8 ♘xc3 ♗e7 9 ♕d3!? 0-0**

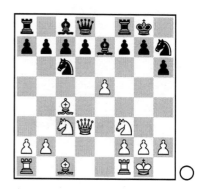

🧠 10 ? ❹
♟

10 ♕g6!?
Δ 11 ♗xh6
a) 10 ♕e4! Δ 11 ♗d3
b) 10 ♗b3! Δ 11 ♗c2
10 ... d5?!

🧠 11 ? ❸
‡

11 ♘xd5!! fxg6?? 12 ♘xe7+ ♔h8 13 ♘xg6#   **1–0**

144

f7 · 🔓

Steinitz - Rock
Londres 1863
C52

1 e4 e5 2 ♘f3 ♘c6 3 ♗c4 ♗c5 4 b4 ♗xb4 5 c3 ♗a5 6 d4 exd4 7 0-0 ♘f6 8 ♗a3 ♗b6? (♟ 8 ... d6)

🧠 **9 ?** ❷
f7

9 ♕b3! d5 10 exd5 ♘a5 11 ♖e1+!
11 ♗b5+! △ 11 ... ♗d7 12 ♖e1+±
11 ... ♗e6

🧠 **12 ?** ❺
🔓

12 dxe6!! ♘xb3 13 exf7+ ♔d7 14 ♗e6+ ♔c6 15 ♘e5+ ♔b5 16 ♗c4+ ♔a5 17 ♗b4+ ♔a4 18 axb3#   **1–0**

145

‡
Steinitz - ♟
1863
C25
-♖a1

1 e4 e5 2 ♘c3 ♘c6 3 f4 exf4 4 ♘f3 ♗b4?! 5 ♘d5 ♗a5 6 ♘xf4 d6 7 c3 ♗b6 8 d4 ♗g4 9 ♗b5 ♔f8?! 10 0-0 ♘e5?

🧠 **11 ?** ❺
‡

149

11 ♘xe5! ♗xd1?

11 ... dxe5 12 ♕xg4 exf4 13 ♕xf4±

12 ♘fg6+ hxg6 13 ♘xg6#   **1–0**

146

⇄ • ℭ • 🔒 • 🖊

Mayet - Suhle
Berlín 1863
C32

1 e4 e5 2 f4 d5 3 exd5 e4 4 ♗b5+?!
(♟ 4 d3!) **4 ... c6 5 dxc6 ♘xc6 (5 ...
bxc6!?) 6 ♕e2 ♘f6 7 d3**

🧠 **7 ...? ❷**
⇄

**7 ... ♕a5+!? 8 ♘c3 ♗b4 .9 ♗xc6+
bxc6 10 ♗d2**

🧠 **10 ...? ❸**
ℭ

**10 ... 0-0! 11 ♘xe4 ♘xe4 12 dxe4
♗a6! 13 ♕f2? ♗xd2+**

13 ... ♖fd8! 14 c3 ♗c5→

14 ♕xd2 ♕a4 15 e5 ♖ad8 16 ♕c1?!

🧠 **16 ...? ❸**
🔒

16 ... f6! (16 ... ♕c4!!) 17 ♘f3

17 e6 ♖fe8 18 f5 ♕a5+∓

17 ... fxe5 18 fxe5

🧠 **18 ...?**
🖊

18 ... ♖xf3! (Δ 19 ... ♕h4#)   **0–1**

147

☆☆☆☆☆

ℭ • ↬

Linden - Machussky
París 1863
C21

**1 e4 e5 2 d4 exd4 3 c3 dxc3 4 ♗c4
cxb2 5 ♗xb2 ♗b4+?! 6 ♘c3 ♘f6 7**

♘ge2 ♘xe4? (△ 7 ... ♘c6)

🧠 **8 ? ❸**
↻

8 0-0!
8 ♗xf7+!? ♔xf7 9 ♕d5+ ♔f8 △ 10 ♕xe4∞
8 ... ♘xc3 9 ♘xc3 ♗xc3?
9 ... 0-0 10 ♘d5→
10 ♗xc3 ♕g5
a) 10 ... 0-0?? 11 ♕g4! g6 12 ♕d4+−
b) 10 ... d5 11 ♖e1+ ♗e6 12 ♗xd5±
11 ♖e1+ ♔d8
11 ... ♔f8 12 ♗b4+ d6 13 ♗xd6+!!+−

🧠 **12 ? ❸**
↬

12 f4! (12 h4!!) **12 ... ♕xf4**

a) 12 ... ♕c5+ 13 ♔h1 ♕xc4 14 ♗xg7 △ 15 ♗f6#
b) 12 ... ♕g6 13 ♕e2 ♘c6 14 ♗d5±
13 ♗xg7 ♖g8

🧠 **14 ? ❷**
↬

14 ♕g4! ♕d6
14 ... ♕xg4 15 ♗f6#
15 ♗f6+   1–0

148

⊞ • →*00* • ♕→
De Riviere - Morphy
París 1863
C58

1 e4 e5 2 ♘f3 ♘c6 3 ♗c4 ♘f6 4 ♘g5 d5 5 exd5 ♘a5 6 d3 (▱ 6 ♗b5+) **6 ... h6 7 ♘f3**
7 ♘e4? ♘xe4 8 dxe4 ♘xc4∓
7 ... e4! 8 ♕e2 ♘xc4 9 dxc4 ♗c5! 10 h3 0-0 11 ♘h2

🧠 **11 ...? ❹**
⊞

11 ... ♘h7!?

151

a) 11 ... e3!? 12 ♗xe3 (12 fxe3 ♘e4!⩲
Δ 13 ... ♕h4+ ∨ 13 ... ♘g3) 12 ...
♗xe3 13 fxe3 ♘e4
b) 11 ... c6!
12 ♘d2?
a) 12 ♕xe4?? ♖e8–+
b) 12 ♗e3
12 ... f5! 13 ♘b3 ♗d6 14 0-0

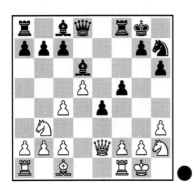

🧠 **14 ...?** ❸
→∞

14 ... ♗xh2+!? (14 ... ♕h4!?) **15 ♔xh2
f4!? 16 ♕xe4 ♘g5 17 ♕d4??** (17
♕d3∞)

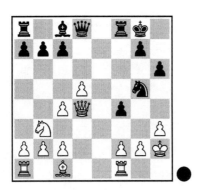

🧠 **17 ...?** ❹
♕→

17 ... ♘f3+!! 18 gxf3 ♕h4 19 ♖h1

19 ♖e1 ♗xh3 20 ♖e7 ♖f6!–+
19 ... ♗xh3! 20 ♗d2 ♖f6
Δ 21 ♗xf4 ♖xf4 22 ♕e3 ♖af8∓ **0–1**

149

⊞ • ♟ • ✐
Neumann - Von Guretzky Cornitz
Berlín 1863
C56

**1 e4 e5 2 ♘f3 ♘c6 3 ♗c4 ♗c5 4 c3
♘f6 5 d4 exd4 6 0-0 ♘xe4 7 cxd4
♗e7?** (7 ... d5!)

🧠 **8 ?** ❶
⊞

8 d5!
8 ♖e1? d5⇄
8 ... ♘b8 9 ♖e1 ♘d6 10 ♗b3 (10 ♗d3!)
10 ... 0-0 11 ♘c3 ♘e8?

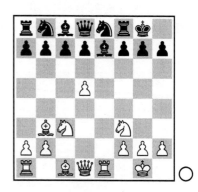

🧠 **12 ?** ❺
♟

12 d6! cxd6
12 ... ♗xd6 13 ♗g5 ♘f6 14 ♘d5±

13 ? ❹

🔥

**13 ♖xe7!! ♕xe7 14 ♗g5 ♘f6 15 ♘d5
♕d8 16 ♕d4 ♘c6 17 ♕h4   1–0**

150

→00 • 🔥 • →#

Neumann - Dufresne
Berlín 1863
C30

**1 e4 e5 2 f4 ♗c5 3 ♘f3 d6 4 ♗c4 ♘f6
5 ♘c3 0-0 6 d3 ♘g4 7 ♖f1 ♘xh2!? 8
♖h1**

8 ♘xh2? ♕h4+∓

8 ... ♘g4 9 ♕e2 ♗f2+ 10 ♔f1 ♘c6?

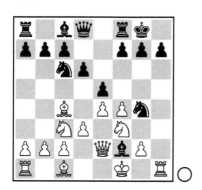

14 ? ❸

🔥

14 ♘xh7!! ♔xh7 15 ♗xh6 g6
15 ... gxh6 16 ♕xh6+ ♔g8 17 ♕h8#

16 ? ❷
→#

16 ♕xg6+!! fxg6 17 ♗xf8#   1–0

151

🔒 • ♕→ • ↪ • ⚡

Neumann - Anderssen
Berlín 1864
C65

**1 e4 e5 2 ♘f3 ♘c6 3 ♗b5 ♘f6 4 d3
♗c5 5 c3 0-0 6 ♗xc6?! bxc6 7 ♘xe5?!**

7 ... ? ❹
🔒

7 ... d5! 8 0-0
8 exd5 ♖e8 9 d4 ♗a6∓

11 f5!! ♗c5 12 ♘g5 ♘h6
12 ... ♘f6 13 ♘xh7! ♘xh7 14 ♕h5+–
13 ♕h5 ♕e8?!

11 ? ❸
→00

8 ... dxe4 9 d4 ♗d6 10 ♘xc6?! ♕e8

10 ... ♗xh2+?? 11 ♔xh2 ♘g4+ 12 ♕xg4!!+–

11 ♘a5? (11 ♘e5)

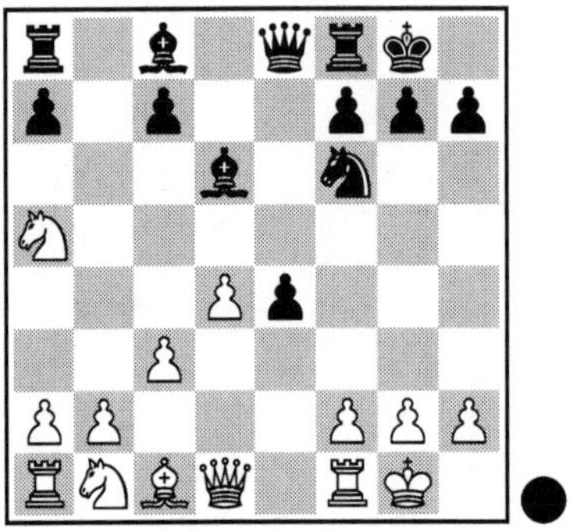

11 ... ? ❹

♕→

11 ... ♕b5! 12 ♘b3 ♗g4 13 ♕d2

13 ♕e1 ♕h5→

13 ... ? ❷

↬

13 ... ♗xh2+!! 14 ♔xh2 ♕xf1 15 ♕f4

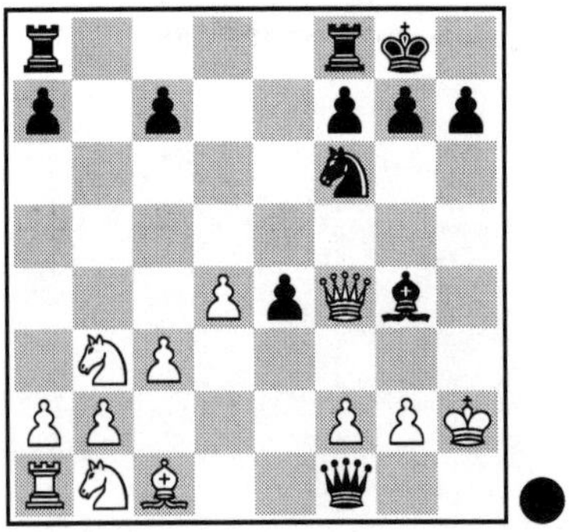

15 ... ? ❸

⩫

15 ... ♗f3! 16 gxf3 ♕xf2+ 17 ♔h1 exf3 18 ♕h2 ♕e1+

Δ 19 ♕g1 f2∓ **0–1**

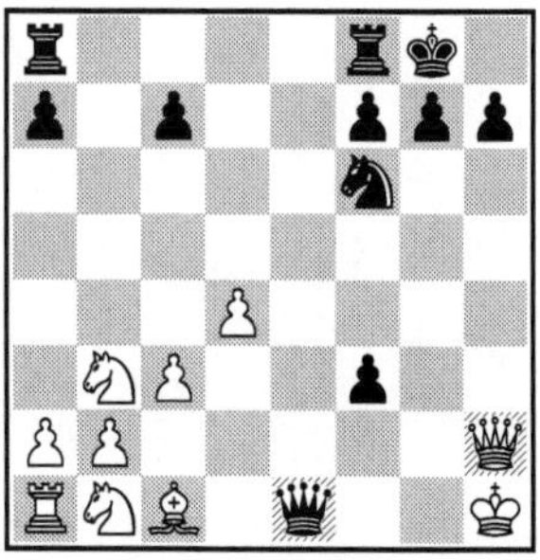

152

⊕♘ • ♕→ • →♔⊞

Morphy - Domínguez

La Habana 1864

C56

1 e4 e5 2 ♘f3 ♘c6 3 ♗c4 ♘f6 4 d4 exd4 5 0-0 ♗c5 6 e5 ♘e4? (🕮 6 ... d5!)

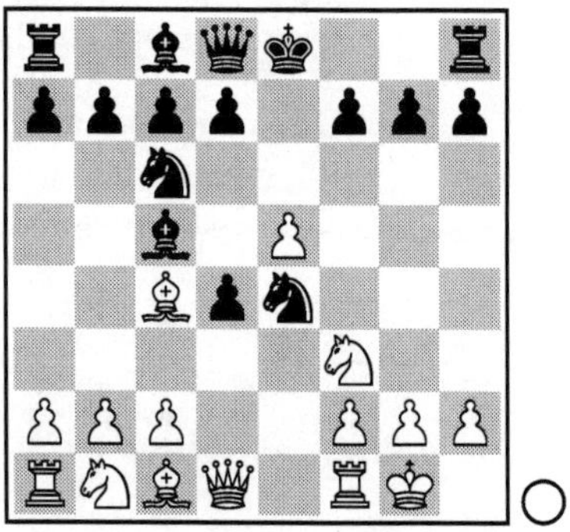

7 ? ❷

⊕♘

7 ♗d5! (7 ♖e1!!±) **7 ... f5 8 exf6** (8 ♘bd2!) **8 ... ♘xf6 9 ♗g5 ♗e7 10 ♗xf6 ♗xf6**

10 ... gxf6 11 ♘g5!±

11 ♖e1+ ♘e7? (11 ... ♔f8)

🧠 **12 ? ❸**

♕→

12 ♘e5!! ♗xe5

a) 12 ... ♘xd5 13 ♘c6++−

b) 12 ... d6 13 ♘f7+−

13 ♕h5+! g6

13 ... ♘g6 14 ♖xe5+ ♔f8 15 ♕f3+
♕f6 15 ♖f5+−

14 ♕xe5 ♖f8 15 ♘d2 c6?

🧠 **16 ? ❷**

→♔⊞

16 ♘c4! d6

16 ... cxd5 17 ♘d6#

**17 ♘xd6+ ♔d7 18 ♗e6+ ♔c7 19
♘xc8+**

△ 19 ... ♕d6 20 ♕xd6#   **1–0**

153

♕→ • ♗ • ◖

Machulsky - Kolisch
París 1864
C45

1 e4 e5 2 ♘f3 ♘c6 3 d4 exd4 4 ♘xd4

♕h4!? 5 ♘c3 ♗b4 6 ♕d3!? (♙ 6
♘b5) **6 ... ♘f6 7 ♘xc6?! dxc6 8 ♗d2
♗xc3?** (8 ... 0-0!) **9 ♗xc3 ♘xe4**

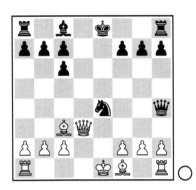

🧠 **10 ? ❸**

♕→

10 ♕d4! (10 ♕e3!) **10 ... ♕e7 11 0-0-0
♕g5+?**

a) 11 ... ♘xc3! 12 ♕xg7 ♘xa2+ 13
♔b1 ♖f8 14 ♔xa2 ♗d7∞

b) 11 ... ♘f6? 12 ♗b4+−

🧠 **12 ? ❹**

↦

12 f4! ♕xf4+ 13 ♗d2! ♕g4

13 ... ♕h4 14 ♗d3 f5 15 ♗xe4 fxe4 16
♕xg7 ♖f8 17 ♗g5+−

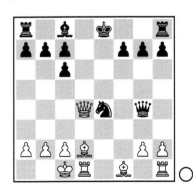

🧠 12 ? ❸
⊂

14 ♕d8+!! ♚xd8 15 ♗g5+ ♚e8 16 ♖d8#   **1–0**

154

↬

Anderssen - Schallopp
Berlín 1864
C31

1 e4 e5 2 f4 d5 3 ♘f3?! dxe4 4 ♘xe5 ♗d6 5 ♗c4 ♗xe5 (5 ... ♘h6!) **6 fxe5?!** (6 ♕h5!) **6 ... ♕d4?! 7 ♕e2 ♕xe5 8 d4 ♕xd4 9 ♘c3 ♘f6 10 ♗e3 ♕d8?!** (10 ... ♕e5) **11 0-0 h6? 12 ♗c5!** (12 ♘xe4!!) **12 ... ♘bd7**

🧠 14 ? ❸
↬

13 ♕xe4+!!
△ 13 ... ♘xe4 14 ♗xf7#   **1–0**

155

♕→

Zukertort - Anderssen
Breslavia ✕ 1865
C37

1 e4 e5 2 f4 exf4 3 ♘f3 g5 4 ♗c4 g4 5 0-0 ♕e7!? 6 ♘c3! ♕c5+? (6 ... gxf3) **7 d4 ♕xc4 8 ♘e5 ♕e6**
8 ... ♕a6 9 ♘d5 ♗d6 10 ♗xf4±
9 ♘d5 ♕a6 10 ♘xf4 ♕d6 11 ♘d5
11 ♘xf7!! ♚xf7 12 e5 ♕c6 (12 ... ♕b4 13 ♘d5+±) 13 ♘e6+!! ♚xe6 14 d5+ ♕xd5 15 ♕xg4+±
11 ... f6??
11 ... ♗g7 12 ♘xf7±

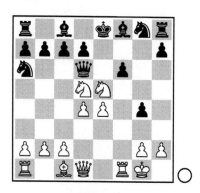

🧠 12 ? ❹
♕→

12 ♕xg4! fxe5 13 ♕h5+ ♕g6 14 ♕xe5+ ♘e7 15 ♖xf8+! ♚xf8
15 ... ♖xf8 16 ♕xe7#

16 ♕xe7+ ♔g8 17 ♘f6+ ♕xf6 18 ♕xf6 h5 19 ♗h6   **1–0**

156

f7 • →#

Zukertort - Anderssen
Breslavia ✕ 1865
C60

1 e4 e5 2 ♘f3 ♘c6 3 ♗b5 ♘ge7 4 c3 d6 5 d4 ♗d7 6 0-0 ♘g6 7 ♘g5!? h6?
(7 ... ♗e7)

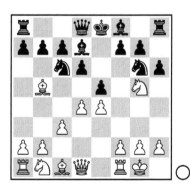

🧠 8 ? ❹
f7

8 ♘xf7!? ♔xf7 9 ♗c4+ ♔e7?
a) 9 ... ♗e6? 10 d5+–
b) 9 ... ♔e8 10 ♕h5! ♕f6 (10 ... ♘ce7 11 f4!) 11 f4∞

10 ♕h5! ♕e8?

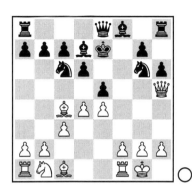

🧠 11 ? ❷
→#

11 ♕g5+!! (=11 ♗g5+!!) **11 ... hxg5 12 ♗xg5#**   **1–0**

157

🔥

Zukertort - Anderssen
Breslavia ✕ 1865
C37

1 e4 e5 2 f4 exf4 3 ♘f3 g5 4 ♗c4 g4 5 0-0 ♕e7!? (🛑 5 ... gxf3) **6 ♘c3 gxf3**
6 ... ♕c5+? 7 d4! ♕xc4 8 ♘e5!→

7 d4 d6?! (7 ... c6) **8 ♘d5 ♕d7** (8 ...

♕d8!) **9 ♕xf3 ♘c6 10 ♕xf4 ♘d8**
10 ... ♗g7 11 ♘xc7+!? ♕xc7 12
♗xf7+∞
11 ♕g3!?
11 ♕f6! ♘xf6 12 ♘xf6+ ♔e7 13
♘d5+ ♔e8 14 ♘f6+=
11 ... c6? (⌐ 11 ... ♘e6)

🧠 **12 ?** ❹
🔫

12 ♕xg8! ♖xg8
12 ... cxd5 13 ♕xh8 dxc4 14 ♗h6
♕e7 15 ♖ae1+−
**13 ♘f6+ ♔e7 14 ♘xg8+ ♔e8 15 ♘f6+
♔e7 16 ♘xd7 ♗xd7 17 ♗g5+   1–0**

158

⊞ • 🧱 • ♻ • →#
Neumann - Schulten
Berlín 1865
C64

**1 e4 e5 2 ♘f3 ♘c6 3 ♗b5 ♗c5 4 c3
♘ge7?!** (♟ 4 ... ♘f6) **5 0-0 0-0?!** (5
... ♗b6)

🧠 **6 ?** ❶
⊞

6 d4! exd4 7 cxd4 ♗b6 8 d5! ♘b8

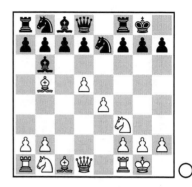

🧠 **9 ?** ❸
🧱

9 d6! ♘g6
9 ... cxd6 10 ♘c3±
10 e5 ♘c6 11 ♖e1 ♖e8?
11 ... cxd6! △ 12 exd6 ♗xf2+! 13
♔xf2 ♕b6+ 14 ♗e3 ♕xb5∓

🧠 **12 ?** ❶
♻

**12 ♗g5! f6 13 ♗c4+ ♔h8 14 exf6
♖xe1+ 15 ♕xe1 gxf6**

🧠 **16 ?** ❷
→#

16 ♕e8+!!

Δ 16 ... ♕xe8 17 ♗xf6#   **1–0**

159

♖ • ♘ • →♔⊞

Neumann - Anderssen
Berlín 1865
C52

1 e4 e5 2 ♘f3 ♘c6 3 ♗c4 ♗c5 4 b4 ♗xb4 5 c3 ♗a5 6 d4 exd4 7 0-0 dxc3 8 ♕b3 ♕f6

🧠 9 ? ❸
♖

9 e5! (9 ♗g5!?) **9 ... ♕g6**
9 ... ♘xe5? 10 ♖e1 d6 11 ♘xe5 dxe5 12 ♕a4+±
10 ♘xc3 ♗xc3?! (10 ... ♘ge7!) **11 ♕xc3 ♘d8?** (11 ... ♘ge7)

🧠 9 ? ❷
↗

12 ♗a3! ♘h6?! 13 ♖fe1 (13 ♗d3!) **13 ... b6?! 14 ♗d5 ♗b7?!**
14 ... c6 15 ♗e4±

🧠 9 ? ❹
→♔⊞

15 e6!!
a) 15 ... ♗xd5 16 exd7+ ♔xd7 17 ♖e7+ ♔c8 18 ♕xc7#
b) 15 ... dxe6? 15 ♕xc7+−
c) 15 ... fxe6 15 ♘e5 ♕f5 17 ♕xc7+−

          1–0

160

∫7 • ♖ • ♘ • ‡

Bergell - Knorre
Berlín 1865
C52

1 e4 e5 2 ♘f3 ♘c6 3 ♗c4 ♗c5 4 b4 ♗xb4 5 c3 ♗a5 6 d4 exd4 7 0-0 dxc3?! 8 ♕b3 ♕f6 (8 ... ♕e7)

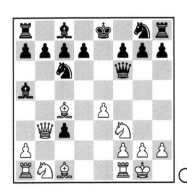

9 e5 ♕g6

9 ... ♘xe5?? 10 ♖e1 d6 11 ♘xe5 dxe5 12 ♕a4+±

10 ♘xc3 ♗xc3 (10 ... ♘ge7) **11 ♕xc3 b6?** (11 ... ♘ge7)

🧠 12 ? ❸

f7

12 ♘g5! ♘h6

🧠 13 ? ❹

🔒

13 e6! (13 ♗d3!) **13 ... fxe6?**

a) 13 ... dxe6 14 ♗d3±

b) 13 ... 0-0!

🧠 14 ? ❸

✒ • ‡

14 ♘xe6! dxe6 15 ♗d3

15 ... ♕f6 16 ♕xc6+ ♔f7 △ ♕xa8 **1–0**

161

⟳ • ⊂ • Ⴗ

Neumann - Mayet

Berlín 1865

C51

1 e4 e5 2 ♘f3 ♘c6 3 ♗c4 ♗c5 4 b4 ♗xb4 5 c3 ♗d6?! 6 d4 ♕e7 7 0-0 f6

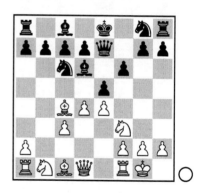

🧠 8 ? ❹

⟳

8 a4! b6 9 ♘a3 ♗xa3?

a) 9 ... a6?! 10 ♗d5 ♗b7 11 ♘c4±

b) 9 ... ♗b7!?

10 ♗xa3 d6 11 dxe5 ♘xe5

🧠 **12 ? ❹**

⊏ • ५

12 ♗xg8!

△ 12 ... ♖xg8 13 ♕d5!+– **1–0**

162

⊕♕

Young - Sydney

Australia ✉ *1865*

C56

**1 e4 e5 2 ♘f3 ♘c6 3 d4 exd4 4 ♗c4
♗c5 5 0-0 ♘f6 6 e5 d5 7 exf6 dxc4 8
fxg7!? ♖g8 9 ♖e1+ ♗e6 10 ♗g5 ♕d5?**
(♟ 10 ... ♗e7) **11 ♘bd2** (11 ♘c3!) **11
... ♕f5 12 ♘e4 ♖xg7?**

🧠 **13 ? ❹**

⊕♕

13 ♘h4! ♕xg5
a) 13 ... ♕d5 14 ♘f6++–
b) 13 ... ♕g4 14 ♘f6++–
14 ♘xg5 ♖xg5 15 f4! △ 16 f5 **1–0**

163

f7 • ♟

Morphy - Muarian

Nueva Orleans 1866

C37

**1 e4 e5 2 f4 exf4 3 ♘f3 g5 4 ♗c4 g4
5 d4 gxf3 6 ♕xf3 ♘c6?!** (♟ 6 ... d5!)

🧠 **7 ? ❹**

f7

7 ♗xf7+!? ♔xf7 8 ♕h5+ ♔e7
a) 8 ... ♔g7 9 ♕g4+ ♔f7 10 ♕h5+=
b) 8 ... ♔e6 9 d5+!
9 ♗xf4 ♘f6? (9 ... ♗g7!)

🧠 **10 ? ❸**

♟

10 ♗g5! ♗g7? (10 ... d6) **11 e5 ♕e8 12**

♕h4 ♕g6 13 0-0 d5? 14 exf6+ ♔f7 15 fxg7+ ♔xg7 16 ♖f6! ♗f5

16 ... ♕e4? 17 ♕h6+ ♔g8 18 ♖f8#

17 ♖xg6+ hxg6 18 ♗f6+ **1–0**

164

⇄ • ♟ • 🔒 • →#

Bird - Steinitz
Londres ✕ 1866
C65

1 e4 e5 2 ♘f3 ♘c6 3 ♗b5 ♘f6 4 d4 exd4 5 e5 ♘e4 6 ♘xd4?! (6 0-0) **6 ... ♗e7 7 0-0 ♘xd4? 8 ♕xd4 ♘c5 9 f4!? b6 10 f5 ♘b3?**

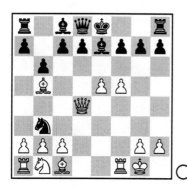

🧠 **11 ? ❹**

⇄

11 ♕e4!

11 axb3?? ♗c5–+

11 ... ♘xa1

🧠 **12 ? ❸**

♟

12 f6! ♗c5+

12 ... gxf6 13 exf6±

13 ♔h1 ♖b8

🧠 **14 ? ❷**

🔒

14 e6!

14 fxg7!! ♖g8 15 e6+–

14 ... ♖g8

14 ... 0-0 15 e7+–

🧠 **15 ? ❸**

→#

15 ♕xh7

△ 15 exd7+!! ♔f8 16 ♕e8+ ♕xe8 17 dxe8♕#

15 ... ♖f8 16 exf7+ ♖xf7 17 ♖e1+ ♗e7 18 ♕g8+ ♖f8 19 f7# **1–0**

165

⇄ • ♱ • ♞

Bird - Steinitz
Londres ✕ 1866
A02

1 f4 e5 2 fxe5 d6 3 exd6 ♗xd6 4 d4 ♘f6 (4 ... ♕h4+!∓) **5 ♗g5 ♘c6 6 ♘f3 ♗g4 7 e3 ♕d7 8 ♗b5 0-0-0! 9 ♗xf6 gxf6 10 d5?!** (10 ♘c3)

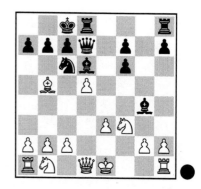

🧠 **10 ...?** ❸

⇄

10 ... ♕e7! 11 ♗xc6?
a) 11 dxc6?? ♗b4+ 12 c3 ♖xd1+–+
b) 11 ♕e2!
11 ... ♕xe3+ 12 ♕e2 ♕c1+! 13 ♕d1
13 ♔f2 ♕xh1 14 ♗xb7+ ♔xb7 15
♕b5+ ♔c8 16 ♕a6+ ♔d7 17 ♕a4+
♔e7–+

🧠 **13 ...?** ❹

◯

13 ... ♖de8+! (=13 ... ♖he8+) **14 ♗xe8**
♖xe8+ 15 ♔f2 ♕e3+ 16 ♔f1

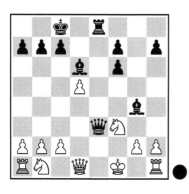

🧠 **16 ...?** ❸

✎

16 ... ♗xf3! 17 gxf3
17 ♕xf3 ♕e1#
17 ... ♗c5 18 ♔g2 ♖g8+
△ 19 ♔h3 (19 ♔f1 ♕f2#) 19 ... ♕h6#

0–1

166

◯ • ⊕♕

Steinitz - Bird
Londres ✕ 1866
C01

1 e4 e6 2 d4 d5 3 ♘c3 dxe4 4 ♘xe4
♘c6?! 5 ♘f3 ♘f6 6 ♘xf6+! ♕xf6?

🧠 **7 ?** ❶

◯

7 ♗g5! ♕f5 8 ♗d3! ♕g4?? (8 ... ♕d5)

163

🧠 9 ? ❸

⊕♕

9 h3! ♕xg2

9 ... ♕h5 10 g4+−

🧠 10 ? ❷

⊕♕

10 ♖h2!! ♕xh2 11 ♘xh2 ♘xd4 12 ♗b5+   **1–0**

167

⊂ • →♔⊞ • ↔

Winawer - D'Andre
París 1867
C51

1 e4 e5 2 ♘f3 ♘c6 3 ♗c4 ♗c5 4 b4

♗xb4 5 c3 ♗e7!? 6 d4 ♗f6?! (📖 6 ... ♘a5!)

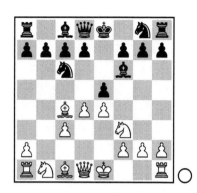

🧠 7 ? ❹

⊂

7 dxe5! ♘xe5 8 ♘xe5 ♗xe5

🧠 9 ? ❸

⊂

9 ♗xf7+! ♔xf7 10 ♕d5+ ♔f6?

10 ... ♔f8 11 ♕xe5±

🧠 11 ? ❷

→♔⊞

11 f4! ♗xc3+

11 ... ♗d6 12 e5+±

12 ♘xc3 c6??

164

🧠 11 ? ❶
↔

13 ♕g5+
△ 13 ... ♔f7 14 ♕xd8+−   1–0

168

⇄ • →♔⊞

Stevenson - 👥 Marriot
Inglaterra 1868
C24

1 e4 e5 2 d4 exd4 3 ♗c4 ♘f6 4 e5?!
♙ 4 ♘f3!? ♘xe4 5 ♕xd4⩲

🧠 4 ...? ❹
⇄

4 ... d5! 5 ♗b3
5 ♗b5+ ♗d7!∓
5 ... ♘e4 6 ♘e2?! ♗c5 7 f3? (7 0-0) **7 ... ♕h4+ 8 g3**

🧠 8 ...? ❹
→♔⊞

8 ... d3!! 9 gxh4??
a) 9 fxe4 ♕xe4 10 ♖f1 dxe2∓
b) 9 ♕xd3 ♗f2+ 10 ♔d1 ♘xg3∓

---

9 ... ♗f2+ 10 ♔f1 ♗h3#   0–1

169

⇄ • ♕→ • ↪

Harper - Blackburne
Londres 1868
C56

1 e4 e5 2 ♘f3 ♘c6 3 ♗c4 ♘f6 4 d4 exd4 5 0-0 d6 6 ♘g5?! (6 ♘xd4)

🧠 6 ...? ❷
⇄

6 ... ♘e5! 7 ♕xd4

🧠 7 ...? ❶
⇄

7 ... h6 8 ♘f3 ♘xf3+ 9 gxf3 ♗h3 10 ♖e1

🧠 10 ...? ❺

♕→

10 ... ♘d7! 11 f4 ♕h4! 12 ♕e3 g5 13 ♕g3 ♖g8 14 ♗f1?? (14 ♘c3)

🧠 14 ...? ❹

↤↦

14 ... gxf4! 15 ♕xg8 ♘f6! 16 ♕h8 ♕g4+ (16 ... f3!) **17 ♔h1 f3 18 ♗xh3 ♕xh3 19 ♖g1 ♘g4 20 ♖xg4 ♕xg4**

△ 21 ... ♕g2# **0–1**

170

♟

Morphy - Maurian
Nueva Orleans 1869
C37
-♘b1

1 e4 e5 2 f4 exf4 3 ♘f3 g5 4 ♗c4 g4 5 d4 gxf3 6 ♕xf3 d6 7 0-0 ♗e6?! (7 ... ♕f6)

8 d5 ♗c8 9 ♗xf4 ♕d7?! 10 e5! ♕g4 11 ♕e3 ♗e7 12 exd6 cxd6 13 ♖ae1 h5? (13 ... ♔d8!∓) **14 ♗xd6 ♕d7 15 ♗xe7 ♘xe7**

15 ... ♕xe7 16 ♕d4+−

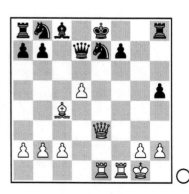

🧠 16 ? ❷

♟

166

16 ♗b5!

Δ 16 ... ♕xb5?? (16 ... ♘bc6 17 dxc6
bxc6 18 ♗xc6!+–) 17 ♕xe7#   **1–0**

171

→00 • ♕→ • ✒

Bird - Boden
Londres 1869
C84

**1 e4 e5 2 ♘f3 ♘c6 3 ♗b5 a6 4 ♗a4
♘f6 5 0-0 ♗e7 6 d4 exd4 7 e5 ♘e4 8
c3!?** (⌑ 8 ♘xd4) **8 ... dxc3 9 ♖e1!?
♘c5 10 ♗c2 cxb2 11 ♗xb2 ♘e6?!**
(11 ... d5!) **12 ♘c3 0-0 13 ♘d5 b5?**

🧠 **14 ?** ❸

→00

14 ♘f6+!! ♗xf6
a) 14 ... ♔h8 15 ♘xh7±
b) 14 ... gxf6 15 ♕d3!+–
15 exf6 g6
15 ... gxf6? 16 ♕d3+–

🧠 **16 ?** ❷

♕→

16 ♕d2! ♔h8 17 ♕h6 ♖g8

🧠 **18 ?** ❸

✒

18 ♖xe6!! dxe6 19 ♘g5   **1–0**

172

↻ • ⊕♕ • →♔⊞

Winawer - De Veere
Baden-Baden 1870
C15

**1 e4 e6 2 d4 d5 3 ♘c3 ♗b4 4 ♗d3!?
dxe4 5 ♗xe4 c5 6 ♘ge2 cxd4?!** (⌑ 6
... ♘f6) **7 ♘xd4 ♗xc3+**
7 ... ♘f6 8 ♗f3 e5=
8 bxc3 ♕a5 9 ♕f3?!
9 0-0! Δ 9 ... ♕xc3? 10 ♘b5 ♕xa1
11 ♘c7+ ♔e7 12 ♗a3+ ♔f6 13 f4!!
♕xd1 14 ♘e8#

🧠 9 ...?
↻

9 ... ♘f6! 10 ♗xb7? ♗xb7 11 ♕xb7 ♕xc3+ 12 ♔e2

🧠 12 ...? ❹
⊕♕

12 ... ♕xd4!
12 ... ♕xa1? 13 ♕c8+ ♔e7 14 ♗a3#
13 ♕xa8

🧠 13 ...? ❹
↻

13 ... 0-0! 14 ♖b1
14 ♗e3? ♕c4+ 15 ♔e1 ♘c6 16 ♕b7
♖b8 17 ♕c7 ♕c3+-+
14 ... ♕c4+ 15 ♔e1 ♘c6 16 ♕b7

🧠 16 ...? ❷
→♔⊞

16 ... ♘d4!   **0–1**

173

🔓 • ♕→ • ↬
Turgenyev - Kolisch
Baden Baden 1870
C58

1 e4 e5 2 ♘f3 ♘c6 3 ♗c4 ♘f6 4 ♘g5 d5 5 exd5 ♘a5 6 d3 h6 7 ♘f3 e4 8 ♕e2 ♘xc4 9 dxc4 ♗c5 10 ♘fd2 0-0 11 h3?!

🧠 11 ...? ❹
🔓

11 ... e3! 12 fxe3 ♗xe3 13 ♔d1 ♖e8 14 ♕f3 ♗xd2?! (14 ... ♗b6!) **15 ♘xd2?!**

🧠 15 ...? ❸
🔓

15 ... c6! 16 b3? (16 dxc6) **16 ... cxd5**
17 &b2
a) 18 ♘xe4?? dxe4+∓
b) 18 cxd5 ♛xd5∓
17 ... ♘e4! 18 c5

🧠 **18 ...?** ❹

♛→

18 ... ♛g5! 19 &c1?? (19 ♘f1)

🧠 **19 ...?** ❷

↬

19 ... ♛xg2! 20 ♖f1
20 ♛xg2?? ♘c3#

🧠 **20 ...?** ❷

↬

20 ... ♘c3+!
Δ 21 ♛xc3 ♛e2#   **0–1**

174

☖ • ⊕♛ • ♯

👥 **Steinitz - Walsh**
Inglaterra 1870
B30

1 e4 c5 2 ♘c3 ♘c6 3 ♘f3 h6?! 4 d4
cxd4 5 ♘xd4 ♛b6?

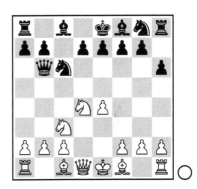

🧠 **6 ?** ❸

☖

6 &e3! (6 ♘db5!) **6 ... ♛xb2? 7 ♘db5!**
(Δ 8 ♖b1) **7 ... ♛b4 8 ♘c7+**
8 a3! ♛a5 9 &d2! Δ 10 ♘d5
8 ... ♚d8

🧠 **9 ?** ❷

⊕♛

169

9 ♗d2! ♖b8

9 ... ♔xc7?? 10 ♘d5+

10 ♖b1 ♕d4? (10 ... ♕d6) **11 ♗d3**
♘b4? 12 ♘3b5 ♘xd3+ 13 cxd3 ♕xd3

🧠 **14 ?** ❹
‡

14 ♘e6+!! ♔e8

14 ... fxe6 (∨ 14 ... dxe6) 15 ♗a5+ b6
16 ♕xd3+−

15 ♘bc7#   **1–0**

175

C • 🗡 • ‡
Blackburne - Burn
Londres 1870
C44

1 e4 e5 2 ♘f3 ♘c6 3 ♗b5 ♘ge7 4 c3

---

d5!? 5 ♘xe5 dxe4 6 ♕a4 ♕d5! 7 f4
♗d7?! (7 ... exf3∓) **8 ♘xd7 ♔xd7 9**
♗c4 ♕f5 10 ♕b3?! ♘g6!? 11 ♕xb7?
(11 0-0) **11 ... ♘xf4** (11 ... ♖b8!) **12 0-0**
(12 ♗b5!?) **12 ... ♕c5+ 13 d4 ♕xc4 14**
♕xa8? (14 ♗xf4!!±)

🧠 **14 ...?** ❺
↻

14 ... ♗c5!! (14 ... ♘e2+!?∓) **15 ♕xh8**

🧠 **15 ...?** ❷
🗡

15 ... ♘xd4! 16 ♗e3

15 cxd4?? ♗xd4+ 17 ♖f2 (17 ♔h1
♕xf1#) 17 ... ♕xc1#
16 ... ♕e2 17 ♕xg7

🧠 **17 ...?** ❸
‡

17 ... ♘f3+!!

Δ 18 gxf3 (18 ♖xf3 ♕e1+ 19 ♖f1
♗xe3+ 20 ♔h1 ♕xf1#) 18 ... ♗xe3+
19 ♔h1 ♕xf1+−+   **0–1**

176

♀

Ranken - Rowley
Malvern 1871
C56

**1 e4 e5 2 ♘f3 ♘c6 3 d4 exd4 4 ♗c4
♘f6 5 0-0 ♗c5 6 e5 d5 7 exf6 dxc4 8
♖e1+ ♗e6 9 fxg7 ♖g8 10 ♘g5 ♕d7??**
(♙ 10 ... ♕d5)

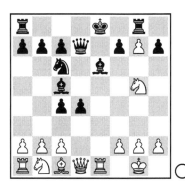

🧠 **11 ? ❸**
♀

11 ♘xe6! fxe6 12 ♕h5+!
△ 13 ♕xc5+−   **1−0**

177

⊕♕ • →#

Goering - Minckwitz
Wiesbaden 1871
A83

**1 d4 f5 2 e4 fxe4 3 ♘c3 ♘f6 4 ♗g5
e6 5 ♗xf6?!** (♙ 5 ♘xe4) **5 ... ♕xf6 6
♘xe4 ♕g6 7 ♗d3?! ♕xg2 8 ♕h5+ g6
9 ♕e5 ♕xh1**

🧠 **10 ? ❹**
⊕♕

10 ♕xh8? (10 ♔e2!) **10 ... ♕xg1+ 11
♔d2 ♕xa1??** (11 ... ♕xh2∓)

🧠 **12 ? ❸**
→#

12 ♘f6+ ♔f7
12 ... ♔e7 13 ♘d5+!! exd5 14 ♕xh7+
♔d8 (14 ... ♔d6 15 ♕xg6+ ♔e7 16
♕g5+ ♔f7 17 ♗g6+ ♔g7 18 ♗e4++−)
15 ♕h4+!+−
13 ♕g8+ ♔xf6
13 ... ♔e7 14 ♘d5+±
14 ♕xf8+ ♔g5 15 f4+ (15 h4+!) **15 ...
♔g4 16 ♗e2+ ♔h3 17 ♕h6+ ♔g2 18
♕g5+ ♔xh2 19 ♗f3 ♕f1 20 ♕h4+**
△ 20 ... ♔g1 (20 ... ♕h3 21 ♕f2++−)
21 ♕g3++−   **1−0**

178

→00 • ♕→ • ♟

👣 Devere - Minchin
Inglaterra 1871
C67

1 e4 e5 2 ♘f3 ♘c6 3 ♗b5 ♘f6 4 0-0

♘xe4 5 ♖e1 ♘d6 6 ♘xe5 ♗e7 7 ♘c3
0-0 8 d4 ♗f6 (8 ... ♘xb5!)

🧠 9 ? ❸

→*00*

9 ♗d3! h6?
9 ... ♘xd4!? 10 ♗xh7+! ♔xh7 11
♕xd4±
10 ♘d5! ♘e8?!

🧠 11 ? ❹

♕→

11 ♕g4!?
◻ 11 ♗xh6!! △ 11 ... gxh6 12 ♕g4+
♘g7 13 ♕e4+−
11 ... d6? 12 ♕e4 g6

🧠 13 ? ❸

13 ♘xf7!
◻ 13 ♘xg6!! fxg6 14 ♕xg6+ ♗g7 15
♕h7+ ♔f7 15 ♗g6#
13 ... ♖xf7 14 ♕xg6+ ♔f8
a) 14 ... ♗g7 15 ♖xe8+ ♕xe8 16
♕h7+ ♔f8 17 ♗xh6+−
b) 14 ... ♖g7 15 ♖xe8++−
15 ♗xh6+ ♗g7
15 ... ♖g7 16 ♖xe8+ ♕xe8 17 ♕xf6+
♕f7 18 ♗xg7+ ♔e8 (18 ... ♔g8 19
♗h7+!! ♔xh7 20 ♕h6+ ♔g8 21
♕h8#) 19 ♗g6+−
16 ♕h7 ♘e7 (△ 17 ♕h8#) **17 ♕h8+
♘g8 18 ♗h7**
△ 18 ... ♘ef6 19 ♘xf6+−   **1–0**

179

♙ • →♔⊞
Zukertort - De Vere
Londres 1872
B47

**1 e4 c5 2 ♘f3 ♘c6 3 ♘c3 e6 4 d4
cxd4 5 ♘xd4 a6 6 ♗e2 ♕c7 7 0-0
♘ge7??** (♛ 7 ... ♘f6)

🧠 8 ? ❹

ᕁ

8 ♘db5! axb5 9 ♘xb5 ♕a5 10 ♗d2!
♕b6 11 ♗e3 ♕a5 12 ♘d6+ ♔d8 13
♘xf7+ ♔e8

13 ... ♔c7?? 14 ♕d6#

14 ♘d6+! (14 ♘xh8±) **14 ... ♔d8**

🧠 15 ? ❹

→♔⊞

15 ♘c4!! ♕b4 16 a3! (16 ♗b6+!+−)
16 ... ♕xc4

16 ... ♕b5 17 ♗b6+!± ♔e8 18 ♘d6#

17 ♗xc4   1–0

180

─────────

C • →000

👫 Steinitz - Gray
Inglaterra 1872
C52

1 e4 e5 2 ♘f3 ♘c6 3 ♗c4 ♗c5 4 b4
♗xb4 5 c3 ♗a5 6 d4 exd4 7 0-0 dxc3?!
8 ♕b3 ♕e7?! (8 ... ♕f6) **9 ♘xc3 ♗xc3**
10 ♕xc3 f6?! (10 ... ♘f6)

🧠 11 ? ❷

C

11 ♗a3! d6 12 ♗d5 ♗d7? 13 ♖fe1!?
0-0-0

△ 14 ♗xc6 ♗xc6 15 e5!

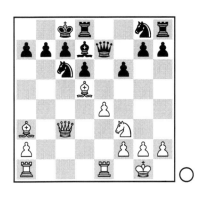

🧠 14 ? ❸

→000

14 ♖ab1! ♗e6? 15 ♖xb7!

15 ♗xc6! bxc6 16 ♕xc6±

15 ... ♔xb7

15 ... ♗xd5 16 exd5 ♘e5 17 ♘xe5
fxe5 18 ♖eb1+−

16 ♕xc6+ ♔c8 17 ♕a6+ ♔d7

17 ... ♔b8 18 ♕b7#

18 ♗c6#   1–0

181

1 e4 e5 2 ♘c3 ♝c5 3 ♘a4?!

🧠 **3 ...?** ❸
f2

3 ... ♝xf2+!? 4 ♚xf2 ♛h4+ 5 ♚e3
a) 5 g3? ♛xe4∓
b) 5 ♚e2? ♛xe4+ 5 ♚f2 ♛xa4∓
c) 5 ♚f3? ♛f4+ 5 ♚e2 ♛xe4+∓
5 ... ♛f4+ 6 ♚d3

🧠 **6 ...?** ❷
🔒

6 ... d5!! 7 ♚c3
a) 7 ♘c3? dxe4+ 8 ♚c4 (**1.** 8 ♚e2?
♝g4+–+. **2.** 8 ♘xe4? ♝f5–+) 8 ...
♛f2!∓
b) 7 ♛e1 ♘f6⇄
7 ... ♛xe4 (7 ... d4+!?; 7 ... ♘f6!?) **8
♚b3?!** (8 d4!) **8 ... ♘a6!?** (8 ... ♘c6!∞)
9 a3?

a) 9 c4? b5!!–+
b) ◠ 9 c3!

🧠 **9 ...?** ❹
◐

9 ... ♛xa4+! 10 ♚xa4 ♘c5+ 11 ♚b4?
11 ♚b5!! a5 (11 ... ♘e7!? 12 c4□ d4
13 ♚xc5□ a5 14 ♛a4+ ♚d8 15 ♛xa5
♖xa5+ 16 ♚b4 ♘c6+ 17 ♚b3±) 12
b4!!± (12 ♚xc5? ♘e7=)
11 ... a5+ 12 ♚xc5
12 ♚c3 d4+ 13 ♚c4 b6 14 ♚d5? (14
♛f3 ♝e6+ 15 ♛d5 ∨ 15 ♚b5 ♝d7+
16 ♚c4 c6!!∓ Δ 17 ... ♝e6+) 14 ... f6
Δ 15 ... ♘e7+ 16 ♚c4 ♝a6#

🧠 **12 ...?** ❺
→#

12 ... ♘e7!

△ 13 ... b6+ 14 ♔b5 ♗d7#

13 ♗b5+□ ♔d8 14 ♗c6□ b6+ 15 ♔b5 ♘xc6

△ 16 ... ♘d4+ 17 ♔a4 ♗d7#

16 ♔xc6

🧠 **16 ...?** ❷

⊏

16 ... ♗b7+!! 17 ♔b5

17 ♔xb7? ♔d7 18 ♕g4+ ♔d6 △ 19 ... ♖hb8#

17 ... ♗a6+ 18 ♔c6

18 ♔a4? ♗c4 △ 19 ... b5#

18 ... ♗b7+ ½–½

182

⊂ • →♔⊞ • 🔪 • →#

Grimsham - Steinitz

Viena 1872

C45

1 e4 e5 2 ♘f3 ♘c6 3 d4 exd4 4 ♘xd4 ♕h4 5 ♘b5! ♕xe4+?! (⌗ 5 ... ♗c5) **6 ♗e3 ♗b4+?** (6 ... ♕e5∞)

🧠 **7 ?** ❸

⊂

7 ♘d2!

7 c3 ♗a5!

7 ... ♗xd2+

7 ... ♗a5? 8 ♘xc7+! ♗xc7 9 ♘xe4±

8 ♕xd2 ♔d8

8 ... ♕e5? 9 0-0-0+−

9 0-0-0 ♕e6?

⌓ 9 ... ♕b4

🧠 **10 ?** ❹

→♔⊞

10 ♗f4! d6

🧠 **11 ?** ❹

11 ♗xd6!!

11 ♘xc7!! ♔xc7 12 ♗xd6++−

11 ... cxd6 12 ♘xd6 ♕xa2?!

a) 12 ... ♔c7 13 ♗c4 ♕h6 14 ♘xf7±

b) 12 ... ♗d7 13 ♗c4±

13 ♘b5+ ♔e8

13 ... ♔e7 14 ♕d6+ ♔e8 15 ♘c7#

14 ♘c7+ ♔f8

14 ... ♔e7 15 ♕d6#

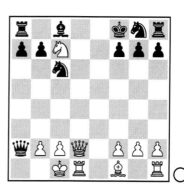

🧠 **15 ?** ❸

→#

15 ♕d6+!! ♘ge7 16 ♕d8+ ♘xd8 17 ♖xd8#   **1–0**

183

→00 • ⟳ • ⚓ • 🔒

Steinitz - De Vere
Londres 1872
C30

1 e4 e5 2 f4 ♗c5 3 ♘f3 d6 4 ♗c4 ♘f6 5 d3 0-0 6 ♘c3 ♘g4?! 7 ♕e2 ♘c6

7 ... ♗f2+!? 8 ♔f1 ♗b6∞

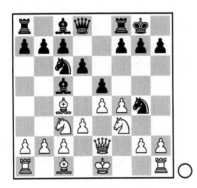

🧠 **8 ? ⑤**

→00

8 f5! (8 h3!?) **8 ... ♔h8?! 9 ♕g5! ♘h6**

9 ... ♘f2? 10 ♖f1

10 ♕h5 ♘b4?! (◯ 10 ... ♘d4) **11 ♗b3 ♗d7 12 a3 ♘c6**

🧠 **13 ? ④**

🔪

13 ♘xh7! ♔xh7

🧠 **14 ? ④**

⟳

14 ♗g5! ♕e8

14 ... f6? 15 ♕g6+ ♔h8 16 ♗xh6 gxh6 17 ♕xh6#

🧠 **15 ? ③**

🔒

15 f6!! ♖g8? 16 fxg7 ♖xg7 17 ♕xh6+ ♔g8 18 ♘d5!   **1–0**

184

🔪 • 🔒 • ⇧

●● **Fleissig - Rothberger**
Viena 1872
C41

1 e4 e5 2 ♘f3 d6 3 d4 exd4 4 ♕xd4 ♗d7 5 ♗g5 f6? (◻ 5 ... ♘f6) **6 ♗h4 ♘c6 7 ♕e3 ♗e7 8 ♗c4 ♘h6 9 ♘c3 ♘f7 10 0-0-0 0-0 11 ♘d5 ♘ce5 12 ♘xe5 dxe5 13 g4!? h6?**

🧠 14 ? ④
🚩

14 ♘xf6+!! ♗xf6
14 ... gxf6 15 ♕xh6+–
15 ♗xf6 gxf6 16 ♕xh6 ♕e7 17 ♖d3!?
♖fd8

🧠 18 ? ③
🔓

18 g5!!
18 ♖h3? ♗e6∓
18 ... fxg5
18 ... ♗e6 19 ♕g6+ ♔h8 20 gxf6+–
19 ♖g1 g4

🧠 20 ? ③
⇧

20 ♖h3!!   **1–0**

185

🚩

Boden - Bird
Inglaterra 1873
C61

1 e4 e5 2 ♘f3 ♘c6 3 ♗b5 ♘d4 4
♘xd4 exd4 5 0-0 ♗c5 6 c3 ♘e7 7 d3
c6 8 ♗c4 0-0 9 ♗g5 ♔h8 10 ♕h5 f6!
11 ♗xf6 d5! 12 ♗xe7?! (12 ♗h4) **12 ...**
♕xe7 13 exd5

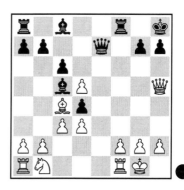

🧠 12 ...? ⑤
🚩

13 ... ♖xf2!?
13 ... b5! 14 ♗b3 ♖xf2!!∓
14 ♘d2?
a) 14 ♔xf2 ♕e3#
b) 14 ♖xf2 ♗g4! 15 ♕xg4 ♕e1+ 16
♖f1 dxc3+ 17 d4 ♕xf1+ 18 ♔xf1
cxb2 19 dxc5 bxa1♕ 20 ♕e4∞
14 ... dxc3 15 ♘b3
a) 15 bxc3 ♖f5+–+
b) 15 ♖xf2 cxd2–+
15 ... cxb2 16 ♖ae1 ♖xf1+ 17 ♔xf1
♕f6+ 18 ♕f3 ♕xf3+ 19 gxf3 ♗h3+ 20

♔e2 ♖e8+

20 ... ♖e8+ 21 ♔d2 ♖xe1 22 ♔xe1
b1♕+ **0–1**

186

↗ • ♕→ • ⤙ • ♖→

Blackburne - Grimwood
👥 *Inglaterra 1873*
C10

**1 e4 e6 2 d4 d5 3 ♘c3 ♗b4 4 exd5
♕xd5?! 5 ♘f3 ♘f6 6 ♗e2!?** (5 ♗d3!)
**6 ... c5 7 0-0 ♗xc3 8 bxc3 0-0 9 ♗a3
b6**

9 ... ♘bd7 10 dxc5!±

🧠 **10 ? ❸**
↗

10 ♘e5! ♘e4 11 ♗f3 f5 12 ♖e1 ♖d8?
⌂ 12 ... ♗b7
13 ♗xe4 fxe4

🧠 **14 ? ❷**
♕→

14 ♕h5! ♕b7?! (14 ... ♖f8) **15 dxc5
♕e7**

🧠 **16 ? ❹**
⤙

16 c6! ♕xa3 17 ♕f7+ ♔h8

🧠 **18 ? ❸**
♖→

18 ♖e3!! g6 19 ♘xg6+
△ 20 ♖h3# **1–0**

187

→♔⊞ • 🔒 • ⋛♙⋚

Bird - Gelbfuhs
Viena 1873
A02

**1 f4 f5 2 e4!? fxe4 3 d3 exd3 4 ♗xd3
♘f6 5 ♘f3 e6**

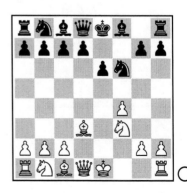

🧠 6 ? ❹

→♔⊞

6 ♘g5!

△ 7 ♘xh7! ♘xh7 8 ♕h5+

6 ... g6

🧠 7 ? ❹

🔓

7 h4! ♗h6?! 8 h5 ♗xg5? (8 ... gxh5) **9 fxg5 ♘d5**

9 ... ♘xh5 10 ♖xh5!! gxh5 11 ♕xh5+ ♔e7 12 g6+– △ ♗g5

10 hxg6 ♕e7 11 ♖xh7! ♖xh7 12 gxh7 ♕b4+ 13 ♔f1 ♕h4

🧠 14 ? ❸

⇗♙⇙

14 ♗g6+! ♔e7 15 ♕h5!!　　　**1–0**

188

○ • ‡

Anderssen - Rosenthal
Viena 1873
C52

1 e4 e5 2 ♘f3 ♘c6 3 ♗c4 ♗c5 4 b4

♗xb4 5 c3 ♗a5 6 d4 exd4 7 0-0 d3 8 ♕b3! ♕f6 9 ♖e1 (9 e5!) **9 ... ♘ge7**

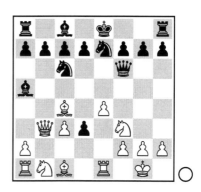

🧠 10 ? ❶

↻

10 ♗g5! ♕g6 11 ♗xe7!? ♔xe7

11 ... ♘xe7 12 ♘e5→

12 e5 ♔f8?

12 ... ♖e8! △ 13 ... ♔f8

13 ♘bd2 ♗b6 14 ♘e4 ♘d8? (14 ... d6) **15 ♕a3+! ♔e8**

15 ... ♔g8 16 ♕e7!±

🧠 16 ? ❸

‡

16 ♘f6+!! gxf6 17 exf6+　　　**1–0**

189

🔒 • ↑ • ♕

Blackburne - Fleissig
Viena 1873
D11

1 d4 d5 2 c4 dxc4 3 ♘f3 b5?!

🧠 **4 ? ❸**
🔒

4 a4! c6
a) 4 ... a6? 5 axb5 axb5?? 6 ♖xa8+−
b) 4 ... bxa4 5 e4±
5 e3 ♗d7?

🧠 **6 ? ❺**
↑

6 ♘e5! e6? 7 axb5! cxb5??

🧠 **8 ? ❷**
♕

8 ♕f3!!
Δ 9 ♕xf7# ∧ 9 ♕xa8   **1–0**

190

→#

Taylor - ♗
👥 *Inglaterra 1874*
C33

1 e4 e5 2 f4 exf4 3 ♘c3 g5 4 ♘f3 g4 5 ♘e5 ♕h4+?! 6 g3 fxg3 7 ♕xg4 g2+?!
7 ... ♕xg4 8 ♘xg4=
8 ♕xh4 gxh1♕ 9 ♘d5!? (9 ♕h5!±)
9 ... ♘a6?! (9 ... ♗e7!) **10 d4?!** (10 ♘xf7!) **10 ... ♗e7??**

🧠 **11 ? ❸**
→#

11 ♕xe7+!! ♘xe7 12 ♘f6+
12 ... ♔f8 (12 ... ♔d8 13 ♘xf7#) 13
♗h6#   **1–0**

191

☆☆☆☆☆

⊕♗ • ⬛ • ⟲ • →♔⊞ • →#

Knorre - Chigorin
San Petersburgo 1874
C50

**1 e4 e5 2 ♘f3 ♘c6 3 ♗c4 ♗c5 4 0-0
♘f6 5 d3 d6 6 ♗g5?!** (6 c3) **6 ... h6 7
♗h4? g5!? 8 ♗g3**

🧠 **8 ...?** ❹

⊕♗

8 ... h5! 9 ♘xg5 (9 h4)

🧠 **9 ...?** ❺

⊕♗

9 ... h4!! 10 ♘xf7
10 ♗xf7+ ♔e7∓

🧠 **10 ...?** ❺

🔓

10 ... hxg3!?
10 ... ♕e7! 11 ♘xh8 hxg3→
11 ♘xd8
11 ♘xh8 ♗xf2+! 12 ♖xf2 (12 ♔h1
♕e7 [Δ 13 ... ♕h7] 13 ♘f7 ♘g4→) 12
... gxf2+ 13 ♔xf2 ♘g4+ 14 ♔g1 ♕f6∓

🧠 **11 ...?** ❸

⟲

11 ... ♗g4! 12 ♕d2
a) 12 ♘f7 ♖xh2-+
b) 12 ♘xc6 ♗xf2+ 13 ♖xf2 (13 ♔h1
♖xh2#) 13 ... gxf2+ 14 ♔xf2 ♗xd1∓
c) 12 ♕xg4? gxf2+ 13 ♔h1 ♘xg4 14
h3 ♖xd8∓

🧠 **12 ...?** ❹

→♔⊞

12 ... ♘d4! 13 ♘c3
a) 13 h3 ♘e2+ 14 ♕xe2!! (14 ♔h1
♖xh3+! 15 gxh3 ♗f3#) 14 ... ♗xe2∓
b) 13 ♘f7 ♖xh2∓

181

🧠 **13 ...?** ❸

→#

13 ... ♘f3+!! 14 gxf3 ♗xf3

Δ 15 ... gxh2#

15 hxg3 ♖h1#   **0–1**

192

✒

Burn - Owen

Liverpool 1874

B07

**1 e4 d6 2 d4 ♘f6 3 ♘c3 g6 4 ♗e3 ♗g7
5 ♗e2 0-0 6 h4!? ♘c6 7 h5! e5 8 hxg6
fxg6**

8 ... hxg6?! 9 d5 ♘e7 10 ♕d2 Δ 11 ♗h6

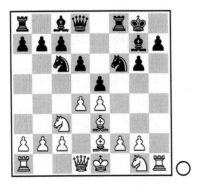

**9 ♘f3 ♘g4 10 ♗c4+ ♔h8 11 ♘g5
♗h6?** (11 ... h6)

🧠 **12 ?** ❹

💣

12 ♕xg4! ♗xg4 13 ♖xh6 ♔g7??

◯ 13 ... ♕e7! 14 ♖xh7+ ♕xh7 15 ♘xh7 ♔xh7

14 ♖xh7+

14 ... ♔f6 15 ♘d5#   **1–0**

193

🔒 • ⇧ • →♔⊞ • ‡

Blackburne - ♟

Inglaterra 1875

C52

**1 e4 e5 2 ♘f3 ♘c6 3 ♗c4 ♗c5 4 b4
♗xb4 5 c3 ♗a5 6 d4 exd4 7 0-0 dxc3**

8 ♕b3 ♕f6 9 e5 ♕g6 10 ♘xc3 ♘ge7 11 ♗a3 b5 (11 ... 0-0!) **12 ♘xb5 ♖b8? 13 ♕a4 a6**

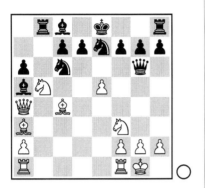

🧠 **14 ? ❹**
🔒

14 ♘d6+!! cxd6 15 exd6 ♘f5? (15 ... 0-0!)

🧠 **16 ? ❸**
⬆ • →♔⊞

16 ♖ae1+! ♗xe1 17 ♖xe1+ ♔f8??
a) 17 ... ♔d8 18 ♘e5! ♘xe5 19 ♕a5+ ♔e8 20 ♖xe5++–
b) 17 ... ♘fe7!? 18 dxe7 ♖b1∞

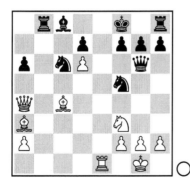

🧠 **18 ? ❸**
‡

18 ♕xc6!
Δ 18 ... dxc6 19 d7++–   **1–0**

194

→*00* • ♕→ • ⊏

Gore - Fowler
EE UU-Canadá ✉ *1875*
C52

1 e4 e5 2 ♘f3 ♘c6 3 ♗c4 ♗c5 4 b4!? ♗xb4 5 c3 ♗a5 6 d4 exd4 7 0-0 ♗xc3?! 8 ♘xc3 dxc3 9 ♘g5 (9 ♕b3) **9 ... ♘h6 10 e5 0-0?** (10 ... d5!)

🧠 **11 ? ❷**
→*00* • ♕→

11 ♕d3! g6 12 ♕h3 ♔g7

🧠 **13 ? ❹**
⊏

13 ♕xh6+!! ♔xh6 14 ♘xf7+ ♔h5??
14 ... ♔g7 15 ♗h6+ ♔g8 16 ♘xd8++–
Δ 15 ♗e2+ ♔h4 16 ♗g5+! ♕xg5 17

183

g3+ ♕xg3+ 18 hxg3+ ♔h3 19 ♘g5#

1–0

10 ... gxf6 11 ♗h4

195

♟ • ↬

Zussman - Schiffers
San Petersburgo 1876
C50

1 e4 e5 2 ♘f3 ♘c6 3 ♗c4 ♗c5 4 0-0 d6 5 d3 ♘f6 6 ♘c3 ♗g4 7 ♗g5?! (♙ 7 h3)

🧠 **7 ...? ❶**
♟

7 ... ♘d4! 8 ♘d5?! ♘xf3+ 9 gxf3 ♗h3 10 ♘xf6+?
10 ♖e1 h6 △ 11 ♗xf6 (11 ♗h4 g5 12 ♗g3 h5∓) 11 ... gxf6 △ 12 ... ♖g8+→

🧠 **11 ...? ❺**
↬

11 ... f5!! 12 ♗xd8?
12 ♗g3 f4–+
12 ... ♖g8+ 13 ♔h1 ♗g2+ 14 ♔g1 ♗xf3+ 15 ♗g5 ♖xg5#

0–1

196

→# • ♞

Riemann - Anderssen
Breslavia 1876
C33

1 e4 e5 2 f4 exf4 3 ♗c4 ♕h4+ 4 ♔f1 d5!? 5 ♗xd5 ♘f6 6 ♘c3 (6 ♘f3!) **6 ... ♗b4 7 e5?! ♗xc3 8 exf6?! ♗xf6 9 ♘f3 ♕h5 10 ♕e2+ ♔d8!?** (10 ... ♗e7∓) **11**

♕c4 ♖e8! 12 ♗xf7??

🧠 12 ...? ❸
→# • ⚡

12 ... ♕xf3+!! 13 gxf3 ♗h3+ 14 ♔f2
♗h4+ 15 ♔g1 ♖e1+ 16 ♕f1 ♖xf1#
0–1

197

🔓 • ↻
👥 Blackburne - Hanson
Inglaterra 1876
C21

1 e4 e5 2 d4 exd4 3 c3 dxc3 4 ♗c4
cxb2 5 ♗xb2 ♘f6 6 e5 ♗b4+ 7 ♔f1!?
d5! 8 ♗b5+
8 exf6 dxc4∓
8 ... ♘fd7

8 ... ♗d7?! 9 ♕a4∞

🧠 9 ? ❸
🔓

9 e6!? (9 ♕g4!) 9 ... fxe6 10 ♗xg7
♖g8?!
10 ... ♔f7!! ∆ 11 ♗xh8 ♕xh8∓ x♖a1
11 ♕h5+ ♔e7 12 ♕xh7 ♘f6? (12 ...
♔d6∞) 13 ♗xf6+ ♔xf6 14 ♕h4+ ♔f7
15 ♕xb4 ♕g5

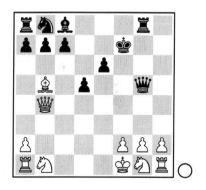

🧠 16 ? ❹
↻

16 ♘f3!? ♕xg2+
16 ... ♕c1+? 17 ♔e2 ♕c2+ 18 ♘bd2±
17 ♔e2 ♕xh1 18 ♘e5+ ♔g7??
18 ... ♔f6□ 19 ♕f4+ ♔e7 20 ♕f7+
♔d6 (20 ... ♔d8?? 21 ♕f6#) 21 ♕xg8

♕e4+!∞

△ 19 ♕e7+! ♔h8 (=19 ... ♔h6 20
♕h4+) 20 ♕h4+ ♔g7 21 ♕g5+ ♔h7
(21 ... ♔f8 22 ♕f6#; 21 ... ♔h8 22
♕h6#) 22 ♕h5+ ♔g7 23 ♕g6+ ♔h8
(23 ... ♔f8 24 ♕f7#) 24 ♘f7#   **1–0**

198

C • ♖→ • ♟ • →♔⊞
Anderssen - Riemann
Breslavia 1876
C50

**1 e4 e5 2 ♘f3 ♘c6 3 ♗c4 ♗c5 4 0-0
♘f6 5 d4!? ♗xd4** (5 ... exd4) **6 ♘xd4
♘xd4**

6 ... exd4?! 7 e5! d5 8 exf6 dxc4 9
fxg7 ♖g8 10 ♖e1+ ♗e6 11 ♕h5±
7 f4!? (7 ♗g5!?) **7 ... ♕e7?** (7 ... d6!) **8
fxe5 ♕xe5**

🧠 **9 ? ❷**
C

9 ♗e3!
9 ♗f4!! ♕xe4? (9 ... ♕c5 10 ♗xf7+!!
♔xf7 11 ♗e3±) 10 ♖e1+−
9 ... ♘e6 10 ♘d2 d5?!

🧠 **11 ? ❷**
♖→

11 ♖f5! ♕xb2 12 exd5 ♕c3?
◌ 12 ... ♘d4

🧠 **13 ? ❷**
♟

13 ♕e1! ♘g4 14 ♗c5! ♕xc2

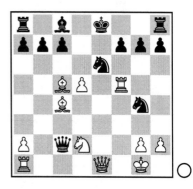

🧠 **15 ? ❸**
→♔⊞

**15 dxe6!! ♕xf5 16 exf7+ ♔d7 17
♗b5+!**
△ 17 ... c6 18 ♕e7#

1–0

199

♟ • ♘ • →#
●● ♟♟ Zukertort - ♟
Leipzig 1877
C28

**1 e4 e5 2 f4 d6 3 ♘f3 ♘c6 4 ♗c4 ♘f6
5 ♘c3 ♗g4 6 d3 ♗e7 7 0-0 ♘h5? 8
fxe5**

8 ♗xf7+! ♔xf7 9 ♘g5+ ♔e8 (9 ...

♗xg5 10 fxg5+ ♔e8 11 ♕xg4±) 10 ♕xg4+−

8 ... ♘xe5?

8 ... dxe5 9 ♗xf7+ ♔xf7 10 ♘xe5+±

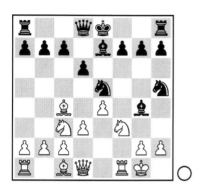

🧠 **9 ?** ❹

‡

9 ♘xe5!! ♗xd1

9 ... dxe5 10 ♕xg4±

10 ♗xf7+ ♔f8 11 ♗xh5+ ♗f6

11 ... ♔g8 12 ♗f7+ ♔f8 13 ♘d7+! ♕xd7 14 ♗e6+ ♔e8 15 ♗xd7+ ♔xd7 15 ♘xd1±

🧠 **12 ?** ❹

💣

12 ♖xf6+! gxf6

a) 12 ... ♕xf6 13 ♘d7+±

b) 12 ... ♔e7 13 ♘d5#

c) 12 ... ♔g8 13 ♗f7+ ♔f8 14 ♖f5 dxe5 15 ♗b3+ ♔e8 (15 ... ♔e7 16 ♗g5+ ♔d6 17 ♗xd8±) 16 ♖xe5+ ♔f8 17 ♗e3+−

13 ♗h6+ ♔e7

13 ... ♔g8 14 ♗f7#

14 ♘d5+ ♔e6 15 ♗f7+ ♔xe5

🧠 **16 ?** ❷

→#

16 c3!

△ 17 ♗f4#   1–0

200

♟ • ♟ • →♔⊞ • f7 • ⅄

Colburn - Jaeger

✉ 1878

C45

1 e4 e5 2 ♘f3 ♘c6 3 d4 exd4 4 ♘xd4 ♕h4 5 ♘f3!? (5 ♘c3; 5 ♘b5) **5 ... ♕xe4+ 6 ♗e2 ♗c5?!**

6 ... ♗b4+!? 7 c3 ♗e7∞

7 0-0 ♘f6

🧠 **8 ?** ❶

♟

187

8 ♘c3! ♕e7
a) 8 ... ♕g6? 9 ♘h4+−
b) 8 ... ♕f5 9 ♗d3 ♕h5 10 ♖e1+±

🧠 9 ? ❶
♟

9 ♗g5! d6?! 10 ♘d5 ♕d8 11 ♗c4 ♗g4?
a) 11 ... ♗e6
b) 11 ... 0-0 12 ♕c1!! Δ ♖e8 13 ♗xf6 gxf6 14 ♕h6→

🧠 12 ? ❶
→♔⊞

12 ♖e1+! ♔f8
a) 12 ... ♘e5 13 ♘xe5 ♗xd1 14 ♘c6++−
b) 12 ... ♗e6 13 ♘f4 0-0 14 ♖xe6!! fxe6 15 ♘xe6+−
13 ♘xf6 gxf6 14 ♗h6+ ♔g8 15 ♕d5! ♕d7

🧠 16 ? ❹
f7

16 ♘g5!! ♗h5
a) 16 ... ♖f8 17 ♘xf7 ♖xf7 18 ♕xf7+ ♕xf7 19 ♖e8#

b) 16 ... fxg5?? 17 ♕xg5#

🧠 17 ? ❸
♕

17 ♘e4! ♕e7 18 ♕xh5 ♘e5
18 ... ♕xe4?? 19 ♕xf7#
19 ♕h4
Δ ♘xf6+   1–0

201

♕→ • ♞ • ♟

Gunsberg - ♟
Londres 1879
C35

1 e4 e5 2 f4 exf4 3 ♘f3 ♗e7 4 ♗c4 ♗h4+ 5 g3!? (5 ♔f1) 5 ... fxg3 6 0-0 gxh2+ 7 ♔h1 d5! 8 ♗xd5 ♘f6 9 ♘c3 ♘xd5 10 ♘xd5 ♗h3?! 11 ♘xh4 ♗xf1
11 ... ♕xh4 12 ♘xc7+∞

🧠 9 ? ❹
♕→

12 ♕g4!!
12 ♕xf1? ♕xh4 13 ♘xc7+ ♔d8 14 ♘xa8 ♕xe4+∓
12 ... 0-0

12 ... c6 13 ♕xg7∞

13 ♘f5! g6 14 ♘fe7+ ♔h8

14 ... ♔g7 15 ♕h4!

🧠 **15 ? ❸**
↗

15 b3!! ♘d7 16 ♗b2+ f6 17 ♖xf1 c6

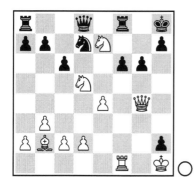

🧠 **18 ? ❸**

18 ♕xd7! (18 ♕e6!!+−) **18 ... ♕xd7 19 ♖xf6!**

Δ 19 ... ♖xf6?? 20 ♗xf6#
19 ... h5??
19 ... ♔g7 20 ♖d6+ ♔h6 21 ♖xd7 cxd5 22 ♘xd5±
20 ♖f7#   **1–0**

202

⇄ • ‡ • ↻ • ↬

Gunsberg - McLennan
Londres 1879
C38

1 e4 e5 2 f4 exf4 3 ♘f3 g5 4 ♗c4 ♗g7 5 d4 d6 6 h4 h6 7 ♕d3 ♘f6?! (7 ... ♘c6) **8 hxg5 hxg5 9 ♖xh8+ ♗xh8 10 ♘xg5**

🧠 **10 ...? ❸**
⇄

10 ... d5!? 11 exd5 ♕e7+ 12 ♔f1?! (12 ♕e2!±)

🧠 **12 ...? ❸**
‡

12 ... ♘h5! 13 ♘f3

🧠 **13 ...? ❷**
↻

13 ... ♗f5! 14 ♕b3
14 ♕xf5? ♘g3+−+
14 ... ♘g3+ 15 ♔g1 (15 ♔f2!)

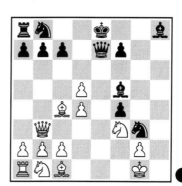

🧠 **15 ...?** ❸
↬

15 ... ♗xd4+!! 16 ♘xd4
15 ♔h2 ♕d6! 17 ♘xd4 △ ♕h6+
16 ... ♕e1+   **0–1**

203

C • ⇧ • ♖→
Asharin - Petrovsky
San Petersburgo 1879
C37

1 e4 e5 2 f4 exf4 3 ♘f3 g5 4 ♗c4 g4 5 0-0 gxf3 6 ♕xf3 ♕f6 7 d3 (🕮 7 e5!) **7 ... ♗h6 8 ♘c3 ♘e7**

🧠 **9 ?** ❹
C

9 ♗xf4! ♗xf4 10 ♕xf4 ♕xf4 11 ♖xf4 0-0?! (11 ... d6∓)

🧠 **12 ?** ❷
⇧

12 ♖af1! d5?! 13 ♗xd5?! (13 ♘xd5!±)
13 ... ♘xd5 14 ♘xd5 ♘a6 15 ♘f6+ ♔g7 (15 ... ♔h8?? 16 ♖h4+−)

🧠 **16 ?** ❸
♖→

16 ♖1f3!
△ 17 ♖g3+ ♔h8 18 ♖h4+−
16 ... h5?? (16 ... ♖d8=) **17 ♖g3+ ♔h6**
17 ... ♗g4 18 ♘h5! ♔h6 19 ♘f6+−
18 ♖h4
△ 19 ♖xh5#   **1–0**

204

⇄ • →00 • ♟ • ↬
Von Eckstaedt - Minckwitz
Wiesbaden 1880
C42

1 e4 e5 2 ♘f3 ♘f6 3 ♘xe5 d6 4 ♘xf7 ♔xf7 5 ♗c4+? (🕮 5 d4)

190

🧠 **5 ...? ❷**

⇄

5 ... d5!! 6 exd5 ♗d6! 7 d3 (7 0-0) **7 ... ♖e8+ 8 ♗e3 ♗g4** (8 ... ♘g4!) **9 ♕d2 ♘bd7 10 0-0 ♘e5 11 ♘c3?**

🧠 **11 ...? ❺**

✏

11 ... ♘f3+!! 12 gxf3 ♗xf3 13 ♘e4
a) 13 ♖fb1 ♕d7 14 ♔f1 ♕h3+ 15 ♔e1 ♕xh2∓
b) 13 ♗f4 ♕d7∓
13 ... ♖xe4 14 dxe4

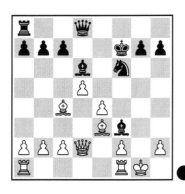

🧠 **14 ...? ❷**

→00

14 ... ♘g4

---

14 ... ♕d7!! (Δ 15 ... ♕g4#)
15 ♗f4

🧠 **15 ...? ❹**

↬

15 ... ♕g5!!
Δ 16 ♗xg5?? ♗xh2#
16 e5 ♗xe5 17 d6+ ♔f8 18 dxc7 ♗xf4
19 ♕b4+ ♔e8 20 ♗b5+ ♗c6?!
20 ... ♔f7! 21 ♗c4+ ♔g6∓   **0–1**

205

⇄ • →#

♟♟ Blackburne - Wilson
Manchester 1880
C39

1 e4 e5 2 f4 exf4 3 ♘f3 g5 4 h4 g4 5 ♘e5 ♘f6 6 ♘xg4?! (6 ♗c4) **6 ... ♘xe4**

7 d3 ♘g3

🧠 8 ? ❹

⇄

8 ♗xf4! ♘xh1 (8 ... ♕e7+!) **9 ♗g5**

9 ♕e2+! ♕e7 (9 ... ♗e7?? 10 ♘f6+ ♔f8 11 ♗h6#) 10 ♘f6+ ♔d8 11 ♗xc7+ ♔xc7 12 ♘d5+ ♔d8 13 ♘xe7 ♗xe7∞

9 ... ♗e7 10 ♕e2 0-0?

a) 10 ... h5!

b) 10 ... ♘c6? 11 ♘f6+ ♔f8 12 ♗h6#

c) 10 ... f5!

11 ♗xe7 ♖e8

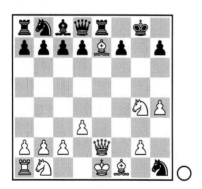

🧠 12 ? ❸

→#

12 ♘h6+!!

a) 12 ... ♔h8 13 ♕e5+ f6 14 ♕xf6#

b) 12 ... ♔g7 13 ♕g4+ ♔h8 (13 ... ♔xh6 14 ♕g5#) 14 ♘xf7#   **1–0**

206

ℂ • ♕→ • ↑
Bird ∧ ♟ - **Bier** ∧ ♟
Altona 1880
C77

1 e4 e5 2 ♘f3 ♘c6 3 ♗b5 ♘f6 4 ♕e2 a6 5 ♗a4

5 ♗xc6 dxc6 6 ♘xe5 ♕d4=

5 ... b5 6 ♗b3 ♗b7 7 c3 ♗e7 8 a4?! (8 d4) **8 ... 0-0 9 d3 h6!? 10 ♘bd2 d5 11 ♘f1?**

a) 11 0-0

b) 11 exd5 ♘xd5 12 ♘xe5? ♘f4∓

11 ... dxe4 12 dxe4

🧠 12 ...? ❺

ℂ

12 ... ♘xe4! 13 ♕xe4

13 ♗xh6? ♘c5∓

13 ... ♘d4 14 ♕xb7 ♘xb3 15 ♖b1

15 ♘1d2 ♘xa1 16 0-0 bxa4∓

🧠 15 ...? ❸

♕→

15 ... ♕d3! 16 ♘3d2 ♞xd2 17 ♘xd2

17 ...? ❷
↑

17 ... ♗g5!
Δ 18 ♖a1 ♖ad8–+   **0–1**

207

♜ · ✒ · ♕→ · ↬
♟ - Dubois
Roma 1880
C50

1 e4 e5 2 ♘f3 ♞c6 3 ♗c4 f5?! 4 exf5?
(⌂ 4 d4; 4 d3) **4 ... d5 5 ♗b5 ♗d6 6 d3**
(6 d4!) **6 ... ♞f6 7 h3 0-0** (7 ... ♗xf5)
8 g4 ♘d4 9 ♞xd4 exd4 10 0-0 c6 11
♗a4

11 ...? ❹
♟

11 ... g6! 12 fxg6?
a) 12 ♗h6 ♖f7 13 ♖e1 Δ 13 ... gxf5
14 g5∞
b) 12 g5 ♞h5 13 f6 ♗xh3∓

12 ...? ❺
✦

12 ... ♘xg4!! 13 gxh7+ ♚h8 14 f4
14 hxg4? ♕h4 15 f4 ♕g3+ 16 ♚h1
♖f7–+

14 ...? ❷
♕→

14 ... ♕h4! 15 ♕f3 ♞e3 16 ♗xe3 dxe3
17 ♕xe3 ♗xh3 18 ♕f2

18 ...? ❸
↬

18 ... ♖xf4!
Δ 19 ♕xh4 ♖xf1#   **0–1**

208

✒ · ↬
Van Woelderen - Benima
Gouda 1880
C29

1 e4 e5 2 ♞c3 ♞f6 3 f4 d5 4 exd5? (⌂
4 fxe5) **4 ... ♞xd5** (4 ... e4!?) **5 fxe5?**

🧠 5 ...? ❸
🔑

5 ... ♘xc3!! 6 dxc3

🧠 6 ...? ❷
♕

6 ... ♕h4+! 7 g3? (7 ♔d2☐) **7 ... ♕e4+
8 ♕e2 ♕xh1 9 ♘f3 ♗h3 10 ♗f4 ♕xf1+
11 ♕xf1 ♗xf1 12 ♔xf1 ♗c5   0–1**

209

→00 • ♟ • ♘ • ♖→ • ⊕♕
Allies - Zukertort
Colonia ✉ *1880*
C49

**1 e4 e5 2 ♘f3 ♘c6 3 d4 exd4 4 ♘xd4
♗c5 5 ♗e3 ♕f6 6 c3 ♘ge7 7 ♗c4**

♘e5 8 ♗e2 ♕g6 9 0-0 d5!? 10 exd5?!
(10 ♗h5!)

🧠 10 ...? ❶
→00

10 ... ♗h3! 11 ♗f3 0-0-0 12 ♘c6?

🧠 12 ...? ❸
♥

12 ... bxc6
12 ... ♗xe3?? 13 ♘xe7++–
**13 ♗xc5 ♘xd5 14 ♕e2 ♘xf3+ 15
♕xf3**

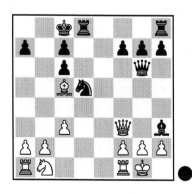

🧠 15 ...? ❷
♟

15 ... ♘f4! 16 ♘a3

a) 16 ♕xf4?? ♕xg2#

b) 16 g3 ♗xf1∓

🧠 16 ...? ❷

♖→

16 ... ♖d3! 17 ♗e3 ♘e2+ 18 ♔h1

18 ♕xe2?? ♕xg2#

🧠 18 ...? ❸

⊕♕

18 ... ♗g4!!

x♕f3   **0–1**

210

De Soyres - Skipworth

Boston 1880

C14

**1 e4 e6 2 d4 d5 3 ♘c3 ♘f6 4 ♗g5 ♗e7
5 ♗xf6 ♗xf6 6 ♘f3 0-0 7 ♗d3 c5 8 e5
♗e7 9 h4 c4?**

🧠 10 ? ❹

🖌

10 ♗xh7+!! ♔xh7

10 ... ♔h8 11 ♘g5 g6 12 ♕g4 ♘c6 13
♗xg6 fxg6 14 h5+–

11 ♘g5+ ♔h6

a) 11 ... ♔g8? 12 ♕h5 ♗xg5 13 hxg5
f5 14 g6+–

b) 11 ... ♔g6 12 ♘e2→

🧠 12 ? ❷

♕→

12 ♕d2! ♗xg5 13 hxg5+ ♔g6 14 ♘e2
(14 0-0-0) **14 ... ♕xg5??**

14 ... f6! 15 gxf6 ♖h8∞

15 ♘f4+ ♔f5

🧠 16 ? ❶

🖌

**16 ♖h5! ♕xh5 17 ♘xh5 g5 18 c3 ♔g6
19 ♕c2+ ♔xh5 20 ♕h7+**

20 ... ♔g4 21 ♕h3+ ♔f4 22 ♕f3# **1–0**

211

☒→ • ↗
Von Schuetz - Wittek
Berlín 1881
C80

1 e4 e5 2 ♘f3 ♘c6 3 ♗b5 a6 4 ♗a4 ♘f6 5 0-0 ♘xe4 6 d4 b5 7 ♘xe5 ♘xe5 8 dxe5 ♘c5 9 ♗b3 ♘xb3 10 axb3 ♗b7 11 ♘c3 ♗c5 12 ♕g4 ♕e7

12 ... 0-0? 13 ♗h6±

13 ♗d2

13 ♕xg7 0-0-0⇄

13 ... 0-0 14 ♖ae1 f5!? 15 ♕g3?!

15 exf6 ♕xf6 16 ♗e3

15 ... ♖ae8 16 ♗g5 ♕f7 17 ♗f4

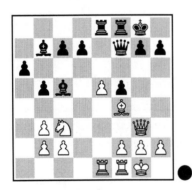

🧠 **17 ...? ❸**
☒→

17 ... ♖e6! 18 ♕h3 ♖g6 19 g3

🧠 **19 ...? ❹**
↗

19 ... b4! 20 ♘d1 ♕d5!　　**0–1**

212

♙ • ⊕
Jordan - Richardson
✉ *1881*
C52

1 e4 e5 2 ♘f3 ♘c6 3 ♗c4 ♗c5 4 b4 ♗xb4 5 c3 ♗a5 6 d4 exd4 7 0-0 dxc3 8 ♕b3 ♕f6 9 e5 ♕g6 10 ♘xc3 ♘ge7 11 ♗a3 0-0 12 ♘d5 ♖e8?!

12 ... ♘xd5 13 ♗xd5 ♖e8

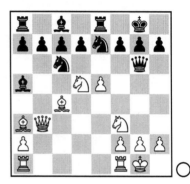

🧠 **13 ? ❸**
♙

13 ♘xe7+ ♘xe7? 14 ♗xe7 ♖xe7 15 ♕a3! d6 16 exd6 cxd6 17 ♕xa5 ♕e4?

↔

18 ♖fe1! (=18 ♖ae1)   **1–0**

213

🔥 • ♕→ • 🔒

Crespi Pozzi - Cavallotti
Milán 1881
C14

**1 e4 e6 2 d4 d5 3 ♘c3 ♘f6 4 ♗g5 ♗e7
5 ♗xf6 ♗xf6 6 ♘f3 0-0 7 ♗d3 b6** (7 ...
c5!) **8 h4!? ♗b7?! 9 e5! ♗e7**

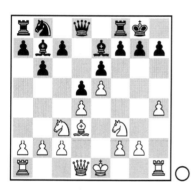

🧠 10 ? ❹

🔥

10 ♗xh7+!! ♔xh7 11 ♘g5+ ♔g6?
a) 11 ... ♗xg5?? 12 hxg5+ ♔g8 13
♕h5 f5 14 g6!+−
b) 11 ... ♔g8?? 12 ♕h5+−
c) 11 ... ♔h6! 12 ♕d2→

🧠 12 ? ❹

♕→

12 ♘e2!?
12 ♕d3+!! f5 13 exf6+ ♔xf6 14 ♕f3+

♔g6 15 h5+ ♔h6 (15 ... ♔xg5 16
♕g3++−) 16 ♕d3 ♖f5 17 ♘xe6+−
12 ... ♔h6 13 ♘f4 g6

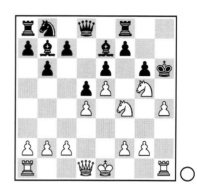

🧠 14 ? ❸

🔒

14 h5!
14 ♕g4!! (14 ... ♗xg5 15 h5!!+−) Δ
15 ♘xf7+ ♖xf7 16 ♕xg6#
**14 ... ♗xg5 15 hxg6+ ♔g7 16 ♖h7+
♔g8 17 ♕h5 ♗f6 18 ♖h8+**
Δ 18 ... ♗xh8 19 ♕h7#   **1–0**

214

⇄ • ↑ • ♕→ • →#

Zukertort - Schallopp
Berlín 1881
B45

1 e4 c5 2 ♘c3 e6 3 ♘f3 ♘c6 4 d4
cxd4 5 ♘xd4 ♘f6 6 ♘db5 ♗b4 7
♘d6+?! (⌑ 7 a3) 7 ... ♔e7 8 ♗f4
8 ♘xc8+?! ♖xc8∁

🧠 8 ...? ❸
⇄

8 ... e5! 9 ♘f5+ ♔f8 10 ♗d2 d6 (10 ...
d5!?) 11 ♘g3 ♗e6 12 ♗d3

🧠 12 ...? ❹
↑

12 ... h5! 13 0-0 ♘g4 14 h3

🧠 14 ...? ❷
♕→

14 ... ♕h4!? 15 hxg4?? hxg4 16 ♖e1

🧠 16 ...? ❷
→#

16 ... ♘d4!!
△ 17 ... ♕h2+ ♔f1 ♕h1+ 19 ♘xh1
♖xh1#   0–1

215

⇄ • →00 • ♟

Chigorin - Alapin
San Petersburgo 1881
C56

**1 e4 e5 2 ♘f3 ♘c6 3 ♗c4 ♘f6 4
d4 exd4 5 0-0 d5?! 6 exd5 ♘xd5 7
♗xd5?!** (7 ♘g5!+−) **7 ... ♕xd5 8 ♘c3
♕h5 9 ♕e2+ ♗e7 10 ♘b5 0-0 11
♘xc7?** (11 ♘bxd4)

🧠 **11 ...?** ❹

⇄ • →00

**11 ... ♗d6!! 12 ♘xa8 ♗xh2+ 13 ♔h1
♗d6+ 14 ♔g1**

🧠 **14 ...?** ❸

📌

**14 ... ♗g4! 15 ♖d1 ♘e5 16 ♖d3 ♘xf3+
17 gxf3 ♕h2+ 18 ♔f1 ♕h1#**   **0–1**

216

↗ • 🖌 • ♕→

Salvioli - Crosara
Venecia 1883
A40

1 d4 e6 2 c4 ♗b4+ 3 ♘c3 ♗xc3+?!
(⛶ 3 ... ♘f6) **4 bxc3 b6** (4 ... ♘f6)
**5 e4! d6 6 f4 ♗b7 7 ♗d3 ♘d7 8 ♘f3
c6?! 9 e5 d5 10 cxd5 cxd5**

🧠 **11 ?** ❸

↗

11 ♗a3! ♘e7 12 0-0 0-0?

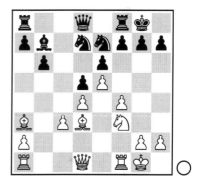

🧠 **13 ?** ❹

🖌

13 ♗xh7+!! ♔xh7 14 ♘g5+ ♔g6
14 ... ♔g8 15 ♕h5 ♖e8 16 ♕h7+ ♔f8
17 ♕h8#

🧠 **15 ?** ❸

♕→

15 ♕g4! (15 ♕d3+!+−; 15 h4±) **15
... f5 16 ♕g3 ♕e8 17 ♘xe6+ ♔f7 18
♕xg7+?**

18 ♘xg7!! ♖g8 (18 ... ♕d8 19 e6++−)
19 ♘xe8 ♖xg3 20 ♘d6+ ♔g8 21
hxg3+−
18 ... ♔xe6∓   1–0

217

♞ · ♟ · ▥

Cohn - Simonson
Nueva York 1883
C51

1 e4 e5 2 ♘f3 ♘c6 3 ♗c4 ♗c5 4 b4
♗xb4 5 c3 ♗c5?! 6 d4 exd4 7 0-0 d6
8 cxd4 ♗b6 9 ♘c3 ♗g4 10 ♕b3? (10
♗b5)

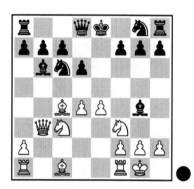

🧠 **10 ...? ❷**
♞

10 ... ♗xf3! 11 ♗xf7+ ♔f8 12 ♗xg8
♖xg8 13 gxf3 ♘xd4 14 ♕d1 ♕f6 15 f4

🧠 **15 ...? ❹**
♟

15 ... g5! 16 f5
15 fxg5? ♘f3+ 17 ♔h1 ♕xc3∓
16 ... g4! 17 ♘d5?! ♘f3+ 18 ♔h1 ♕h4
19 ♗f4

🧠 **19 ...? ❸**
▥

19 ... g3!! (∆ ...♕xh2#)
20 ♗xg3 ♖xg3   0–1

218

→♔⊞ · ♟ · ♛

Chigorin - Mortimer
Londres 1883
C52

1 e4 e5 2 ♘f3 ♘c6 3 ♗c4 ♗c5 4 b4
♗xb4 5 c3 ♗a5 6 d4 exd4 7 0-0 dxc3
8 ♕b3 ♕f6 9 e5 ♕g6 10 ♘xc3 ♘ge7
11 ♗a3 ♖b8?! (⟐ 11 ... 0-0)

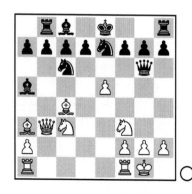

🧠 **12 ? ❸**
→♔⊞

12 ♘d5! ♘xd5 13 ♗xd5 b5 14 ♖ad1 b4

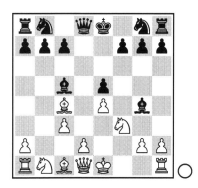

🧠 **15 ? ❹**

🔓

15 e6! fxe6?

15 ... bxa3 16 exf7+ ♔f8 (16 ... ♔d8
17 ♕a4⩲) 17 ♖fe1⩲

16 ♗xc6 dxc6

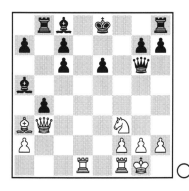

🧠 **17 ? ❷**

ч

17 ♘e5! ♕f5 18 ♘xc6 0-0?

🧠 **19 ? ❶**

ч

19 ♘e7+!   1–0

219

☖ • *f7* • ♟ • ♞
Steinitz - Wibray
Nueva Orleans 1883
C23

**1 e4 e5 2 ♗c4 ♗c5 3 b4!? ♗xb4 4 f4
d6 5 ♘f3 ♗g4?** (6 ... ♘c6) **6 c3 ♗c5 7
fxe5 dxe5**

🧠 **8 ? ❷**

☖ • *f7*

8 ♗xf7+!! ♔xf7? (8 ... ♔e7) **9 ♘xe5+!
♔f8**

9 ... ♔e6?? 10 ♕xg4+ ♔xe5 11
d4++–

10 ♕xg4 ♘f6

🧠 **11 ? ❷**

♟

11 ♖f1! ♗d6 12 d4 c5 13 ♗g5 cxd4

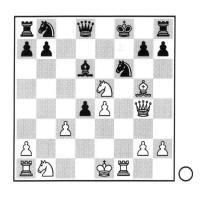

🧠 **14 ? ❹**

♞

14 ♖xf6+!! gxf6 15 ♗h6+ ♔e7

15 ... ♔e8 16 ♕h5+ ♔e7 17 ♕f7#

16 ♕g7+ ♔e6 17 ♕f7+ ♔xe5 18 ♕d5#

1–0

220

♕→ • ↳
Chigorin - Skipworth
Londres 1883
B00

1 e4 e6 2 d4 b6 3 ♗d3 ♗b7 4 ♘h3!?
(📖 4 ♘f3) **4 ... ♘f6 5 ♘c3**
5 e5? ♗xg2!
5 ... ♗b4 6 ♕e2 h6?! 7 0-0 ♗xc3 8 bxc3 d5? 9 e5 ♘fd7

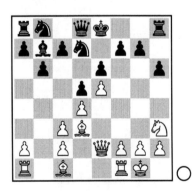

🧠 **10 ?** ❷
♕→

10 ♕g4! ♔f8
a) 10 ... 0-0? 11 ♗xh6+–
b) 10 ... g6? 11 ♗xg6!!+–

c) 10 ... ♖g8? 11 ♗h7!
11 ♘f4 ♕e7 12 ♖e1 ♗a6?! 13 c4!?
♗xc4? 14 ♗xc4 dxc4

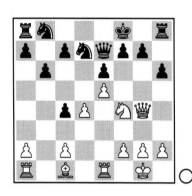

🧠 **15 ?** ❹
↳

15 ♕f3!! c6 16 ♘g6+! **1–0**

221

♕→ • →00 • 🔒 • →#
Weiss - Schallopp
Núremberg 1883
C77

1 e4 e5 2 ♘f3 ♘c6 3 ♗b5 a6 4 ♗a4
♘f6 5 ♘c3 ♗c5 6 0-0 b5 7 ♗b3 d6 8
d3 ♗g4 9 ♘e2?

9 ...? ❸
♛→

9 ... ♛d7!
=9 ... ♝xf3! 10 gxf3 ♛d7−+
10 ♞g3 ♞d4! 11 c3 ♝xf3 12 gxf3 ♞xb3 13 axb3

13 ...? ❸
→00

13 ... h5!? 14 ♝e3? (14 d4!) **14 ... h4 15 ♞e2 ♛h3 16 ♞c1**

16 ...? ❷
🔓

16 ... g5! 17 ♚h1 g4 18 ♖g1
18 fxg4? ♞xg4−+
18 ... ♝xe3 19 fxe3 gxf3 20 ♛f1?

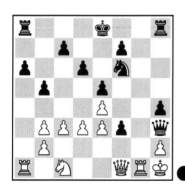

20 ...? ❹
→#

20 ... ♞g4!!
△ 21 ♛xh3?? ♞f2#   **0−1**

222

→♚⊞ • ↬
Baird - Isaacson
Nueva York 1884
B44

1 e4 c5 2 ♞f3 ♞c6 3 d4 cxd4 4 ♞xd4 e6 5 ♞xc6 bxc6 6 ♝d3 d5 7 0-0 ♝d6 8 exd5 cxd5 9 ♖e1 ♛h4?! (9 ... ♞f6)

10 ? ❶
→♚⊞

10 ♝b5+! ♚f8 11 g3 ♛f6??

12 ? ❸
↬

12 ♛xd5!!
△ 12 ... exd5 13 ♖e8#   **1−0**

223

⇄ • ♟ • ♛→ • ↬
Barwick - Showalter
EE UU ✉ 1884
C44

1 e4 e5 2 ♞f3 ♞c6 3 d4 exd4 4 ♝c4

♗c5 5 ♘g5?! ♘h6! 6 ♘xf7 ♘xf7 7
♗xf7+ ♚xf7 8 ♕h5+ g6 9 ♕xc5

🧠 9 ...? ❸
⇄

9 ... d5! 10 exd5?
10 ♕xd5+ ♕xd5 11 exd5 ♘b4∓
10 ... ♖e8+! 11 ♚d1

🧠 11 ...? ❸
♟

11 ... ♖e5! 12 c4?

🧠 12 ...? ❷
♕→

12 ... ♕h4! 13 f4?? ♕g4+ 14 ♚c2
♕xg2+ 15 ♚b3 ♕f3+ 16 ♚a4

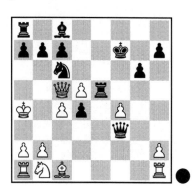

🧠 16 ...? ❹
↔

16 ... ♗d7!!
Δ 17 fxe5 ♘xe5+ 18 ♚a5 (18 ♚b4
♘d3+−+) 18 ... b6+−+   **0–1**

224

Ч

Dupre - Siebenhaar
Gouda 1884
C59

1 e4 e5 2 ♘f3 ♘c6 3 ♗c4 ♘f6 4 ♘g5
d5 5 exd5 ♘a5 6 ♗b5+ c6 7 dxc6 bxc6
8 ♗e2 h6 9 ♘f3 e4 10 ♘e5 ♕d4?! (10
... ♗d6) 11 f4 ♗c5?! 12 ♖f1 0-0??

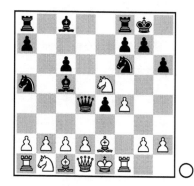

🧠 13 ? ❸
Ч

13 c3!! ♕d6 14 b4! ♗xb4 15 cxb4
♕d4 16 ♘c3 ♕xb4 17 ♖b1 ♕d6 18
♕a4   **1–0**

225

⇄ • ✒

Monck - Mainwaring

✉ 1884

C52

1 e4 e5 2 ♘f3 ♘c6 3 ♗c4 ♗c5 4 b4 ♗xb4 5 c3 ♗a5 6 0-0 (♙ 6 d4) **6 ... ♘f6 7 d4 0-0 8 dxe5 ♘xe4 9 ♗d5 ♗xc3**

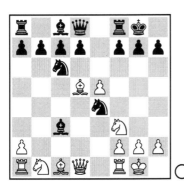

🧠 **10 ?** ❸

⇄

10 ♗xe4!!

10 ♘xc3? ♘xc3 11 ♕d3 ♘xd5 12 ♕xd5–+

10 ... ♗xa1

🧠 **11 ?** ❺

✒

11 ♗xh7+! ♔h8

11 ... ♔xh7 12 ♘g5+:

a) 12 ... ♔g8 13 ♕h5 ♖e8 (13 ... ♕xg5!∞) 14 ♕xf7+ ♔h8 15 ♕h5+ ♔g8 16 ♕h7+ ♔f8 17 ♕h8+ ♔e7 18 ♕xg7#

b) 12 ... ♔g6 13 ♕d3+ f5 14 exf6+

♔xf6 15 ♘h7+→

c) 12 ... ♔h6? 13 ♕d3!+–

12 ♘g5 g6 13 ♕g4 ♘e7??

13 ... ♘xe5! 14 ♕h4 ♔g7 15 ♘e6+ (15 f4!?) 15 ... fxe6 16 ♕h6+ ♔f7 17 ♗g5 ♕e8 18 f4 ♘f3+ 19 ♖xf3 ♗d4+ 20 ♔h1 ♖g8∞

🧠 **14 ?** ❺

✒

14 ♗xg6! (14 ♗g8!!) **14 ... ♔g7 15 ♕h4 ♗xe5**

15 ... ♖h8 15 ♘e6+!! ♔g8 17 ♗xf7+ ♔xf7 18 ♕f6++–

16 ♘e6+ ♔xg6 17 ♕g5+ ♔h7 18 ♕h6+ ♔g8 19 ♘g5　　　**1–0**

226

f2 • ♛→ • ↗
Clothier - Mainwaring
✉ *1884*
C84

1 e4 e5 2 ♘f3 ♘c6 3 ♗b5 a6 4 ♗a4 ♘f6 5 d4 exd4 6 e5 ♘e4 7 0-0 ♗e7 8 ♘xd4 0-0 9 ♖e1

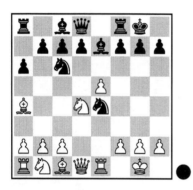

🧠 **9 ...?** ❺
f2

9 ... ♘xf2!? 10 ♔xf2

10 ♘xc6 ♘xd1 11 ♘xd8 ♗c5+! 12 ♔f1 ♘f2∞

10 ... ♗c5 11 ♗xc6?!

11 c3! ♛h4+ 12 ♔g1 ♘xd4 13 cxd4 ♗xd4+ 14 ♔h1 ♗f2 15 ♖e2 ♗g3⩱

🧠 **11 ...?** ❸
♛→

11 ... ♛h4+! 12 ♔f1

12 g3 ♛xd4+∓

12 ... ♗xd4 13 g3 ♛xh2 14 ♛xd4 dxc6 15 ♛f2

15 g4 f5!! 16 g5 f4 17 e6 f3–+

🧠 **15 ...?** ❷
↗

15 ... ♗h3+ 16 ♔e2 ♗g4+ 17 ♔f1
a) 17 ♔e3?! ♛h5→
b) 17 ♔d2?? ♛xf2+–+
17 ... ♛h1+ 18 ♛g1 ♛f3+   ½–½

227

⊏ • →♔⊞ • ↑
Zukertort - Payne
EE UU ✉ *1884*
C52

1 e4 e5 2 ♘f3 ♘c6 3 ♗c4 ♗c5 4 b4 ♗xb4 5 c3 ♗a5 6 d4 exd4 7 0-0 dxc3 8 ♛b3 ♛f6 9 e5 ♛g6 10 ♘xc3 ♘ge7 11 ♗a3 0-0 12 ♖ad1 b5 13 ♗d3 ♛e6 (13 ... ♛h5)

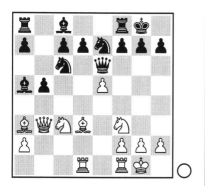

🧠 **14 ? ❹**

⊏

14 ♗xh7+!! ♚h8
14 ... ♚xh7?? 15 ♘g5++−

🧠 **15 ? ❹**

↑

**15 ♘d5! b4 16 ♗c1 ♘xd5 17 ♖xd5
♘e7??**

🧠 **18 ? ❸**

→♚⊞

18 ♘g5! ♕xd5 19 ♕h3!!
△ 20 ♗f5+ (20 ♗e4+)   **1–0**

228

→00 • ♕→ • • ⚔ • ♖→ • ↑
Chigorin - Alapin
1885
C56

**1 e4 e5 2 ♘f3 ♘c6 3 ♗c4 ♘f6 4 d4
exd4 5 0-0 ♘xe4 6 ♖e1 d5 7 ♗xd5
♕xd5 8 ♘c3 ♕c4?** (📖 8 ... ♕a5) **9
♖xe4+**

9 ♘d2! ♕a6 10 ♘d5 ♕a5 11 c4!±

9 ... ♗e6 10 ♗g5!? ♗c5 (10 ... ♕c5!)

🧠 **11 ?**

↑

11 ♘d2! ♕a6
11 ... ♕b4 12 ♘d5! ♕a5 13 ♘b3±
12 ♘b3 ♗b6?! 13 ♘d5 0-0? (13 ...
♕b5)

🧠 **14 ? ❺**

→00

14 ♘f6+!! gxf6
14 ... ♚h8 15 ♖h4!+−
15 ♗xf6 ♖fc8

🧠 **16 ? ❷**

♕→

16 ♕h5! ♔f8 17 ♕xh7 ♔e8

🧠 **18 ? ❸**
💣

18 ♖xe6+!! fxe6 19 ♖e1! ♕c4

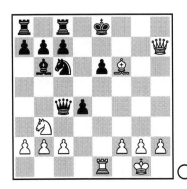

🧠 **20 ? ❹**
♖→

20 ♖e5!!
Δ 21 ♖g5!
20 ♖e4!+−
20 ... ♘xe5?? 21 ♕e7#   **1–0**

229

→00 • 💣
Gottschall - Noa
Hamburgo 1885
C10

1 e4 e6 2 d4 d5 3 ♘c3 ♘f6 4 ♗d3 ♘c6?!
a) ♟ 4 ... c5
b) 4 ... dxe4 5 ♘xe4 ♕xd4? 5 ♗b5+±
5 ♘f3 ♗b4 6 ♗g5 h6 7 ♗xf6 ♕xf6 8 0-0 ♗xc3 9 bxc3 0-0 10 ♘d2!?
10 e5 ♕e7
10 ... dxe4 11 ♘xe4 ♕d8 12 f4!? ♘e7

13 ♕h5 ♕d5?! (13 ... ♘d5!)

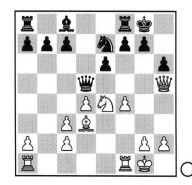

🧠 **14 ? ❸**
→00 • 💣

14 ♘f6+! gxf6 15 ♕xh6 ♘f5?
15 ... f5 16 ♖f3→
16 ♗xf5
16 ... ♕xf5 17 ♖f3±   **1–0**

230

🔒 • ↬
Gottschall - Blackburne
Hamburgo 1885
C14

1 e4 e6 2 d4 d5 3 ♘c3 ♘f6 4 ♗g5 ♗e7 5 e5 ♘fd7 6 ♗xe7 ♕xe7 7 ♗d3 (♟ 7 f4) **7 ... 0-0 8 ♘ce2?!**

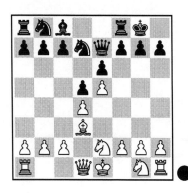

🧠 **8 ...?** ❶

🔒

8 ... f6! (8 ... c5!) **9 f4 c5! 10 c3 cxd4
11 cxd4 fxe5 12 fxe5 ♕b4+! 13 ♕d2?**
13 ♘c3 ♕xb2∓ (13 ... ♕xd4? 14
♗xh7++–)

🧠 **13 ...?** ❸

↬

13 ... ♖f1+!!   **0–1**

231

f7 • →#
Pierce - Nash
✉ *1885*
C25

**1 e4 e5 2 ♘c3 ♘c6 3 f4 exf4 4 ♘f3 g5
5 d4 g4 6 ♗c4 gxf3 7 0-0** (📖 7 ♕xf3)
7 ... ♕g5? 8 ♖xf3 ♘xd4

🧠 **9 ?** ❺
f7

9 ♗xf7+!!
a) 9 ♕xd4?? ♗c5–+
b) 9 ♖xf4? ♘e6 10 ♖xf7 ♕c5+ 11

♖f2∞
9 ... ♔xf7?? (9 ... ♔d8!∓) **10 ♖xf4+**
10 ♗xf4? ♘xf3+ 11 ♕xf3 ♕g6–+
10 ... ♘f6
a) 10 ... ♔e8? 11 ♖xf8+! ♔xf8 12
♗xg5+–
b) 10 ... ♔g7 11 ♖f7+±
**11 ♘d5 ♕e5 12 ♖xf6+ ♔g8 13 ♕g4+
♗g7**

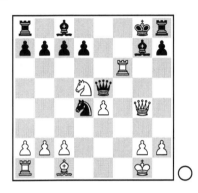

🧠 **14 ?** ❸
→#

**14 ♕xg7+!! ♔xg7 15 ♗h6+ ♔g8 16
♖f8#**   **1–0**

232

♟ • ♞ • ♟
F. Rose - Steinitz
Brooklyn 1886
C45

**1 e4 e5 2 ♘f3 ♘c6 3 d4 exd4 4 ♘xd4
♕h4!? 5 ♕d3?** (📖 5 ♘b5; 5 ♘c3) **5 ...
♘f6! 6 ♘c3 ♗b4 7 ♘xc6 dxc6! 8 e5?!**
(8 ♗d2) **8 ... ♘g4 9 g3 ♕e7 10 f4 0-0**
(10 ... ♕c5!) **11 ♗d2 ♗e6 12 ♗h3**

🧠 12 ...? ❷
‡

12 ... ♖ad8
12 ... ♘xe5! 13 fxe5 ♗xh3∓
13 ♕e2

🧠 13 ...? ❺
🖋

13 ... ♖xd2! 14 ♕xd2
14 ♔xd2 ♗xc3+ 15 bxc3 (15 ♔xc3
♕c5+ 16 ♔d2 ♖d8+ 17 ♔c1 ♘f2∓)
15 ... ♕a3 ∆ 16 ... ♖d8+∓
14 ... ♖d8 15 ♕e2

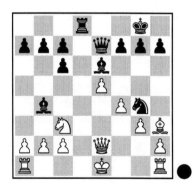

🧠 15 ...? ❷
📌

15 ... ♕c5! 16 ♖d1

16 ♗xg4 ♗xc3+ 17 bxc3 ♕xc3+ 18
♔f2 (18 ♔f1 ♗c4∓) 18 ... ♖d2∓
**16 ... ♗xc3+ 17 bxc3 ♕xc3+ 18 ♖d2
♗f5** (18 ... ♗c4!) **19 ♕d1**
19 ♗xg4 ♗xg4 20 ♕xg4 ♕xd2+ 21
♔f1 ♕xc2∓ ∆ 22 ... ♖d1+
19 ... ♘f2!   **0–1**

233

⇄ • *f7* • ‡ • →#
Bird - ♟
Londres 1886
C37

1 e4 e5 2 f4 exf4 3 ♘f3 g5 4 ♘c3 g4
(📖 4 ... d6) **5 ♘e5 ♕h4+ 6 g3 fxg3**

🧠 7 ? ❹
⇄

7 ♕xg4!! g2+?
7 ... ♕xg4 8 ♘xg4=
8 ♕xh4 gxh1♕

🧠 9 ? ❷
f7

9 ♕h5! ♗e7
a) 9 ... ♘h6 10 d4 d6 11 ♗xh6 dxe5

12 ♕xe5++–

b) 9 ... ♗d6 10 ♕xf7+ ♔d8 11 ♕g7!±

🧠 10 ? ❹

‡

10 ♘xf7!

10 ♕xf7+? ♔d8 11 ♕g7 ♗h4+⇄

10 ... ♘f6??

10 ... ♗h4+ 11 ♕xh4 ♔xf7 12 ♘d5±

🧠 11 ? ❸

→#

11 ♘d6+! ♔d8

11 ... ♔f8 12 ♕f7#

12 ♕e8+!! ♖xe8 13 ♘f7#   1–0

234

♥ · ⊕♕ · ♞

Steinitz - Zukertort

✕ *Campeonato del Mundo 1886*

C25

1 e4 e5 2 ♘c3 ♘c6 3 f4 exf4 4 d4!?
d5 (4 ... ♕h4+!) **5 exd5 ♕h4+ 6 ♔e2**
♕e7+ 7 ♔f2

7 ♔f3? ♘f6∓

7 ... ♕h4+

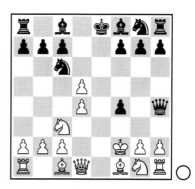

🧠 8 ? ❷

♟

8 g3!! fxg3+ 9 ♔g2!

9 hxg3!? ♕xh1 (9 ... ♕xd4+ 10 ♗e3
♕xd1 11 ♖xd1∞) 10 ♗g2 ♕h2 11
dxc6∞

9 ... ♘xd4 (9 ... ♗d6) **10 hxg3 ♕g4 11**
♕e1+ ♗e7

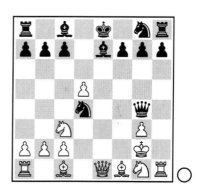

🧠 12 ? ❸

⊕♕

12 ♗d3

△ 13 ♖h4 +–

12 ♖h4? ♘xc2!⇄

12 ... ♘f5? (12 ... ♔f8!) **13 ♘f3 ♗d7**
14 ♗f4

14 ♘e5 ♕xg3+ 15 ♕xg3 ♘xg3 16

♘xd7 (16 ♔xg3 ♗d6 17 ♗f4 g5∞) 16
... ♘xh1 17 ♘e5∞

14 ... f6 15 ♘e4 ♘gh6

a) 15 ... 0-0-0 16 ♕a5+−

b) 15 ... h5 16 ♘h4 Δ 17 ♘f2

15 ♗xh6 ♘xh6

🧠 **17 ?** ❸

✏️

**17 ♖xh6!! gxh6 18 ♘xf6+ ♔f7 19
♘xg4**   **1–0**

235

⊕♗ • →00

Richter - Barnes
Fráncfort 1887
C82

**1 e4 e5 2 ♘f3 ♘c6 3 ♗b5 a6 4 ♗a4
♘f6 5 0-0 ♘xe4 6 d4 b5 7 ♗b3 d5
8 dxe5 ♗e6 9 c3 ♗c5 10 ♗f4?** (10
♘bd2)

🧠 **10 ...?** ❹

⊕♗

10 ... g5! 11 ♗g3? (11 ♗e3!) **11 ... h5!
12 ♘d4**

12 h3 ♘xg3−+

🧠 **12 ...?** ❺

→00

12 ... h4!! 13 ♘xc6 hxg3! 14 ♘d4

14 ♘xd8 ♗xf2+ 15 ♖xf2 (15 ♔h1
♖xh2#) 15 ... gxh2+−+

14 ... gxf2+ 15 ♖xf2

15 ♔h1 ♘g3#

15 ... ♘xf2   **0–1**

236

Pollock - Mortimer
Londres 1887
C46

1 e4 e5 2 ♘c3 ♘c6 3 ♘f3 ♗c5

🧠 **4 ?** ❸
⌐

4 ♘xe5!! ♘xe5

4 ... ♗xf2+ 5 ♔xf2 ♘xe5 6 d4±

5 d4! ♗d6 6 dxe5 ♗xe5 7 ♗c4!? (△ 7 f4!) **7 ... ♗xc3+?! 8 bxc3 d6 9 0-0 ♘e7** (9 ... ♘f6)

🧠 **10 ?** ❷
♕→

10 ♕h5! ♘g6 11 ♗g5 (11 f4!) **11 ... ♕d7 12 h3!? 0-0 13 f4! ♔h8? 14 f5 ♘e5**

🧠 **15 ?** ❷
→00

15 f6! g6

15 ... ♘xc4? 16 fxg7+ ♔xg7 17 ♗f6+ ♔g8 18 ♕g5#
16 ♕h6 ♖g8

🧠 **17 ?** ❸
♖→

17 ♖f4! ♘f3+

△ 18 ♕xh7+ ♔xh7 19 ♖h4#
18 ♖xf3 ♕e8 19 ♖f4 ♕f8 20 ♕xh7+!!
△ 20 ... ♔xh7 21 ♖h4+ ♕h6 22 ♖xh6#   **1–0**

237

Owen - Burn
Londres 1887
D00

1 ♘f3 d5 2 d4 ♗f5 3 e3 e6 4 ♘c3 ♘f6

5 a3 c5 5 ♗b5+ ♘bd7 7 ♘e5 ♗d6 8 g4!? ♗xe5 9 gxf5 ♗d6 10 dxc5 ♗xc5 11 b4 ♗d6 12 ♗b2 ♖c8 13 ♕d4 0-0 14 ♗xd7 ♕xd7? (14 ... ♘xd7)

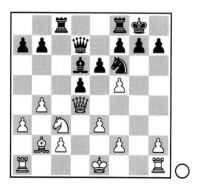

🧠 **15 ?** ❹

↗

15 ♘xd5!! ♘e8

15 ... exd5 16 ♕xf6!! gxf6 17 ♖g1+ ♔h8 18 ♗xf6#

16 ♘f6+

16 ♕xg7+!! ♘xg7 17 ♘f6+ ♔h8 18 ♘xd7±

16 ... gxf6?

16 ... ♘xf6 17 ♕xf6 +− △ 17 ... gxf6?? 18 ♖g1+ ♔h8 19 ♗xf6#

17 ♖g1+ ♔h8

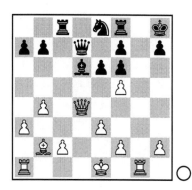

🧠 **18 ?** ❷

→#

18 ♕xf6+ ♘xf6 19 ♗xf6#   **1–0**

238

🔒 • ↬ • ✎

Harmonist - Burn
Fráncfort 1887
C14

1 e4 e6 2 d4 d5 3 ♘c3 ♘f6 4 ♗g5 ♗e7 5 e5 ♘fd7 6 ♗xe7 ♕xe7 7 ♕d2 (♟ 7 f4) **7 ... 0-0 8 ♘d1?!**

8 ... f5?!

a) 8 ... f6!

b) 8 ... c5! 9 c3 f6!∓

9 exf6?! ♕xf6!? 10 ♗d3?!

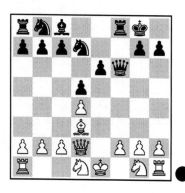

🧠 **10 ...?** ❷

🔒

10 ... e5! 11 dxe5? ♘xe5 12 ♘e2 c5!?
13 c3

🧠 **13 ...?** ❹
↤

13 ... ♗h3!!
13 ... ♕f3!! 14 gxf3 (14 0-0 ♕xd3–+)
14 ... ♘xf3+ 15 ♔f1 ♗h3#
14 ♔f1
14 gxh3 ♘f3+∓

🧠 **14 ...?** ❸
✒

14 ... ♗xg2+! 15 ♔xg2 ♕f3+ 16 ♔g1
♕g4+ 17 ♔f1 ♕h3+
△ 18 ... ♘f3#   **0–1**

239

🖋

Tarrasch - Zukertort
Fráncfort 1887
C83

1 e4 e5 2 ♘f3 ♘c6 3 ♗b5 ♘f6 4 0-0

♘xe4 5 d4 a6 6 ♗a4 b5 7 ♗b3 d5 8
dxe5 ♗e6 9 c3 ♗e7 10 ♖e1 0-0 11
♘d4! ♕d7?
a) 11 ... ♘xe5?! 12 f3+–
b) 11 ... ♘xd4!?

🧠 **12 ?** ❹
♟

12 ♘xe6! fxe6
12 ... ♕xe6 13 ♖xe4±

🧠 **13 ?** ❷
♟

13 ♖xe4! ♗c5
13 ... dxe4? 14 ♕xd7+–
14 ♗e3 ♗xe3 15 ♖xe3 ♖f5 16 ♗c2
♖f7 17 ♘d2   **1–0**

240

↻ • ⇧ • ↤

Simonson - Von Scheve
Berlín 1887
C44

1 e4 e5 2 ♘f3 ♘c6 3 c3 d5 4 ♗b5
dxe4 5 ♘xe5 ♕d5 6 ♕a4 ♘ge7 7
♘xc6 ♘xc6 8 0-0 ♗d7 9 ♖e1

🧠 **9 ...?** ❸
↻

9 ... 0-0-0! 10 ⌷xe4 ♗c5 (10 ... a6!) **11 ♕c4 ♕g5** (11 ... ♕f5!) **12 ♘a3 ♗h3 13 g3?** (13 ♕f1!)

🧠 **13 ...?** ❹
⇧

13 ... ⌷he8! 14 d3 ♕h5! 15 g4

🧠 **15 ...?** ❷
↬

15 ... ♕xg4+!! 16 ⌷xg4 ⌷e1#   **0–1**

♙ • ♟ • ⊕♕
Blackburne - Gunsberg
Bradford 1887
C77

1 e4 e5 2 ♘f3 ♘c6 3 ♗b5 ♘f6 4 ♕e2 a6 5 ♗a4 ♗c5 6 c3 b5 7 ♗c2 d5??

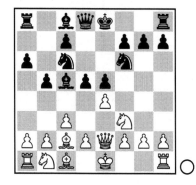

🧠 **8 ?** ❷
♙

8 exd5! ♕xd5
8 ... ♘xd5 9 d4!+−

🧠 **9 ?** ❷
♟

9 d4! ♗d6?
9 ... ♗b6 10 dxe5 ♘g4 11 ♗e4!+−

🧠 **10 ?** ❸
⊕♕

10 ♗b3! ♕e4 11 ♕xe4
Δ 11 ... ♘xe4 12 ♗d5!+−   **1–0**

242

♟

Tennent - Lamb
Irlanda-Yorkshire ✉ *1887*
C52

1 e4 e5 2 ♘f3 ♘c6 3 ♗c4 ♗c5 4 b4 ♗xb4 5 c3 ♗a5 6 0-0 (📖 6 d4) **6 ... d6 7 d4 exd4 8 ♕b3 ♕f6 9 e5 dxe5 10 ♖e1 ♗b6 11 ♗g5 ♕g6??** (11 ... ♕f5) **12 ♘xe5! ♘xe5 13 ♖xe5+ ♔f8 14 ♕a3+ ♕d6??**

14 ... c5? 15 ♖xc5 ♗xc5 16 ♕xc5+ ♔e8 17 ♘d2 △ 18 ♖e1++−

🧠 **15 ? ❸**
♟

15 ♖d5!!
△ 15 ... ♕xa3 16 ♖d8# **1–0**

243

⊕♕

Fraser - Taubenhaus
París 1888
C45

1 e4 e5 2 ♘f3 ♘c6 3 d4 exd4 4 ♘xd4
♕h4 5 ♘c3 ♘f6? (📖 5 ... ♗b4) **6 ♘f5! ♕h5?**

6 ... ♕g4 7 f3 ♕g6 8 ♘b5±
7 ♗e2 ♕g6

🧠 **8 ? ❸**
⊕♕

8 ♘h4!! **1–0**

244

⇄ • *f2* • ✦ • ♟

Delmar - Lipschuetz
Nueva York 1888
C45

1 e4 e5 2 ♘f3 ♘c6 3 d4 exd4 4 ♘xd4 ♘f6 5 ♘xc6 bxc6 6 ♗d3 d5

7 e5?!

⌑ 7 exd5 cxd5

7 ... ♘g4! 8 0-0 ♗c5! 9 h3?!

🧠 **9 ...? ❹**

⇄

9 ... ♘xe5!! 10 ♖e1 ♕f6! 11 ♕e2

🧠 **11 ...? ❸**

f2

11 ... 0-0!! 12 ♕xe5 ♕xf2+ 13 ♔h1

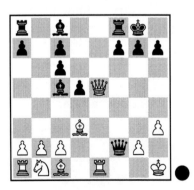

🧠 **13 ...? ❸**

✎

13 ... ♗xh3!! 14 gxh3

a) 14 ♗f1 ♕g1#

b) 14 ♕e2 ♗xg2+ 15 ♔h2 ♗d6++−

14 ... ♕f3+ 15 ♔h2

🧠 **15 ...? ❶**

♟

15 ... ♗d6! 16 ♕xd6 ♕f2+　　　　0–1

245

↑ • →*00*

Showalter - Burille
Nueva York 1889
C52

1 e4 e5 2 ♘f3 ♘c6 3 ♗c4 ♗c5 4 b4 ♗xb4 5 c3 ♗a5 6 0-0 (⌑ 6 d4) **6 ... ♘f6 7 d4 0-0 8 ♘xe5!?** (8 dxe5) **8 ... ♘xe4 9 ♕h5 ♘xe5**

9 ... d5! 10 ♘xf7 ♖xf7 11 ♗xd5 ♘d6∓
10 dxe5 c6? (10 ... d5!) **11 ♘d2 ♘xd2 12 ♗xd2 ♗b6?** (12 ... d5!)

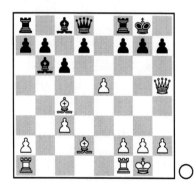

🧠 **13 ? ❸**

↑

13 ♗g5! ♕e8 14 ♖ae1 ♗d8

🧠 **15 ? ❷**

→*00*

15 ♗f6!! d5 16 ♕g5   **1–0**

246

→♔⊞ • ♛ • ‡

Mason - Chigorin
Nueva York 1889
D00

1 d4 d5 2 ♗f4 c5 3 ♗xb8?! ♖xb8 4 dxc5 ♕a5+ 5 ♘c3 e6 6 e4 ♗xc5 7 exd5 ♘f6 8 ♗b5+ ♔e7 9 ♘f3 ♘xd5 10 ♕d2 ♘xc3?

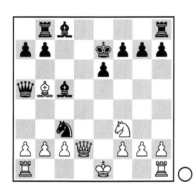

🧠 **11 ?** ❸
→♔⊞ • ♛

11 ♕g5+! f6
a) 11 ... ♔d6 12 ♕e5++−
b) 11 ... ♔f8 12 ♕xc5+ ♔g8 13 bxc3 a6 14 0-0-0 axb5 15 ♕a7!! Δ 15 ... ♕xa7 16 ♖d8#
12 ♕xc5+ ♔f7

🧠 **13 ?** ❷
‡

13 ♗e8+!!
Δ 12 ♕xa5+−   **1–0**

247

⇄ • *f7* • ↻ • →♔

Chigorin - Martinez
Nueva York 1889
C30

1 e4 e5 2 f4 ♗c5 3 ♘f3 d6 4 ♘c3 a6?! (⌑ 4 ... ♘f6) **5 ♗c4 ♘c6 6 d3 ♗g4 7 h3 ♗xf3 8 ♕xf3 ♘d4**

🧠 **9 ?** ❹
⇄

9 ♕g3!
a) 9 ♕d1 ♕h4+∓
b) 9 ♕f2 ♘b3!∓
c) 9 ♕g4!?
9 ... ♘xc2+ 10 ♔d1 ♘xa1 11 fxe5 dxe5
11 ... g6 12 ♖f1±

🧠 **12 ?** ❸
f7

12 ♖f1!
12 ♕xg7? ♕f6∓
12 ... ♘f6? (12 ... ♕d4!⇄) **13 ♕xg7 ♔d7**
13 ... ♖f8 14 ♖xf6±

14 罝xf6 含c8 15 罝xf7 奧d6

🧠 **16 ?** ❶

↻

16 奧g5! 曽e8

🧠 **17 ?** ❷

→含

17 ⤺d5! 罝g8 18 罝xc7+!!   **1–0**

248

f7 • ⤷ • →含⊞

Berger - Gaspary

✉ *1889*

C65

**1 e4 e5 2 ⤺f3 ⤺c6 3 奧b5 ⤺f6 4 d3
⤺e7 5 奧c4**

**5 ⤺xe5? c6! 6 奧c4 (6 ⤺c4 d6
[6 ... cxb5?? 7 ⤺d6#] 7 奧a4 b5∓)
6 ... 曽a5+ 7 ⤺c3 曽xe5∓**

5 ... c6!? 6 ⤺c3

6 ⤺xe5? 曽a5+!∓

6 ... ⤺g6

🧠 **7 ?** ❷

f7

7 ⤺g5! (7 h4!!) **7 ... d5 8 exd5 cxd5?!**
(8 ... h6!?)

🧠 **9 ?** ❺

↗

9 ⤺xd5!! ⤺xd5 10 曽f3! 奧e6?
10 ... ⤺f6 11 ⤺xf7 曽c7±
**11 ⤺xe6 fxe6 12 奧b5+! 含e7 13 奧g5+
⤺f6 14 曽xb7+ 含d6**

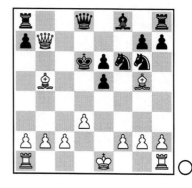

🧠 15 ? ❸

→♔⊞

15 ♗d2! (△ 16 ♗b4#) **15 ... a5 16 c4!**

16 ... ♖c8 17 ♕a6+ ♔e7 18 ♗xa5±

1–0

249

○ • ♕→ • ⇧ • ♖→ • ↬

Von Scheve - Schallopp
Berlín 1889
C49

1 e4 e5 2 ♘f3 ♘c6 3 ♘c3 ♘f6 4 ♗b5 ♗b4 5 d3?! (♓ 5 0-0) **5 ... ♘d4! 6 ♗c4?!**

a) 6 0-0? ♗xc3 7 bxc3 ♘xb5∓

b) 6 ♗a4!

🧠 6 ...? ❹

○

6 ... d5! 7 exd5 ♗g4! 8 0-0

🧠 8 ...? ❹

♕→

8 ... ♕c8! 9 ♖e1 0-0 10 ♖xe5 ♗xf3 11 gxf3 ♗d6 12 ♖g5 (12 ♖e3) **12 ... ♕h3!**

13 ♖g3 ♗xg3 14 hxg3? (14 fxg3)

🧠 14 ...? ❷

⇧

14 ... ♖fe8! (=14 ... ♖de8)

△ 15 ... ♖e1+ 16 ♕xe1 ♘xf3#

15 ♘e4

🧠 15 ...? ❸

♖→

15 ... ♖e5! (△ 16 ... ♖h5) **16 ♗g5 ♖f5!**
(△ 17 ... ♘f3+) **17 ♘xf6+**

17 f4 ♘g4!∓

17 ... gxf6 18 f4

18 ♗f4 ♖h5∓

🧠 18 ...? ❸

↬

18 ... ♖e8!

△ 19 ... ♖e1+ 20 ♕xe1 ♘f3#

0–1

221

250

🔒 • *f7* • ↑ • ↗ • →#
Schallopp - Harmonist
Breslavia 1889
C44

1 e4 e5 2 ♘f3 ♘c6 3 d4 exd4 4 ♗c4 ♗c5 5 0-0 d6 (🕮 5 ... ♘f6)

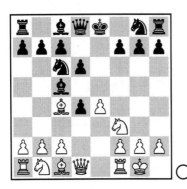

🧠 **6 ?** ❹

🔓

6 c3! dxc3

🧠 **7 ?** ❷

f7

7 ♕b3! ♕e7?! (7 ... ♕d7!) **8 ♘xc3 h6?!**

a) 8 ... ♘f6? 9 ♗g5 △ 10 ♘d5±

b) 8 ... ♕d7

9 ♘d5 ♕d8

🧠 **10 ?** ❸

↑

10 ♕c3!

10 ♗e3! ♗xe3 11 ♘xe3 ♕d7 12 ♖ad1◯

10 ... ♘f6

🧠 **11 ?** ❶

↑

11 b4! ♗b6

11 ... ♘xd5?? 12 exd5 ♘xb4 13 ♕xg7±

12 a4 a5 13 b5 ♘e5?

a) 13 ... ♘b4!

b) 13 ... ♘b8 14 ♘xb6 cxb6 15 e5!± △ 15 ... dxe5 16 ♗a3!

14 ♘xe5 dxe5 15 ♕xe5+ ♗e6

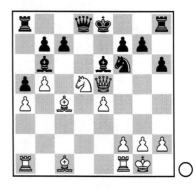

🧠 **16 ?** ❸

↗

16 ♗a3! ♕d7 17 ♖ad1 ♕c8

🧠 **18 ?** ❷
→#

18 ♕xf6!!
△ 18 ... gxf6 19 ♘xf6#   **1–0**

251

⇄ • ⊕♕
Tarrasch - Fritz
Breslavia 1889
D06

1 ♘f3 d5 2 d4 ♗f5!? 3 c4 e6 4 ♕b3

🧠 **4 ...?** ❹
⇄

4 ... ♘c6!! 5 ♕xb7
5 ♘c3 ♘b4!–+
5 ... ♘b4 6 ♘a3

🧠 **6 ...?** ❷
⊕♕

6 ... ♖b8! 7 ♕xa7 ♖a8 8 ♕b7 ♖b8
8 ... ♖xa3!?∞   **½–½**

252

f2 • →♔⊞ • →#
Reinisch - Traxler
Houston 1890
C57

**1 e4 e5 2 ♘f3 ♘c6 3 ♗c4 ♘f6 4 ♘g5
♗c5!? 5 ♘xf7?!** (⌓ 5 ♗xf7+!)

🧠 **5 ...?** ❺
f2

5 ... ♗xf2+! 6 ♔e2?
a) 6 ♔xf2 ♘xe4+∞
b) 6 ♔f1 ♕e7 7 ♘xh8 d5∞
6 ... ♘d4+ 7 ♔d3? (7 ♔f1)

🧠 **7 ...?** ❺
→♔⊞

7 ... b5!! (7 ... ♕e7!∓) **8 ♗b3**

8 ♘xd8 bxc4+ 9 ♔xc4 (9 ♔c3 ♘xe4+) 9 ... ♗a6+ 10 ♔b4 ♖b8+ 11 ♔a5 ♗e2∓

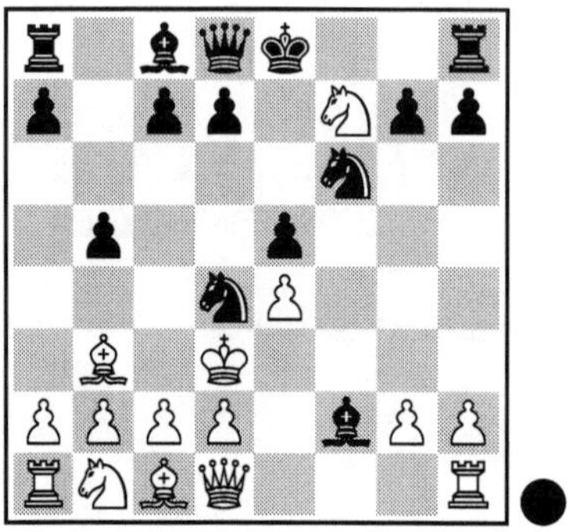

8 ...? ❺

→♔⊞

8 ... ♘xe4!! 9 ♘xd8

9 ♔xe4 d5+!! 10 ♗xd5 ♗f5+–+

9 ... ♘c5+ 10 ♔c3 ♘e2+ 11 ♕xe2

11 ♔b4 a5+–+

11 ... ♗d4+ 12 ♔b4

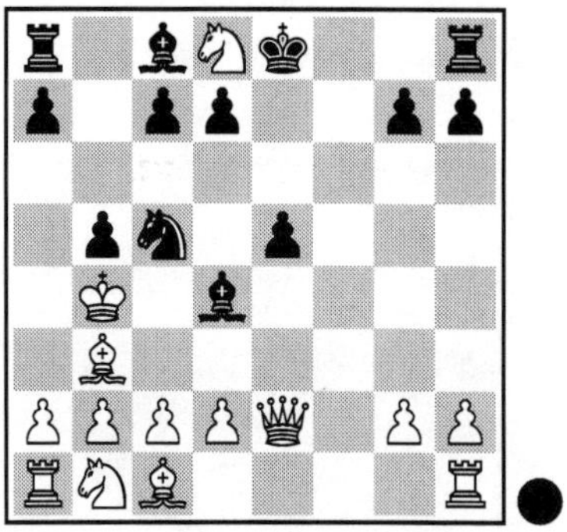

12 ...? ❶

→#

12 ... a5+ 13 ♔xb5

13 ♔a3 b4#

13 ... ♗a6+ 14 ♔xa5 ♗d3+ 15 ♔b4 ♘a6+ 16 ♔a4 ♘b4+ 17 ♔xb4 c5#

0–1

253

↑ • ⇗ • ⇧ • →♔⊞

Caro - Lasker

Berlín 1890

D11

1 ♘f3 d5 2 d4 ♗f5 3 c4 c6?! (📖 3 ... e6) **4 ♕b3 ♕c8?** (4 ... ♕b6) **5 cxd5 cxd5 6 ♘c3**

6 ♕xd5?? ♕xc1#

6 ... e6 7 ♗f4 a6?

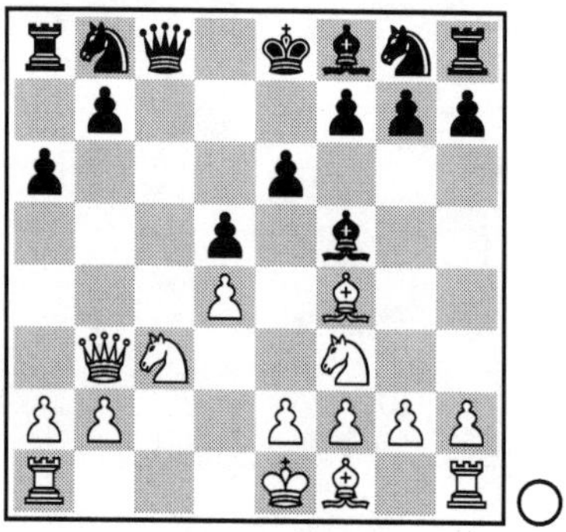

8 ? ❸

↑

8 ♘a4! ♖a7?

a) 8 ... ♘d7 9 ♖c1 ♕d8 10 ♕xb7+–

b) 8 ... ♘c6 9 ♘b6∓

9 ♘b6 ♕d8

9 ... ♕c6 10 ♖c1+–

10 ? ❹

⇗

10 ♗xb8! ♕xb8 11 ♕a4+ ♔e7

11 ... ♔d8?? 12 ♕d7#

12 ? ❷
⇧

12 🜚c1! g5
a) 12 ... ♘h6 13 🜚c8 ♛d6 14 ♛e8+ ♔f6 15 ♘d7+ ♔g6 16 ♘xf8++−
b) 12 ... ♘f6 13 ♘e5+−

13 ? ❸
→♔⊞

13 ♘e5! ♘h6
a) 13 ... ♘f6 14 ♘c8+ ♔d8 15 ♘xf7#
b) 13 ... ♗g7 14 ♛d7+ ♔f6 15 ♛xf7#
14 ♘c8+
△ 14 ... ♔f6 15 ♘d7+−+   **1–0**

254

↬

Mavilis - Goering
Ratisbona 1890
A03

1 f4 e6 2 e3 d5 3 ♘f3 ♘f6 4 b3 ♗e7 5 ♗b2 c5 6 ♗e2 ♘c6 7 0-0 0-0 8 ♛e1 ♛c7 9 ♘c3 a6 10 ♘d1 ♗d7 11 ♘f2 ♘e8 12 ♘g4 ♘d6 13 ♛g3 ♘f5??

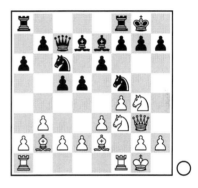

14 ? ❸
↬

14 ♘h6+!!
△ 14 ... ♘xh6 (14 ... ♔h8 15 ♘xf5 exf5 16 ♛xg7#) 15 ♛xg7#   **1–0**

255

🖉

Schallopp - Gossip
Manchester 1890
C29

1 e4 e5 2 ♘c3 ♘f6 3 f4 d5 4 fxe5 ♘xe4 5 ♘f3 ♘xc3? (🕮 5 ... ♗e7; 5 ... ♗g4) **6 bxc3 ♗e7 7 d4 0-0 8 ♗d3 ♗g4 9 🜚b1 b6? 10 0-0 c5?** (◌ 10 ... f6) **11**

h3 ♗h5?

11 ... ♗xf3 12 ♕xf3± ⊞

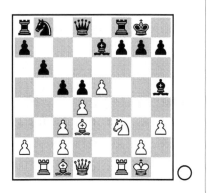

🧠 12 ? ❹

✒

12 ♗xh7+!! ♔xh7

12 ... ♔h8 13 ♗f5±

13 ♘g5+ ♗xg5

a) 13 ... ♔g8 14 ♕xh5 ♗xg5 15 ♗xg5 ♕e8 16 ♗f6!+−

b) 13 ... ♔g6 14 ♕d3++−

14 ♕xh5+ ♗h6

14 ... ♔g8 15 ♗xg5 ♕c7 16 ♗f6!+−

15 ♗xh6 gxh6 16 ♖f6 ♔g7

16 ... ♔g8 17 ♖xh6+−

17 ♕xh6+ ♔g8 18 ♕g5+ ♔h7 19 ♖h6#   1–0

256

→#

Blake - Hook

Londres 1891

C41

1 e4 e5 2 ♘f3 d6 3 ♗c4 f5?! 4 d4! ♘f6 5 ♘c3 (5 ♘g5!) **5 ... exd4 6 ♕xd4?!** (6 ♘xd4) **6 ... ♗d7?! 7 ♘g5 ♘c6?? 8 ♗f7+ ♔e7**

🧠 9 ? ❸

→#

9 ♕xf6+!! ♔xf6 10 ♘d5+ ♔e5 11 ♘f3+ ♔xe4 12 ♘c3#   1–0

257

✒ • →#

Blackburne - Blanchard

✉ *1891*

C25

1 e4 e5 2 f4 ♗c5 3 ♘c3 ♘c6 4 ♘f3 exf4? (♟ 4 ... d6) **5 d4 ♗b4 6 ♗xf4 d5 7 e5** (7 exd5!?) **7 ... ♗xc3+?! 8 bxc3 ♗e6 9 ♗d3 h6 10 0-0 ♘ge7 11 ♖b1 b6 12 ♕d2 0-0??**

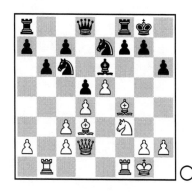

13 ? ❹

13 ♗xh6!! gxh6 14 ♕xh6 ♘g6
14 ... ♘f5 15 ♕h5±
15 ♘g5!
15 ♗xg6! fxg6 16 ♕xg6+ ♔h8 17
♕h6+ ♔g8 18 ♕xe6++−
15 ... ♖e8

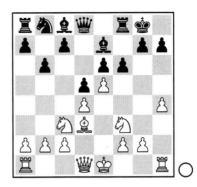

10 ? ❺
→00

10 ♘g5!?
10 ♗xh7+? ♔xh7 11 ♘g5+ fxg5 12
♕h5+ ♔g8 13 hxg5 ♗xg5−+
10 ... g6??
10 ... fxg5 11 ♕h5! (11 ♗xh7+??
♔xh7 12 hxg5+ ♔g8 13 ♖h8+
♔f7!!∓; 13 ... ♔xh8?? 14 ♕h5+ ♔g8
15 g6+−) 11 ... h6 12 ♕g6 ♖f5 13 g4±

16 ? ❷
→#

16 ♖xf7!!
16 ♕h7+ ♔f8 17 ♖xf7++−
16 ... ♗xf7 17 ♕h7+ ♔f8 18 ♕xf7#

1–0

258

→00 • 🔦 • ♖→
Sandeman - Thoms
Gran Bretaña ✉ *1891*
C14

**1 e4 e6 2 d4 d5 3 ♘c3 ♘f6 4 ♗g5 ♗e7
5 ♗xf6 ♗xf6 6 ♘f3 0-0 7 h4!? b6?! (7
... c5!⇄) 8 e5 ♗e7 9 ♗d3 f6?!**
a) 9 ... h6!
b) 9 ... ♗a6?! 10 ♗xh7+ ♔xh7 11
♘g5+ ♔g6∞

11 ? ❸

11 ♘xh7!! ♖f7
11 ... ♔xh7 12 ♕h5+ ♔g8 13 ♕xg6+
♔h8 14 ♕h7#
12 ♗xg6 ♖xh7
12 ... ♖g7 13 ♕h5+−

13 ♗xh7+ ♚xh7 14 ♕h5+ ♚g8

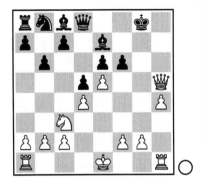

🧠 **15 ? ❷**

♖→

15 ♖h3!!   **1–0**

259

ↄ • 🦔 • ↗

Pollock - Ryan
Nueva York 1891
C41

1 e4 e5 2 d4 ♘f6?! (♙ 2 ... exd4)
3 ♘f3 (3 dxe5!) **3 ... ♘xe4 4 dxe5**
♗e7?! 5 ♗c4 ♘c5 6 ♘c3 0-0 7 0-0 d6
8 ♘d5 ♗g4?! (8 ... dxe5) **9 b4 ♘e6 10**
♗b2 ♘g5?

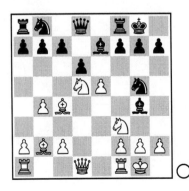

🧠 **11 ? ❹**

ↄ

11 ♕d4!! ♗xf3
11 ... ♘xf3+?? 12 gxf3 ♗xf3 13
exd6+–
12 exd6!
12 gxf3?? ♘xf3+–+
12 ... ♗f6

🧠 **13 ? ❹**

🦔

13 ♘e7+!! ♚h8
a) 13 ... ♗xe7?? 14 ♕xg7#
b) 13 ... ♕xe7 14 dxe7 ♗xd4 15
exf8♕+ ♚xf8 16 ♗xd4+–

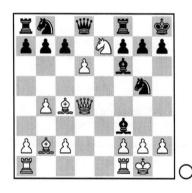

🧠 **14 ? ❸**

↗

14 ♕xf6!! ♖g8
△ 14 ... gxf6 15 ♗xf6#
15 ♕xg5 ♘d7 16 ♗xf7   **1–0**

260

♖ • ○ • ‡ • ↬

Brackenbury - Morling
Inglaterra ✉ *1891*
C42

1 e4 e5 2 ♗c4 ♘f6 3 ♘f3 ♘xe4 4 ♘c3 ♘xc3 5 dxc3 f6 6 0-0 ♕e7?! (6 ... d6) **7 ♖e1 c6?!**

🧠 **8 ? ❺**
♖

8 ♖xe5!!

8 ♘xe5!? fxe5 9 ♕h5+ g6 10 ♕xe5 ♕xe5 11 ♖xe5+ ♔d8 12 ♗g5+ ♔c7 13 ♗f6∞

8 ... fxe5

🧠 **9 ? ❶**
○

9 ♗g5! ♕c5

9 ... ♕d6 10 ♕e2 Δ 11 ♖d1+−
10 ♕e2 d5?
a) 10 ... d6 11 b4 ♕b6 12 ♘xe5!+−
b) 10 ... ♗e7!∞
11 ♘xe5 ♗e6

11 ... dxc4 12 ♕h5+! g6 13 ♘xg6+−

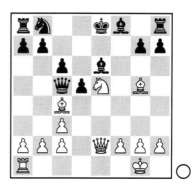

🧠 **12 ? ❷**
‡

12 ♘g6!

12 ... hxg6 13 ♕xe6+−
12 ... ♔d7 13 ♖e1! hxg6
a) 13 ... ♗f7 14 ♘xh8+−
b) 13 ... ♗g8?? 14 ♕e8+ ♔c7 (14 ... ♔d6 15 ♗f4#) 15 ♕d8#
14 ♕xe6+ ♔c7 15 ♗f4+ ♔d6
a) 15 ... ♔d8 16 ♕e8#
b) 15 ... ♔b6 16 ♗e3+−

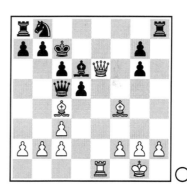

🧠 **16 ? ❷**
↬

16 b4! ♕xc4 17 ♕xd6+ ♔b6 18 ♕c7+ ♔a6 19 ♕a5#   **1–0**

261

$f7 \cdot \Uparrow \cdot \leftrightarrow \cdot \rightarrow \stackrel{\circ}{\Xi}\boxplus$

Orchard - Hanham
Nueva York 1891
C41

1 e4 e5 2 ♘f3 d6 3 ♗c4 c6 4 c3 (4 d4!)
4 ... h6 5 d4 ♕c7 6 0-0 ♗e7?

🧠 **7 ?** ❷
f7

7 ♕b3! ♗d8? (7 ... ♗f6) **8 dxe5 dxe5**

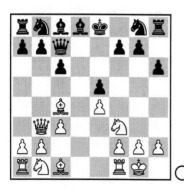

🧠 **9 ?** ❸
⇑

9 ♖d1!
Δ 10 ♗xf7+ ♕xf7 11 ♖xd8++−

9 ... ♗f6 10 ♘a3 a6
10 ... b5? 11 ♗xb5 cxb5 12 ♘xb5+−
11 ♗e3 b5

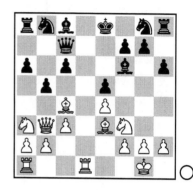

🧠 **12 ?** ❺
↔

12 ♘xe5!!
12 ♗b6!! ♕xb6 (12 ... bxc4 13
♘xc4+−) 13 ♗xf7+ ♔f8 14 ♘c4 ♕c7
15 ♘cxe5+− Δ 16 ♘g6#
12 ... ♗xe5
a) 12 ... bxc4 13 ♘exc4+− Δ ♗b6 ∧
♘d6
b) 12 ... ♕xe5 13 ♗xf7+ ♔f8 (13 ...
♔e7 14 ♗g6±) 14 ♗g6 ♖a7 15 ♕b4+
♗e7 16 ♖d8#

🧠 **13 ?** ❸
→♔⊞

13 ♗xf7+! ♔f8
13 ... ♕xf7 14 ♖d8+ ♔e7 (14 ... ♔xd8
15 ♕xf7+−) 15 ♗c5+ ♔f6 16 ♖f8+−
14 ♗c5+ ♘e7 15 ♗g6 ♗xh2+ 16 ♔h1
1–0

262

♟ • ♘ • ⇄ • ♙
Ligniers - Schipiline
✉ *1891*
C45

**1 e4 e5 2 ♘f3 ♘c6 3 d4 exd4 4 ♘xd4
♗c5 5 ♗e3 ♕f6 6 c3 ♘ge7 7 ♕d2?!**
(📖 7 ♗c4)

🧠 **7 ...?** ❸
♟

7 ... d5!? 8 ♘b5 ♗xe3 9 fxe3
9 ♕xe3 0-0 ♘

🧠 **9 ...?** ❸
♘

9 ... 0-0! 10 ♘xc7

🧠 **10 ...?** ❹
⇄

10 ... dxe4! 11 ♘xa8 ♖d8! 12 ♕c2
a) 12 ♕f2? ♖d1+ 13 ♔xd1 ♕xf2–++
b) 12 ♕e2 ♘e5→
**12 ... ♘d5! 13 ♕f2? ♕g5 14 h4?! ♕h6
15 ♗c4? ♘xe3 16 ♕xf7+? ♔h8 17**

♘a3

🧠 **17 ...?** ❹
♙

17 ... ♘e5! 18 ♕e7
18 ♕f2 ♘xg2+!! 19 ♕xg2 ♕e3+ 20
♗e2 ♕d2+ 21 ♔f2 ♖f8+ 22 ♔g1
♕e3+ 23 ♔h2 ♖f2–+
18 ... ♘xg2+
a) 19 ♔f1 ♕f4+ 20 ♔g1 (20 ♔xg2
♖d2+–+) 20 ... ♘f3+ 21 ♔f2 ♖d2+–+
b) 19 ♔f2 ♖d2+–+ **0–1**

263

☆☆☆☆☆

💣 · 🐴 · ⟷ · ♟ · ♙

Tarrasch - Marco

Dresde 1892

C66

1 e4 e5 2 ♘f3 ♘c6 3 ♗b5 d6 4 d4 ♗d7 5 0-0 ♘f6 6 ♘c3 ♗e7 7 ♖e1 0-0? (⌂ 7 ... exd4)

🧠 **8 ?** ❺

💣

8 ♗xc6! ♗xc6 9 dxe5 dxe5

🧠 **10 ?** ❸

🐴

10 ♕xd8!

10 ♘xe5?! ♕xd1 11 ♖xd1 (11 ♘xd1 ♗xe4=) 11 ... ♗xe4= (11 ... ♘xe4? 12 ♘xc6 ♘xc3 13 ♘xe7+±)

10 ... ♖axd8

10 ... ♖fxd8? 11 ♘xe5 ♗xe4 12 ♘xe4 ♘xe4 13 ♘d3 (13 ♖xe4?? ♖d1+–+)13 ... f5 14 f3 ♗c5+ 15 ♔f1!±

11 ♘xe5 ♗xe4

11 ... ♘xe4 12 ♘xc6+–

12 ♘xe4 ♘xe4

🧠 **13 ?** ❹

⟷

13 ♘d3!

13 ♖xe4?? ♖d1+–+

13 ... f5 14 f3 ♗c5+ 15 ♘xc5!

a) 15 ♔f1? ♗b6 16 fxe4 fxe4+ 17 ♘f4 e3 18 g3 g5⇄

b) 15 ♔h1? ♘f2+ 16 ♘xf2 ♗xf2∓

15 ... ♘xc5

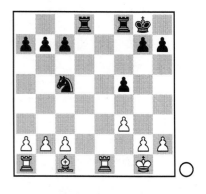

🧠 **16 ?** ❷

♟

16 ♗g5!! ♖d5

16 ... ♖d7 17 ♗e7+–

🧠 17 ? ❹
ч

17 c4?!
a) 17 ♗e7‼ ♖e8 18 c4!±
b) 17 c4? ♖d4 18 ♗e7 ♘d3‼⇄   **1–0**

264

→♔⊞ • ⤢ • 🔒 • →#

Tarrasch - Kuerschner
Núremberg 1892
C02

1 e4 e6 2 d4 d5 3 ♗d3!? ♘f6 4 e5 ♘fd7 5 ♘f3 c5 6 c3 ♘c6 7 0-0 f6? (⌺ 7 ... ♗e7)

🧠 8 ? ❹
→♔⊞ • ⤢

8 ♖e1?!
8 ♘g5‼ Δ 8 ... fxg5 9 ♕h5+ g6 10 ♗xg6+ hxg6 11 ♕xg6+ ♔e7 12 ♗xg5++–

8 ... f5 9 ♗e3 c4? 10 ♗c2 ♗e7

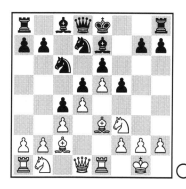

🧠 11 ? ❸
🔓

11 b3!? b5 12 a4! bxa4? 13 bxc4 dxc4

🧠 13 ? ❹
🔓

14 d5! ♘cxe5? 15 dxe6 ♘xf3+ 16 ♕xf3 ♘b6 17 ♕xf5! (Δ 18 ♕f7#)
17 ♗xb6! axb6 18 ♕xa8±

17 ... ♗f6
17 ... ♖f8 18 ♕h5+ g6 19 ♗xg6++–
18 ♗c5 ♗b7??

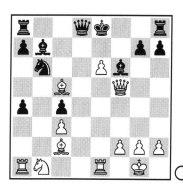

🧠 19 ? ❷

→#

19 ♕g6+!! hxg6 20 ♗xg6#   1–0

265

🗡 • 🧱

Tarrasch - C. Kelz
Núremberg 1892
C39

1 e4 e5 2 f4 exf4 3 ♘f3 g5 4 h4 g4 5
♘g5?! (♙ 5 ♘e5) 5 ... h6! 6 ♘xf7
♔xf7 7 d4 d5 8 ♗xf4 dxe4 9 ♗c4+
♔g6 10 0-0 ♘f6 11 ♗e5 ♗f5??

🧠 12 ? ❸

🗡

12 ♖xf5!! ♔xf5

🧠 13 ? ❹

🧱

13 ♗f7!! e3 14 ♕f1+ ♔e4 15 ♕f4#
15 ♕d3#   1–0

266

🐗 • 🗡 • ↭

Schiffers - Yurevich
San Petersburgo 1892
C52

1 e4 e5 2 ♘f3 ♘c6 3 ♗c4 ♗c5 4 b4
♗xb4 5 c3 ♗a5 6 0-0 ♕f6 (♙ 6 ... d6)
7 d4 ♘h6 8 ♗g5 ♕g6 9 d5

9 ... ♘d8?
a) 9 ... ♕xe4? 10 dxc6 ♕xc4 11
cxd7+ ♗xd7 12 ♕xd7+! ♔xd7 13
♘xe5+ ♔c8 14 ♘xc4±
b) 9 ... ♘b8!?

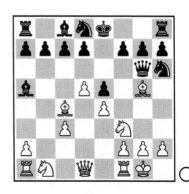

🧠 10 ? ❷

🐗

10 ♗xd8! ♔xd8 11 ♘xe5 ♕xe4 (11 ... ♕f6) **12 ♖e1 ♕h4 13 d6!? cxd6 14 ♕xd6 ♗c7?** (14 ... ♗b6)

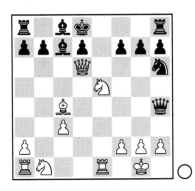

🧠 **15 ? ❸**
✒

15 ♕xh6! (△ 15 ♘xf7#) **15 ... ♕xc4**

🧠 **16 ? ❸**
↬

16 ♕h4+!
16 ... ♕xh4 17 ♘xf7#   **1–0**

267

♜ • ♕→ • 🔒 • →#
Goetz - Clerc
París 1892
C14

1 e4 e6 2 d4 d5 3 ♘c3 ♘f6 4 ♗g5 ♗e7 5 ♗xf6 ♗xf6 6 ♘f3 0-0 7 ♗d3 ♘c6?! (7 ... dxe4; 7 ... c5) **8 e5 ♗e7 9 h4!? ♘b4?!**

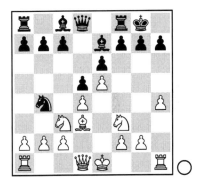

🧠 **10 ? ❹**
✒

10 ♗xh7+!! ♔xh7 11 ♘g5+ ♔h6
a) 11 ... ♔g6 12 ♘e2!+–
b) 11 ... ♔g8? 12 ♕h5 ♗xg5 13 hxg5 f5 14 g6!±
c) 11 ... ♗xg5? 12 hxg5+ ♔g8 (12 ... ♔g6 13 ♕h5++–) 13 ♕h5 f5 14 g6!+–
12 a3! ♘c6

🧠 **12 ? ❸**
♕→

13 ♕d3! (13 ♕d2!!±) **13 ... g6**
13 ... ♖h8? 14 ♘xf7++–

235

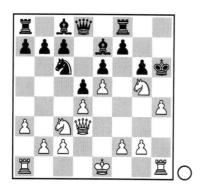

🧠 14 ? ❹
🔒

14 h5! ♗xg5?!
a) 14 ... ♔xg5 15 ♕e3+ ♔f5 (15 ...
♔g4 16 f3+ ♔g3 17 ♔f1 Δ 18 ♖h3#)
16 g3! gxh5 17 ♕f3+ ♔g6 18 ♕xh5+
♔g7 19 ♕h7#
b) 14 ... ♔g7!! 15 ♘xf7! ♖xf7 16
hxg6! (16 ♕xg6+ ♔h8 [16 ... ♔f8 17
h6+–] 17 ♕xf7 ♘xd4⇄) 16 ... ♔f5 17
♖h7+ ♔xg6 18 ♕h3±
c) 14 ... gxh5 15 ♕h7+ ♔xg5 16
♕xh5+ ♔f4 17 g3#
15 hxg6+ ♔g7?
15 ... ♗h4! 16 ♕g3 fxg6 17 ♖xh4+
♔g7 18 ♔d2 Δ 19 ♖ah1→
16 ♖h7+ ♔g8

🧠 17 ? ❸
→#

17 g7
17 gxf7+!! ♖xf7 18 ♕g6++–
17 ... f5 18 exf6
Δ 18 ... ♖xf6 19 ♖h8+ ♔f7 (19 ...
♔xg7 20 ♕h7#) 20 ♕h7+– **1–0**

268

☆☆☆☆☆
🔒 • ⇄ • ⟳ • ⤢ • ↬ • →#
Colburn - Blackburne
Hastings 1892
C22

**1 e4 e5 2 d4 exd4 3 ♕xd4 ♘c6 4 ♕e3
g6 5 ♗d2 ♗g7 6 ♘c3 ♘ge7!?**
6 ... ♘f6 Δ 7 e5 ♘g4!
7 0-0-0 0-0 8 f4? (8 ♗c4!)

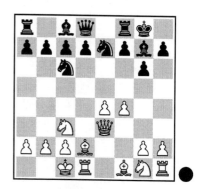

🧠 5 ...? ❸
🔒

8 ... d5! 9 exd5

🧠 9 ...? ❸
⇄

9 ... ♞b4!? 10 ♗c4

🧠 **10 ...?** ❷
↻

10 ... ♗f5! 11 ♗b3 ♞exd5
11 ... a5!? Δ 12 a3 a4→
12 ♞xd5 ♞xd5 13 ♕f3? (13 ♕c5)

🧠 **13 ...?** ❷
↗

13 ... ♕f6! 14 c3 ♞b4! 15 ♗c4?!
15 ♗e3 ♖ad8−+

🧠 **15 ...?** ❹
↔

15 ... ♕a6!! 16 g4
16 ♗xa6 ♞xa2#

🧠 **16 ...?** ❹
→#

16 ... ♕xa2! (16 ... ♕a4!!) **17 ♗e3**
17 ♗xa2?? ♞xa2#
17 ... ♗xc3!
Δ 18 bxc3 ♕c2# ∨ ♕a1#   **0–1**

☆☆☆☆☆
↻ • ♟ • ⊏ • ♛
Bird - Lasker
Newcastle 1892
C21

**1 e4 e5 2 d4 exd4 3 c3 dxc3 4 ♗c4
cxb2 5 ♗xb2 ♕g5?**

🧠 **6 ?** ❸
↻

6 ♞f3! ♕xg2?? 7 ♖g1 ♗b4+

🧠 **8 ?** ❹
♟

8 ♔e2!! ♕h3

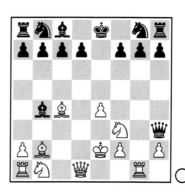

9 ? ❷

⋐

9 ♗xf7+!! ♔d8

a) 9 ... ♔xf7 10 ♘g5+!+−

b) 9 ... ♔f8 10 ♗xg7++−

10 ♗xg7 ♘e7?

11 ? ❸

⑂

11 ♘g5! ♕h4 12 ♘e6# **1–0**

270

f7 • 📌

Walbrodt - Seuffert

Kiel 1893

C80

1 e4 e5 2 ♘f3 ♘c6 3 ♗b5 a6 4 ♗a4 ♘f6 5 0-0 ♘xe4 6 d4 d5?

6 ... b5 7 ♗b3 d5

7 ♘xe5 ♗d7

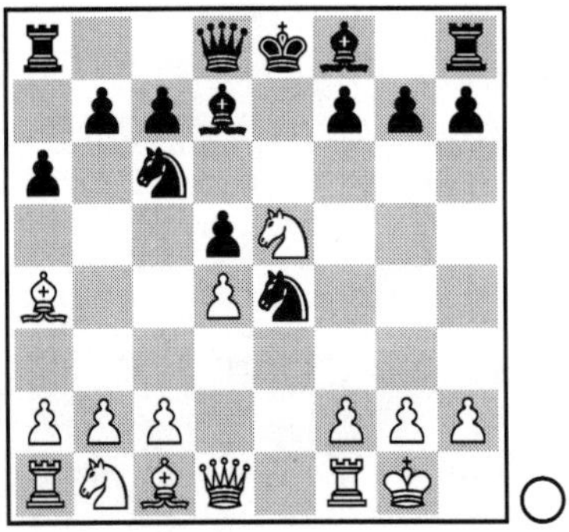

9 ? ❹

f7

8 ♘xf7!! ♔xf7 9 ♕h5+ ♔e6

a) 9 ... g6 10 ♕xd5+ ♔g7 11 ♕xe4±

b) 9 ... ♔g8?? 10 ♕xd5++−

c) 9 ... ♔f6 10 f3! Δ 10 ... ♘d6 11 ♗g5+±

d) 9 ... ♔e7 10 ♕xd5 ♘f6 11 ♖e1+±

10 ? ❹

📌

10 ♗b3! ♗e8

10 ... ♘e7 11 ♖e1 ♔d6 12 ♖xe4!! dxe4 13 ♕c5#

11 ♕g4+ ♔f7

a) 11 ... ♔d6? 12 ♗f4+±

b) 11 ... ♔f6 12 f3±

12 ♕xe4 ♗e7 13 ♗xd5+ ♔f8 14 c3

1–0

271

⇄ • ♕→ • 💣 • ↬

Traxler - Hamr

Chequia ✉ *1893*

C49

1 e4 e5 2 ♘f3 ♘c6 3 ♘c3 ♘f6 4 ♗b5 ♗b4 5 0-0 0-0 6 d3 d6 7 ♗xc6!? (🕮 7 ♗g5) **7 ... bxc6 8 ♘e2 h6 9 c3 ♗a5 10 ♘g3 ♘h7?!** (10 ... ♗g4) **11 d4 ♕e8?!** (11 ... exd4) **12 ♘h4!? exd4 13 cxd4 ♗a6**

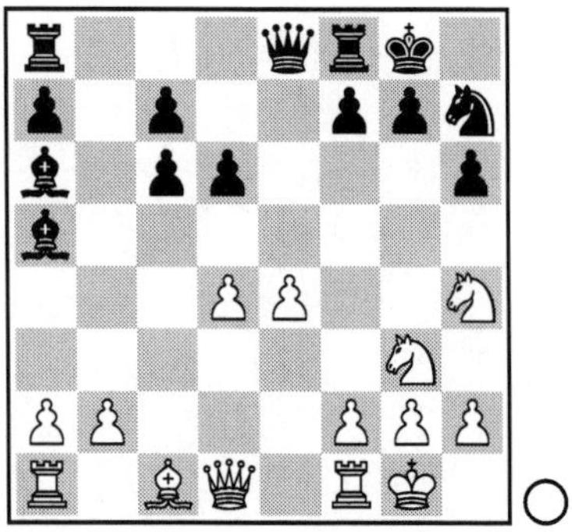

14 ? ❺

⇄

14 ♘hf5! ♘f6?!

14 ... ♗xf1 15 ♕g4 g6 (15 ... g5? 16 ♘xh6+ ♔h8 17 ♔xf1±) 16 ♘xh6+ ♔h8 17 ♘xf1∞

 15 ? ❸

♕→

15 ♕f3!

15 ♗xh6!! ♗xf1 (15 ... gxh6 16 ♕c1 ♘g4 17 ♘xh6+ ♘xh6 18 ♕g5+!! ♔h7 19 ♘h5+−) 16 ♗xg7±

15 ... ♗xf1

 16 ? ❹

🗡

16 ♘xg7! ♕e7

16 ... ♔xg7 17 ♗xh6+! ♔xh6 18 ♕xf6+ ♔h7 19 ♘f5+−

17 ♗xh6 ♗b6

17 ... ♗a6 18 ♗g5+−

18 ♘3f5 ♕xe4

a) 18 ... ♕d7 19 ♖xf1+−
b) 18 ... ♕d8 19 ♖xf1+−

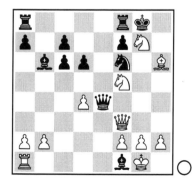

 **19 ? ❸**

↬

19 ♘h5!

a) 19 ... ♕xf3 20 ♘xf6+ ♔h8 21 ♗g7#
b) 19 ... ♗xd4 20 ♘xf6+ ♗xf6 21 ♕xe4+−
c) 19 ... ♘xh5 20 ♕xe4+−   **1–0**

272

♟ • 🔒 • ♖→ • • →00 • ♕→
Lasker - Celso Golmayo
La Habana 1893
B73

1 e4 c5 2 ♘f3 ♘c6 3 d4 cxd4 4 ♘xd4 g6 5 ♘c3 ♗g7 6 ♗e3 ♘f6 7 ♗e2 0-0 8 f4 d6 9 0-0 (9 ♘b3) **9 ... ♘g4?!** (9 ... ♕b6!)

10 ? ❹

♟

10 ♗xg4! ♗xd4

a) 10 ... ♗xg4? 11 ♘xc6±
b) 10 ... ♘xd4? 11 ♗xc8±

11 ♗xd4 ♗xg4

11 ... ♘xd4? 12 ♗xc8±

12 ♕d2 ♗e6?

◌ 12 ... ♘xd4 13 ♕xd4 ♗d7 14 f5 ♗c6

🧠 13 ? ❷
🔒

13 f5! ♗c4

🧠 13 ? ❸
♖→

14 ♖f3! ♘xd4?! 15 ♕xd4 ♗a6 16 ♘d5! ♖c8?

🧠 17 ? ❷
→00

17 f6! ♖c4

17 ... exf6? 18 ♘xf6+ ♔h8 19 ♘xh7+ ♔xh7 20 ♖h3+ ♔g8 21 ♖h8#

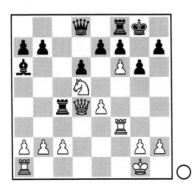

🧠 18 ? ❷
♕→

18 ♕d2! (= 18 ♕e3) 18 ... exf6 19 ♕h6 f5 20 ♖h3   1–0

273

♚ · ⊕♗ · ♟ · ↻ · ⊏

Lasker - 🧲
Nueva York 1893
C64

1 e4 e5 2 ♘f3 ♘c6 3 ♗b5 ♗c5 4 c3 d6?! (⌓ 4 ... ♘f6) 5 d4! exd4 6 cxd4 ♗b4+?

🧠 7 ? ❹
♚

7 ♔f1!! ♗d7

🧠 8 ? ❸
⊕♗

8 ♕a4!! ♕e7

8 ... ♘ge7 9 d5!±
9 d5!
9 ♗xc6 ♗xc6 10 ♕xb4+−
9 ... ♕xe4

9 ? ❷

🨾

10 ♘c3! ♛e7

10 ? ❶

↻

11 ♗g5! (11 dxc6±) **11 ... ♘f6 12 ♖e1 ♘e5 13 ♛xb4 0-0-0**

14 ? ❶

🨾

14 ♖xe5! ♗xb5+
14 ... dxe5 15 ♛xe7+−
15 ♘xb5 ♛d7 16 ♘xa7+ ♔b8

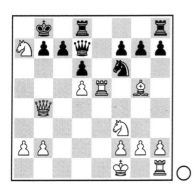

17 ? ❷

⊏

17 ♖e7! ♛f5
17 ... ♛xe7 18 ♘c6++−
18 ♘c6+ ♔c8
18 ... ♔a8 19 ♛a5#
19 ♛a5
△ 20 ♛xc7# ∨ 20 ♛a8#   **1–0**

274

⊏ • ♖→ • ♛→

Charousek - Makovetz
Budapest 1893
C30

1 e4 e5 2 f4 ♗c5 3 ♘f3 d6 4 b4!? ♗xb4 5 c3 ♗a5 6 ♗c4 ♗b6 7 d4 ♗g4?! (7 ... exd4) **8 fxe5 dxe5?**

9 ? ❸

⊏

9 ♗xf7+!! ♔f8
9 ... ♔xf7 10 ♘xe5+ ♔e8 11 ♛xg4±
10 ♗a3+ ♘e7

11 ? ❷

♖→

11 0-0! (= 11 ♖f1!) **11 ... exd4**
11 ... ♔xf7 12 ♘xe5+ ♔e8 13 ♛xg4±

12 ? ❷

♛→

12 ♛b3! g6
12 ... dxc3+ 13 ♔h1+−
13 ♗xg6!

Δ 13 ... ♗xg6 hxg6 14 ♘e5+ ♔g7 (14
... ♔e8 15 ♕f7#) 15 ♕f7+ ♔h6 16
♘xg4++–   **1–0**

275

♕→ • ♟
Albin - Beauregard
Nueva York 1893
C42

**1 e4 e5 2 ♗c4 ♘f6 3 ♘f3 ♘xe4 4 ♘c3
♘d6 5 ♗b3 ♘c6 6 0-0 ♗e7 7 ♖e1 e4 8
♘xe4 ♘xe4 9 ♖xe4 d5 10 ♖e1 0-0 11
d4 ♗g4 12 c3 ♗d6 13 h3**

13 ♗xd5 ♗xh2+! 14 ♔xh2 ♕xd5=
13 ... ♗e6 14 ♗c2 h6??

🧠 **15 ?** ❶
♕→

15 ♕d3! g6

15 ... ♖e8 16 ♕h7+ ♔f8 17 ♗xh6
gxh6 18 ♕xh6+ ♔e7 19 ♖xe6+ fxe6
20 ♕g7#

🧠 **16 ?** ❸
♟

16 ♖xe6!!   **1–0**

276

→*00* • ♟ • ⊑
Schlechter - Reginald
Viena 1894
C14

**1 e4 e6 2 d4 d5 3 ♘c3 ♘f6 4 ♗g5 ♗e7
5 ♗xf6** (♙ 5 e5) **5 ... ♗xf6 6 ♘f3**
6 e5 ♗e7 7 ♕g4

6 ... 0-0 7 e5!? ♗e7 8 ♗d3 ♗d7?! (8 ...
c5!) **9 h4!?**
9 ♘e2!? Δ c5 10 c3
9 ... f6 (9 ... h6!)

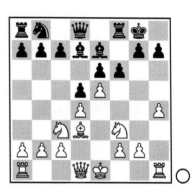

🧠 **10 ?** ❺
→*00*

10 ♘g5!? fxg5?
a) 10 ... h6!
b) 10 ... f5?! 11 g4→

🧠 **11 ?** ❸
♟

11 ♗xh7+!! ♔xh7
11 ... ♔h8 12 ♕h5+–
12 hxg5+ ♔g8
12 ... ♔g6 13 ♕h5+ ♔f5 14 ♖h3+–

🧠 13 ? ❹

⌒

13 ♖h8+! ♔f7

13 ... ♔xh8 14 ♕h5+ ♔g8 15 g6!+−
14 ♕h5+ g6 15 ♕h7+ ♔e8 16 ♕xg6#

1–0

277

⌒ • →00
Lipke - Suechting
Leipzig 1894
C30

**1 e4 e5 2 ♘c3 ♗c5 3 f4 d6 4 ♘f3 ♘f6
5 fxe5 dxe5 6 ♘xe5**

🧠 6 ...? ❸

⌒

6 ... 0-0!

6 ... ♕d4!? 7 ♘d3 ♗b6⩱
7 ♘f3 ♘c6 8 ♗c4 ♗g4 (8 ... ♘g4!) **9
d3 ♘h5** (9 ... ♘d4!) **10 ♘a4 ♗d6 11
0-0 ♘e5 12 ♗b3 ♘xf3+ 13 gxf3**

🧠 13 ...? ❹

→*00*

13 ... ♗xh2+!?

13 ... ♗h3! 14 ♖f2 b5 15 ♘c3 ♗c5∓
14 ♔xh2 ♕h4+ 15 ♔g1 ♕g3+ 15 ♔h1

½–½

278

♟ · ♛→ · ⇄

Lasker - Helms
Nueva York 1894
C62

**1 e4 e5 2 ♘f3 ♘c6 3 ♗b5 d6 4 d4 ♗d7
5 dxe5 dxe5 6 ♘c3 ♗d6 7 ♗g5 ♘ge7**
7 ... ♘f6 8 ♘d5!
8 ♘d5 f6?! (8 ... 0-0)

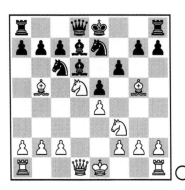

🧠 **9 ?** ❸
♟

9 ♗xf6!? gxf6 10 ♘xf6+ ♔f7?!
10 ... ♔f8! 11 ♘g5∞
11 ♘xd7!
Δ 11 ... ♕xd7? 12 ♘xe5+±
11 ... ♘g6? (11 ... ♔g7!)

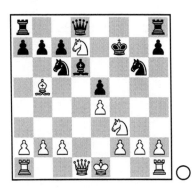

🧠 **12 ?** ❸
♕→

12 ♕d5+! ♔e7 13 ♘c5 ♘f4

🧠 **14 ?** ❸
⇄

14 ♘xb7! ♕b8
14 ... ♘xd5 15 ♘xd8±
**15 ♕xc6 ♘xg2+ 16 ♔f1 ♘f4 17 ♕d7+
♔f6 18 ♖g1**   **1–0**

279

Ψ · 🔒

Hymes - Steinitz
Nueva York 1894
C72

**1 e4 e5 2 ♘f3 ♘c6 3 ♗b5 a6 4 ♗a4
d6 5 d4 ♗d7 6 0-0 b5 7 ♗b3 ♘xd4!? 8
♘xd4 exd4**

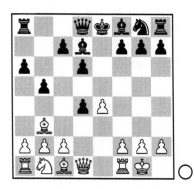

🧠 **9 ?** ❹
🔒

9 c3!
9 ♕xd4?? c5 10 ♕e3 c4∓
9 ... dxc3

244

🧠 **10 ?** ❸

Ψ

10 ♕d5!? (10 ♘xc3!?⩱) **10 ... ♗e6**

🧠 **11 ?** ❷

Ψ

11 ♕c6+! ♗d7

11 ... ♕d7?? 12 ♕xa8++−

🧠 **12 ?** ❶

Ψ

**12 ♕d5! ♗e6 13 ♕c6+ ♗d7 14 ♕d5
♗e6 15 ♕c6+ ♗d7 16 ♕d5 ♗e6 17
♕c6+ ♗d7 18 ♕d5 ♗e6 19 ♕c6+**

½–½

280

⊞ • ⛫ • ↻ • ♟ • →00
Albin - Shipley
Nueva York 1894
C56

**1 e4 e5 2 ♘f3 ♘c6 3 ♗c4 ♗c5 4 c3
♘f6 5 0-0 0-0** (♟ 5 ... ♘xe4!) **6 d4
exd4 7 cxd4 ♗b6?!**

🧠 **8 ?** ❷

⊞

8 d5! ♘e7

8 ... ♘a5? 9 ♗d3 d6 10 b4±

🧠 **9 ?** ❶

⊞

9 e5! ♘e8

9 ... ♘g4 10 h3!±

🧠 **10 ?** ❸

⛫

10 d6! cxd6 11 exd6 ♘g6? (11 ...
♘c6)

🧠 **12 ?** ❶

↻

12 ♗g5! ♘f6 13 ♘c3 h6?!

🧠 **14 ?** ❹

♟

14 ♕d3!! hxg5

a) 14 ... ♔h8 15 ♗xf7! ♖xf7 16
♕xg6±

b) 14 ... ♔h7 15 ♘e5! Δ 15 ... hxg5

245

16 ♗xf7!! ♖xf7 17 ♕xg6++−
15 ♕xg6 ♘h7

16 ? ❹
→00

16 ♘d5!
16 ♘e4+−
16 ... fxg6 17 ♘e7+
Δ 17 ... ♔h8 18 ♘xg6# **1–0**

281

♕→ • ‡
Varain - Salminger
Múnich 1895
C66

1 e4 e5 2 ♘f3 ♘c6 3 ♗b5 ♘f6 4 0-0 d6 5 d4 exd4 6 ♘xd4 ♗d7 7 ♘c3 ♗e7 8 f4?! (🕮 8 ♗xc6) **8 ... 0-0 9 ♗e3 ♕e8!? 10 ♘xc6 ♗xc6 11 ♗d3 ♕d7 12 ♗d4 ♖fe8 13 ♔h1 h6 14 e5?!**

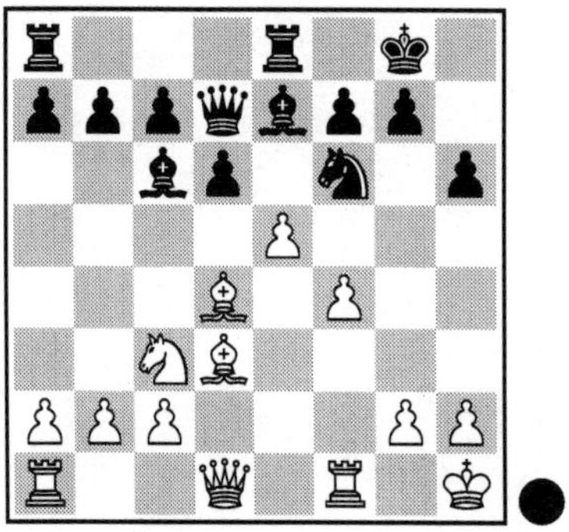

13 ...? ❸
♕→

14 ... ♕h3!! 15 ♘e4?? (15 ♕e2)

15 ...? ❹
‡

15 ... ♘xe4!! 16 gxh3??
16 ♗xe4 ♗xe4−+
16 ... ♘f2+! 17 ♔g1 ♘xh3# **0–1**

282

♕→ • →00 • ⇧
Meitner - Schlechter
Viena 1895
C77

1 e4 e5 2 ♘f3 ♘c6 3 ♗b5 a6 4 ♗a4 ♘f6 5 ♘c3 (🕮 5 0-0) **5 ... ♗c5 6 0-0**
a) 6 ♗xc6 dxc6 7 ♘xe5? ♗xf2+!! 8 ♔xf2 ♕d4+∓
b) 6 ♘xe5!? ♘xe5 7 d4 ♗d6=
6 ... b5 7 ♗b3 d6 8 d3 ♗g4 9 ♘e2?!

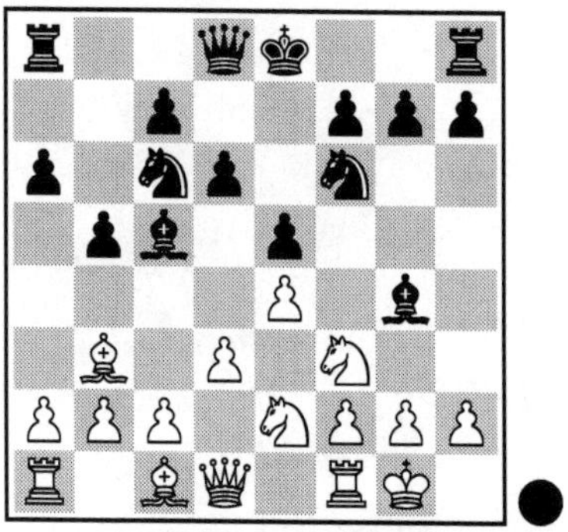

9 ...? ❸
♕→

9 ... ♕d7!?
⌓ 9 ... ♗xf3! 10 gxf3 ♕d7
10 c3 ♗xf3 11 gxf3 ♕h3! 12 ♘g3

12 ...? ❹
→00

12 ... h5! 13 ♗e3? (13 ♕e2) **13 ... h4
14 ♘h1?**

14 ♘f5 g6 15 ♗xc5 gxf5! 16 ♗e3
♖g8+∓

🧠 14 ...? ❹
⇧

14 ... ♖h6!! (△ 15 ... ♖g6+) **15 ♗xh6
gxh6**

△ 16 ... ♔e7 ∧ 17 ... ♖g8+−+   **0–1**

283

⊞ · ♟

🏃 Lasker - MacLaren
Inglaterra 1895
C48

**1 e4 e5 2 ♘c3 ♗c5 3 ♘f3 ♘c6 4 ♗b5
♘f6 5 ♘xe5!? ♗xf2+?**

5 ... ♘xe5! 6 d4 ♗d6=

6 ♔xf2 ♘xe5

🧠 7 ? ❷
⊞

7 d4! ♘eg4+?! (7 ... ♘g6)

🧠 8 ? ❷
♟

8 ♔g3?! (8 ♔g1!±) **8 ... c6 9 ♗d3
♘h5+?** (9 ... d5!)

🧠 10 ? ❹
♟

10 ♔xg4! d5+

10 ... ♕f6 11 ♔xh5!±

🧠 11 ? ❷
♟

11 ♔f3!

11 ♔xh5? g6+ 12 ♔h6 ♕h4+ 13 ♔g7
♔e7 △ 14 ... ♗g4 ∧ 15 ... ♖ag8#
11 ... ♕f6+

🧠 12 ? ❷
♟

12 ♔e3!

12 ♔e2 ♗g4+!−+
12 ... ♕f4+ 13 ♔e2 ♘g3+!?

🧠 14 ? ❸
♟

14 ♔e1!

14 hxg3?! ♗g4+ 15 ♔e1 ♕xg3+ 16 ♔f1 ♗xd1∞

14 ... ♕h4 15 hxg3 ♕xh1+ 16 ♔f2 ♕xd1 17 ♘xd1   **1–0**

284

♟ • →#

Chigorin - Janowsky
Hastings 1895
C26

1 e4 e5 2 ♘c3 ♘f6 3 d3?! d5! 4 exd5 ♘xd5 5 ♕e2?! ♘c6 6 ♗d2 ♗e7 7 0-0-0 0-0-0 8 ♕f3?!

a) 8 g3? ♘xc3! 9 ♗xc3 ♕d5–+
b) 8 ♘f3

8 ... ♗e6 9 ♘ge2 f5!? 10 ♕h3 (10 g3!?) **10 ... ♕d6 11 ♘xd5?! ♕xd5 12 ♘c3 ♕a5 13 a3**

13 ♔b1 ♗b4∓

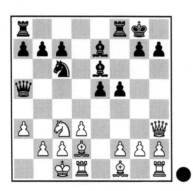

🧠 13 ...? ❹
♟

13 ... ♗xa3!! 14 ♘b1

14 bxa3 ♕xa3+ 15 ♔b1 ♘b4 16 ♖c1 ♗a2+ 17 ♔a1 ♗d5+ 18 ♔b1 ♖f6!∓

🧠 14 ...? ❸
→#

14 ... ♗xb2+! 15 ♔xb2 ♕a2+ 16 ♔c1

16 ♔c3 ♕a1#

16 ... ♘d4!   **0–1**

285

♟ • ♕ • ↔

Burn - Lasker
Hastings 1895
D40

1 d4 d5 2 c4 e6 3 ♘c3 ♘f6 4 ♘f3 c5 5 e3 ♘c6 6 cxd5 exd5 7 ♗d3 (7 ♗e2!?) **7 ... a6 8 dxc5 ♗xc5 9 0-0 0-0 10 ♗d2** (10 b3) **10 ... ♖e8 11 ♖c1 ♗a7 12 ♘e2 ♗g4 13 ♗c3**

13 ♗xa6?! ♗xf3 14 gxf3 ♘e5→

13 ... ♘e4 14 ♘g3?

14 ♗xe4 dxe4 15 ♕xd8 ♖axd8 16 ♘fd4 ♘e5∓

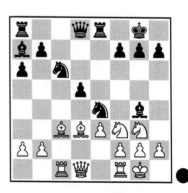

🧠 14 ...? ❺
♟

14 ... ♘xf2!!

14 ... ♘xc3!? 15 bxc3∓ (15 ♖xc3? d4!∓)

15 ♖xf2

15 ♔xf2?? ♖xe3−+

15 ... ♖xe3?! (15 ... ♗xe3!∓) **16 ♘f5?**
(16 ♗e1!)

🧠 **16 ...? ❸**

16 ... ♖xf3! 17 gxf3 ♗xf5 18 ♗xf5

🧠 **18 ...? ❷**

18 ... ♕g5+! 19 ♗g4 h5 20 ♕d2?

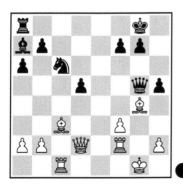

🧠 **20 ...? ❶**

20 ... ♗e3!   **0–1**

286

‡

Mieses - Ohquist
Núremberg 1895
B01

**1 e4 d5 2 exd5 ♕xd5 3 ♘c3 ♕d8 4 d4
♘c6?! 5 ♘f3 ♗g4 6 d5 ♘e5?**

🧠 **15 ? ❹**

‡

7 ♘xe5!! ♗xd1 8 ♗b5+! c6

8 ... ♕d7?? 9 ♗xd7+ ♔d8 10 ♘xf7+
♔xd7 11 ♔xd1+−

9 dxc6

9 ... ♕c7??

9 ... a6 10 c7+ axb5 11 cxd8♕+ ♖xd8

12 ♘xd1+−
10 cxb7+ ♚d8 11 ♘xf7#!!   **1–0**

287

☆☆☆☆☆

⇄ • *f7* • →*00* • ⇧ • ‡ • ✦ • →#

Winawer - Steinitz
Núremberg 1896
C22

**1 e4 e5 2 d4!? exd4 3 ♕xd4 ♘c6 4
♕e3 ♘f6 5 ♘c3 ♗b4 6 ♗d2 0-0 7
0-0-0 ♖e8 8 ♗c4!?**

8 f3 d5!⇄

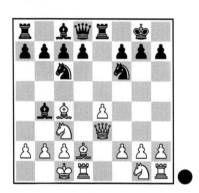

🧠 **8 ...?** ❺
⇄

8 ... ♗xc3?!

8 ... ♘a5! Δ ... d5 ⇄

9 ♗xc3 ♘xe4

9 ... ♖xe4?? 10 ♗xf6±

🧠 **10 ?** ❸
f7

10 ♕f4! ♘f6

a) 10 ... ♘d6? 11 ♖xd6!! cxd6 12
♕xf7+ ♚h8 13 ♕xg7#

b) 10 ... ♕g5? 11 ♗xf7+ ♚f8 12 ♕xg5
♘xg5 13 ♗xe8+−

c) 10 ... ♘g5?! 11 ♘h3 ♘e6 12 ♕g3→

d) 10 ... ♖e7! 11 ♗xf7+ ♖xf7 12
♕xe4=

11 ♘f3 d6

11 ... ♖e4? 12 ♗xf7+!! ♚xf7 13 ♘g5+
♚g8 14 ♘xe4+−

12 ♘g5 ♗e6

12 ... ♖f8? 13 ♗d3! h6 14 ♗xf6
♕xf6 15 ♕xf6 gxf6 16 ♘h7! ♖d8 17
♘xf6+±

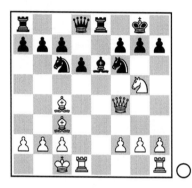

🧠 **13 ?** ❷
→*00*

13 ♗d3! h6

🧠 **14 ?** ❷
⇧

14 h4! ♘d5?!

14 ... hxg5 15 hxg5 ♘d5 (15 ...
♘g4∞) 16 ♖h8+! ♚xh8 17 ♕h4+
♚g8 18 ♗xg7!! ♚xg7 19 ♕h6+ ♚g8
20 ♖h1+−

🧠 **15 ?** ❸
‡

15 ♗h7+!
15 ♕e4 f5!⇄
15 ... ♔h8
15 ... ♔f8? 16 ♘xe6+ ♖xe6 17
♖xd5+−

🧠 **16 ?** ❺

✒

16 ♖xd5!! ♗xd5 17 ♗e4!
Δ ♘xf7 ∧ ♕xh6
17 ... f6?
17 ... ♖xe4! 18 ♘xc4 (18 ♘xf7+?
♔g8!∓) 18 ... ♘e5 19 ♘xd6!! ♕xd6
(19 ... cxd6 20 ♖d1!) 20 ♗xe5 ♕c6=
18 ♗xd5 fxg5 19 hxg5 ♘e5

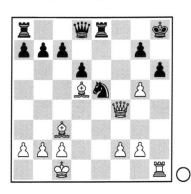

🧠 **7 ?** ❸

→#

20 g6!
Δ ♖xh6   **1–0**

288

↗ • ↪

Teed - Delmar
Nueva York 1896
A80

1 d4 f5 2 ♗g5 h6 3 ♗h4 g5 4 ♗g3 f4?

🧠 **5 ?** ❸

↗

5 e3! h5 6 ♗d3!?
a) 6 ♗e2!±
b) 6 ♕d3 ♗g7!∞
6 ... ♖h6?? (6 ... d6!)

🧠 **7 ?** ❷

↪

7 ♕xh5+!! ♖xh5 8 ♗g6#   **1–0**

289

→00 • 🔒 • ℃ • →#

Tarrasch - Janowsky
Budapest 1896
C26

1 e4 e5 2 ♘c3 ♘f6 3 g3 ♗c5 4 ♗g2 ♘c6 5 ♘ge2 ♘g4!? 6 0-0

🧠 **6 ...?** ❺
→00

6 ... h5! 7 h3? (7 ♘a4)

🧠 **7 ...?** ❹
🔓

7 ... h4! 8 hxg4
8 d4!? exd4 9 ♘a4!
8 ... hxg3 9 g5?
a) 9 ♘xg3? ♕h4 10 ♖e1 ♕xg3 11 d4 ♘xd4! △ 12 fxg3? ♘e2+ 13 ♔f1 ♘xg3#
b) 9 d4! ♘xd4 (9 ... ♕h4? 10 fxg3 ♕h2+ 11 ♔f2±) 10 ♘xd4 ♗xd4 11 g5∞
9 ... ♕xg5 10 d4 ♕h5! 11 ♖e1
11 fxg3? exd4−+
11 ... d6?! (11 ... exd4!) **12 ♘xg3**

12 dxc5 ♕h2+ 13 ♔f1 ♗h3−+
12 ... ♕h2+ 13 ♔f1 ♘xd4 14 ♘d5??
(14 ♘f5∞)

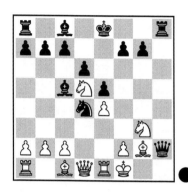

🧠 **14 ...?** ❷
℃

14 ... ♗h3! 15 ♘e3?? ♗xg2+ 16 ♘xg2

🧠 **16 ...?** ❷
→#

16 ... ♕h1+! 17 ♘xh1 ♖xh1#　　　**0–1**

290

☆☆☆☆☆

f2 • ♟ • ♕→ • ♖→ • →#

Mikyska - Traxler

✉ *1896*

C57

1 e4 e5 2 ♘f3 ♘c6 3 ♗c4 ♘f6 4 ♘g5 ♗c5 5 ♘xf7 (🕮 5 ♗xf7+!)

🧠 **5 ...?** ❹

f2

5 ... ♗xf2+!! 6 ♔f1

6 ♔xf2 ♘xe4+∞

6 ... ♕e7 7 ♘xh8

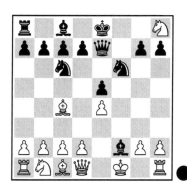

🧠 **7 ...?** ❸

🔒

7 ... d5! 8 exd5

8 ♗xd5?? ♗g4!-+

8 ... ♘d4 9 c3? (9 d6!) **9 ... ♗g4 10 ♕a4+**

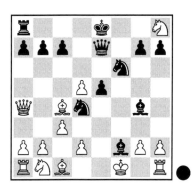

🧠 **10 ...?** ❹

♕→

10 ... ♘d7!

10 ... ♗d7? 11 ♕a3 ♘c2 12 ♕xe7+ ♔xe7 13 ♔xf2 ♖xh8 14 ♘a3±

11 ♔xf2

11 cxd4 ♕f6!-+

11 ... ♕h4+ 12 ♔e3

12 g3? ♕f6+ 13 ♔e1 (13 ♔g1? ♘e2+ 14 ♗xe2 ♗xe2∓) 13 ... ♕f5! (Δ ...♘c2+) 14 cxd4 ♕e4+-+

12 ... ♕g5+ 13 ♔f2 ♕f5+?! (○ 13 ... ♕f4+!) **14 ♔g1**

🧠 **14 ...?** ❺

☖→

14 ... 0-0-0! 15 cxd4 ☖f8! 16 h3 ♛f2+ 17 ♔h2

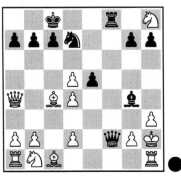

🧠 **17 ...?** ❸

→#

17 ... ♝xh3!! 18 ♔xh3
a) 18 ☖g1 ☖f4∓
b) 18 ♝f1 ☖f4∓ Δ ...☖h4
18 ... g5 (Δ 19 ... ♛h4#)   **0–1**

291

⇄ • →00 • ✎

Meaker - Hesse
Brooklyn 1896
C54

1 e4 e5 2 ♘f3 ♘c6 3 ♝c4 ♝c5 4 c3 ♘f6 5 d4 exd4 6 cxd4 ♝b4+ 7 ♝d2 ♝xd2+ 8 ♘bxd2 d5 9 exd5 ♘xd5 10 ♛e2+?! (♟ 10 0-0; 10 ♛b3) **10 ... ♝e6 11 ♝b5?! 0-0 12 ♝xc6 bxc6 13 0-0 ☖b8! 14 ♘c4?!** (14 b3)

🧠 **14 ...?** ❷

⇄

14 ... ♘f4! 15 ♛c2 ♝d5! 16 ♘ce5 (16 ♘cd2) **16 ... ♛f6 17 ♘d7?**

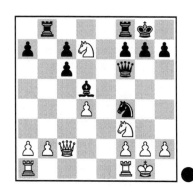

🧠 **17 ...?** ❸

→00

17 ... ♘h3+! 18 ♔h1
18 gxh3? ♛xf3–+

🧠 **18 ...?** ❸

✎

18 ... ♛xf3!! 19 gxf3 ♝xf3#   **0–1**

292

↗ · ♟ · ♔ · ♘

Janowsky - Schallopp

Núremberg 1896

D21

**1 d4 d5 2 c4 dxc4 3 ♘f3 c5 4 e3 cxd4
5 exd4 ♗g4?** (⌂ 5 ... e6) **6 ♗xc4 e6**

🧠 **7 ? ❶**

↗

7 ♕a4+! ♘c6

7 ... ♘d7 8 ♘e5!±

🧠 **8 ? ❸**

♟

8 ♘e5! ♕xd4?

a) 8 ... a6 9 ♘xg4 b5 10 ♗xb5 axb5
11 ♕xb5±

b) 8 ... ♗b4+

9 ♘xc6 ♕e4+

9 ... bxc6 10 ♕xc6+ ♔e7 11 ♘c3!±
(11 ♕xa8?? ♕d1#)

10 ♗e3 bxc6

10 ... ♕xc6? 11 ♗b5+−

11 ♘c3! ♕xg2

🧠 **12 ? ❹**

♔

12 ♗d5!! exd5 13 ♕xc6+ ♔d8

13 ... ♔e7 14 ♘xd5++−

**14 ♕xa8+ ♔d7 15 ♕b7+ ♔e6 16
♕c6+ ♗d6**

a) 16 ... ♔e7 17 ♘xd5++−

b) 16 ... ♔f5 17 ♔d2!+−

🧠 **17 ? ❸**

♘

17 ♗f4!!

△ 17 ... ♕xh1+ 18 ♔d2 ♕xa1 19
♕xd6+ ♔f5 20 ♕e5+ ♔g6 21 ♕g5#

1–0

293

✎ · ↬

Heemskerck - Van Rein

1896

C39

**1 e4 e5 2 f4 exf4 3 ♘f3 g5 4 h4 g4 5
♘e5 d5?!** (⌂ 5 ... ♘f6) **6 d4!? ♘f6
7 ♗xf4 ♘xe4 8 ♘d2 ♘xd2 9 ♕xd2
♗e6 10 0-0-0 ♘d7 11 ♖e1 ♗e7 12
♕e2 ♖g8??**

🧠 13 ? ❹
✎

🧠 15 ...? ❺
⇄

13 ♘xf7!! ♗xf7

13 ... ♔xf7 14 ♕xe6++–

🧠 14 ? ❷
↬

15 ... ♕xe5!!

14 ♗xc7!

△ 14 ... ♕xc7 15 ♕xe7#   **1–0**

294

⇄
Urusov - Hardin
Rusia ✉ 1897
C52

**1 e4 e5 2 ♘f3 ♘c6 3 ♗c4 ♗c5 4 b4
♗xb4 5 c3 ♗a5 6 0-0 d6 7 d4 ♗b6 8
a4** (❏ 8 dxe5!) **8 ... ♘f6 9 ♗b5 a6 10
♗xc6+ bxc6 11 a5 ♗a7 12 ♕a4**

12 dxe5 ♘xe4⇄

12 ... 0-0!

12 ... ♘xe4? 13 ♕xc6+±

13 dxe5 dxe5 14 ♘xe5?! (14 ♘bd2)
14 ... ♕e8! 15 ♕xc6?

a) 15 ♘xc6? ♗d7

b) ⊐ 15 ♗f4

△ 16 ♕xa8 ♘g4 17 g3 ♘xh2!!
a) 18 ♔xh2 ♕h5+ 19 ♔g1 ♕f3 20
♘d2 (20 ♕xa7 ♗h3–+) 20 ... ♕xg3+
21 ♔h1 ♕h4+ 22 ♔g1 ♗h3–+
b) 18 ♗f4 ♕h5 19 ♘d2 ♗h3 20 ♕xa7
♘f3+–+
c) 18 ♕xa7 ♘f3+ 19 ♔g2 (19 ♔h1
♕h5+ 20 ♔g2 ♗h3+ 21 ♔h1 ♗xf1#)
19 ... ♕xe4 20 ♕e3 ♘e1+ 21 ♔g1
♕g2#   **0–1**

295

☆☆☆☆☆

→♔⊞ • ♟ • ↬ • ┶ • ⊕♛

Chigorin - Albin
Berlín 1897
C56

1 e4 e5 2 ♘f3 ♘c6 3 ♗c4 ♘f6 4 d4 exd4 5 0-0 ♗c5 6 e5 d5 7 exf6 dxc4 8 ♖e1+ ♗e6

8 ... ♔f8?! 9 ♗g5!

🧠 **9 ? ❸**

→♔⊞

9 ♘g5!

△ 10 ♘xe6 fxe6 11 ♕h5+ g6 12 ♕xc5+−

9 ... ♕d5

🧠 **10 ? ❷**

♟

10 ♘c3! ♕f5

10 ... dxc3?? 11 ♕xd5+−

11 ♘ce4 (11 g4!?) **11 ... 0-0-0**

🧠 **12 ? ❹**

↬

12 g4! ♕d5?

a) 12 ... ♕e5!∞

b) 12 ... ♕xg4+? 13 ♕xg4 ♗xg4 14 ♘xf7±

🧠 **13 ? ❶**

┶

13 fxg7! ♖hg8 14 ♘f6 ♕d6

🧠 **15 ? ❸**

⊕♛

15 ♘ge4! ♕e5

15 ... ♕e7 16 ♘xg8 ♖xg8 17 ♗g5+−

16 f4! d3+ 17 ♔g2 ♕d4 18 c3!   1–0

296

✎ • →#

Albin - Blackburne
Berlín 1897
C51

1 e4 e5 2 ♘f3 ♘c6 3 ♗c4 ♗c5 4 b4 ♗b6!? 5 ♗b2 (⏟ 5 a4!) **5 ... d6 6 0-0 ♘f6 7 b5 ♘e7 8 ♘c3 ♘g6 9 d3 0-0 10 ♘d5?! ♘xd5 11 ♗xd5 ♘f4 12 ♗b3 ♗g4 13 d4?** (13 ♗c1!) **13 ... exd4 14 ♕d2 ♕f6!**

a) 14 ... ♘h3+!!
b) 14 ... ♗xf3!? 15 ♕xf4 ♗e2∓
15 ♔h1?
a) 15 ♘xd4 ♕g5!→
b) 15 ♗xd4 ♘h3+!! 16 gxh3 (16 ♔h1
♕xf3!!) 16 ... ♕xf3 17 hxg4 ♕xg4+
18 ♔h1 ♕xe4+ 19 f3 ♕xd4∓

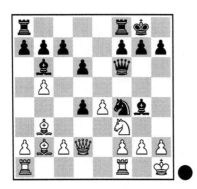

🧠 **15 ...?** ❷
🗡

15 ... ♘xg2!! 16 ♘xd4 ♗xd4 17 ♕xd4

🧠 **17 ...?** ❸
→#

17 ... ♗f3!!
Δ 18 ♕xf6 ♘f4+ 19 ♔g1 ♘h3#   **0–1**

297

🗡→ • ♕→ • ♟ • 🗡
Morgan - Hutch
✉ *1897*
C42

**1 e4 e5 2 ♘f3 ♘f6 3 ♘xe5 d6 4 ♘f3
♘xe4 5 d4 d5 6 ♗d3 ♘c6 7 0-0 ♗e7 8
♖e1 ♗g4 9 c3 f5 10 ♘bd2 0-0 11 ♕b3**
Δ 12 ♘xe4 fxe4 13 ♗xe4

11 ... ♔h8!? (11 ... ♘a5!?) **12 ♕xb7**

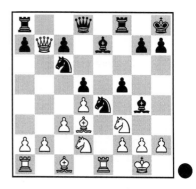

🧠 **12 ...?** ❹
🗡→

12 ... ♖f6!
Δ 13 ... ♖b8 14 ♕a6 ♘b4∓
13 ♕b3 ♖b8 14 ♕c2 ♖g6 (14 ... ♗d6!?)
15 ♗e2

🧠 **15 ...?** ❸
♕→

15 ... ♕d6 16 c4?

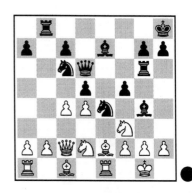

🧠 **16 ...?** ❶
♟

16 ... ♗h3! 17 ♗f1
17 g3 ♘xg3!!∓

🧠 17 ...? ❷

🖋

17 ... ♖xg2+!!

△ 18 ♗xg2 ♕g6–+   **0–1**

298

☆☆☆☆☆

‡ • ↩ • →#

Rubinstein - Bartoshkevich

✉ *1897*

C56

1 e4 e5 2 ♘f3 ♘c6 3 ♗c4 ♘f6 4 d4 exd4 5 0-0 ♗c5 6 e5 d5 7 exf6 dxc4 8 ♖e1+ ♔f8?!

🧠 9 ? ❸

‡

9 ♗g5! (△ 10 fxg7+) **9 ... gxf6 10 ♗h6+ ♔g8 11 ♘xd4!?** (11 ♘c3!) **11 ... ♗xd4?!**

a) 11 ... ♕xd4?? 12 ♖e8+ ♗f8 13 ♖xf8#

b) 11 ... ♘xd4! 12 c3 ♗e6 13 cxd4 ♕xd4 14 ♕f3 ♕h4⇄

12 c3 ♗f5?

a) 12 ... ♗c5?? 13 ♕xd8+ ♘xd8 14

♖e8++–

b) 12 ... ♗e5! 13 ♕xd8+ ♘xd8 14 f4!∞

13 cxd4 ♘xd4

13 ... ♕xd4 14 ♕xd4 ♘xd4 15 ♘c3 c6 16 ♘e4 ♗xe4 17 ♖xe4±

14 ♘c3 ♗g6?

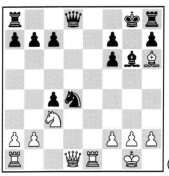

🧠 15 ? ❹

↩

15 ♖e8+!! ♕xe8 16 ♕xd4 ♕e5

🧠 17 ? ❹

→#

17 ♘d5!!

△ 18 ♘xf6+ ∨ 18 ♘e7+   **1–0**

299

♕→ • 🖋

Pillsbury - Schwarz

Viena 1898

C10

1 e4 e6 2 d4 d5 3 ♘c3 dxe4 4 ♘xe4 ♘f6 5 ♗d3!? ♘xe4

5 ... ♕xd4?? 6 ♗b5++–

6 ♗xe4 c5 7 d5!? (7 ♘e2) **7 ... exd5**

259

8 ♗xd5 ♗d6 9 ♘f3 h6?! (9 ... 0-0) **10 0-0 0-0 11 ♗e3 ♕c7?!** (11 ... ♘c6)

🧠 **12 ?** ❷

♕→

12 ♕d2!

△ 13 ♗xh6 gxh6 14 ♕xh6→

12 ... ♔h7 13 ♖ad1 ♖d8

🧠 **14 ?** ❷

♕→

14 ♕d3+! g6

a) 14 ... ♔g8? 15 ♗xh6! △ 15 ... gxh6 16 ♕g6+

b) 14 ... ♔h8 15 ♗xh6 gxh6 16 ♕c3+ ♔g8 17 ♕f6±

🧠 **15 ?** ❸

♕→

15 ♕c4! ♖d7?

⌓ 15 ... ♔g7

🧠 **16 ?** ❷

♕→

16 ♕h4! ♗f8 17 ♗f4

17 ♘g5+! ♔g8 (17 ... ♔g7 18 ♘e6+!

fxe6 19 ♕xh6+ ♔f7 20 ♗xe6+!) 18 ♘e4±

17 ... ♕b6 18 ♘e5 f6

18 ... ♖e7 19 ♘xf7±

🧠 **15 ?** ❸

🔦

19 ♗xh6!!

△ 19 ... ♗xh6 20 ♘g4±

a) 19 ♘xd7±

b) 19 ♘xg6! ♔xg6 20 ♕g4+ ♔h7 21 ♕g8#   **1–0**

300

→*00* • ⇄ • ♕→ • ↤

Pasternak - Lasker

Suiza 1898

C45

1 e4 e5 2 ♘f3 ♘c6 3 d4 exd4 4 ♘xd4 ♗c5 5 ♘xc6 bxc6 6 ♗d3 d5 7 0-0 ♘f6 8 e5?! (8 exd5!) **8 ... ♘g4! 9 ♗f4**

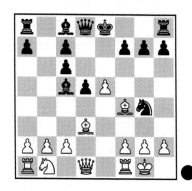

🧠 **9 ...?** ❺

→*00*

9 ... g5!! 10 ♗g3

10 ♗d2 0-0∓

10 ... h5! 11 ♗e2 h4 12 ♗xg4 hxg3 13 hxg3

13 ♗xc8 gxf2+! 14 ♔h1 ♕xc8∓

 13 ...? ❹

⇄

13 ... f5!! 14 ♗h5+

a) 14 exf6 ♕xf6 Δ 15 ... ♕h6→

b) 14 ♕d3!= Δ fxg4 15 ♕g6+∞

14 ... ♔f8 15 g4

 15 ...? ❷

♕→

15 ... ♕e7!

Δ 16 ... ♕xe5 ∨ 16 ... ♕h7

16 gxf5

16 ♖e1 fxg4 17 ♗xg4 ♕h7∓

16 ... ♕xe5 17 ♖e1 ♕xf5 18 ♕f3

 18 ...? ❸

↪

18 ... ♖xh5!!

Δ 18 ... 19 ♕xh5 ♕xf2+−+   **0–1**

301

↪ • ‡

Lasker - Wright
Inglaterra 1898
C68

1 e4 e5 2 ♘f3 ♘c6 3 ♗b5 a6 4 ♗xc6 dxc6 5 ♘c3 ♗g4?! 6 h3! ♗xf3

6 ... ♗h5 7 g4 ♗g6 8 ♘xe5±

7 ♕xf3 ♗c5 8 d3 ♘e7 9 ♘e2!? ♘g6 10 0-0 ♕d7 11 ♘g3 ♗e7 12 ♘f5 0-0 13 ♕g4!?

13 g3!? Δ 14 h4

13 ... ♔h8 14 ♗e3 ♗f6 15 ♖ad1 ♖ae8?

(15 ... ♖ad8)

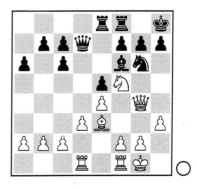

 16 ? ❹

↪

16 ♗c5! ♖g8

a) 16 ... ♗e7? 17 ♗xe7 ♘xe7 18 ♕xg7#

b) 16 ... ♘e7? 17 ♗xe7 ♗xe7 18 ♕xg7#

 17 ? ❸

‡

17 ♘h6!! ♖d8

a) 17 ... ♕xg4? 18 ♘xf7#

b) 17 ... gxh6? 18 ♕xd7+−

18 ♕xd7 ♖xd7 19 ♘xg8　　　　　**1–0**

302

☆☆☆☆☆

🔒 • ↭ • ↗

Rosentreter - Hoffer

Berlín 1899

C50

1 e4 e5 2 ♘f3 ♘c6 3 ♗c4 ♗c5 4 0-0 ♘f6 5 d4?! ♗xd4!

a) 5 ... ♘xd4? 6 ♘xe5±

b) 5 ... exd4!?

6 ♘xd4 ♘xd4

6 ... exd4 7 e5!→

7 ♗g5 h6 (△ 7 ... d6) 8 ♗h4 g5?

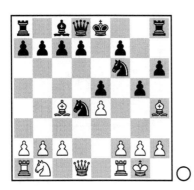

🧠 **9 ? ❺**

🔒

9 f4!! gxf4

a) 9 ... exf4? 10 ♕xd4 gxh4 11 ♖xf4±

b) 9 ... gxh4 10 fxe5

c) 9 ... ♘xe4 10 fxe5±

d) △ 9 ... d5!?

🧠 **10 ? ❹**

↭

10 ♖xf4!! exf4 11 ♕xd4 0-0 12 ♗xf6 ♕e8

🧠 **13 ? ❸**

↗

13 ♗h8!

△ 14 ♕g7#　　　　　**1–0**

303

♟ • ‡

Johnston - Marshall

Chicago 1899

D07

1 d4 d5 2 c4 e6 3 ♘c3 ♘c6?! 4 ♘f3 ♘f6 5 ♗f4 ♗d6 6 ♗g3 ♘e4 7 e3 0-0 8 ♗d3 f5?! 9 a3 b6 10 ♖c1 ♗b7 11 cxd5 exd5

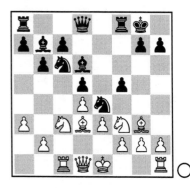

🧠 **12 ? ❸**

♟

12 ♘xd5!! ♘xd4!?

12 ... ♗xg3 13 hxg3 ♕xd5?? 14 ♗c4+−

13 ♗c4! ♘xf3+ 14 gxf3 ♘xg3

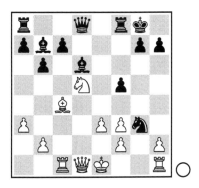

🧠 **15 ? ❹**
‡

15 ♘e7+!! ♔h8 16 ♘g6+ hxg6 17 hxg3+ ♕h4 18 ♖xh4#   **1–0**

304

C • →00 • ♕→
De France - Hald
Nebraska 1899
C67

1 e4 e5 2 ♘f3 ♘c6 3 ♗b5 ♘f6 4 0-0 ♘xe4 5 d4 ♗e7 6 ♕e2 ♘d6 7 ♗xc6 bxc6 8 dxe5 ♘b7 9 ♖e1 0-0 10 ♘c3 ♗c5?!

10 ... ♘c5 △ 11 ... ♘e6

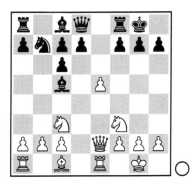

🧠 **11 ? ❶**
C

11 ♗g5! ♕e8?!
11 ... ♗e7 12 ♗xe7 ♕xe7±
12 ♘e4! ♗b6

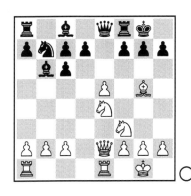

🧠 **13 ? ❸**
→00

13 ♘f6+!! gxf6 14 ♗xf6 d5
14 ... ♕e6 15 ♘d4!! (15 ♕d2!?) 15 ... ♗xd4 16 ♕h5 ♕xf6 17 exf6 ♗xf6 18 ♖e3±

🧠 **15 ? ❸**
♕→

15 ♘g5?! (15 ♕d2!!±) 15 ... ♗f5??
15 ... ♕d7! △ 16 ♕h5 ♕f5!
16 ♕h5 ♘d8 17 ♕h6
△ 17 ... ♘e6 18 ♘xe6 fxe6 19 ♕g7#
                                                   1–0

305

🧱 · ✒ · ♕→

Bird - Caro
1899
C56

1 e4 e5 2 ♘f3 ♘c6 3 ♗c4 ♗c5 4 0-0 ♘f6 5 c3?! ♘xe4 6 d4 exd4 (6 ... d5!)
7 cxd4? ♗e7? 8 d5! ♘b8
a) 8 ... ♘b4 9 a3 ♘a6 10 ♖e1 ♘d6 11 ♗xa6 bxa6 12 ♕e2↑
b) 8 ... ♘a5?! 9 ♗d3 ♘d6 10 ♖e1≈
9 ♖e1 ♘f6?
9 ... ♘d6! 10 ♗d3

🧠 **10 ?** ❹
🧱

10 d6!
10 ♕e2!? d6 (10 ... 0-0? 11 ♕xe7±)
11 ♘d4≈
10 ... cxd6 11 ♘c3 0-0

🧠 **12 ?** ❺
✒

12 ♖xe7!? (12 ♗f4!±) **12 ... ♕xe7 13 ♗g5 ♘c6 14 ♘d5!?** (14 ♗b3!) **14 ... ♕e4 15 ♘xf6+ gxf6 16 ♗xf6?!** (16

♗d3!) **16 ... ♕xc4?** (16 ... ♕f4□∞)

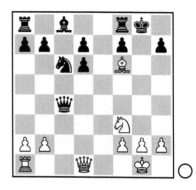

🧠 **17 ?** ❸
♕→

17 ♘d4!
Δ 17 ... ♘e5 (17 ... ♘xd4? 18 ♕g4#)
18 ♕h5!+– **1–0**

306

⇄ · →♔⊞

Bachmann - Kunstmann
Augsburgo 1899
C44

1 e4 e5 2 ♘f3 ♘c6 3 c3 ♘f6 (3 ... d5!)
4 d4 ♘xe4 5 d5

5 ... ♘e7

5 ... ♗c5!? 6 dxc6 ♗xf2+ (6 ... ♘xf2 7
♕d5!) 7 ♔e2 bxc6∞

6 ♘xe5 ♘g6 7 ♗d3 ♘xf2?

7 ... ♘xe5 8 ♗xe4 ♗c5=

🧠 8 ? ❺
⇄

8 ♗xg6!!

8 ♔xf2 ♗c5+!∓

8 ... ♘xd1

8 ... ♕f6 9 ♕e2 ♘xh1 10 ♗xf7+ ♔e7
11 ♗g5!! ♕xg5 12 ♘xd7+ ♔xd7 13
♕e6+ ♔d8 14 ♕e8#

**9 ♗xf7+ ♔e7 10 ♗g5+ ♔d6 11 ♘c4+
♔c5**

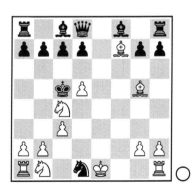

🧠 12 ? ❸
→♔⊞

12 ♘ba3! ♘xc3

a) 12 ... ♕xg5 13 b4#

b) 12 ... ♘xb2 13 ♗e3#

c) 12 ... a5 13 ♗xd8±

13 ♗xd8 ♘xd5 14 ♗xd5 ♔xd5

15 0-0-0+   1–0

307

◖ • →#
Atkins - Te Kolsté
Ámsterdam 1899
E54

**1 d4 d5 2 c4 e6 3 ♘c3 ♘f6 4 ♗g5 ♗e7
5 e3 0-0 6 ♘f3 ♘bd7 7 ♗d3 dxc4 8
♗xc4 c5 9 0-0 cxd4 10 exd4 b6** (10 ...
a6!?) **11 ♕e2** (11 d5!?) **11 ... ♗b7 12
♖ad1 ♖e8?! 13 ♖fe1 ♖c8 14 ♗b3 a6
15 ♘e5 ♘d5?**

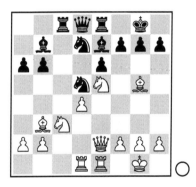

🧠 16 ? ❸
◖

**16 ♘xf7!! ♔xf7 17 ♕xe6+ ♔f8 18
♘xd5 ♗xg5**

🧠 19 ? ❸
→#

19 ♘e7!!

Δ 19 ... ♖xe7 20 ♕g8#   **1–0**

Δ 17 ... ♔xf7 18 ♕h5+ g6 19 ♕xa5±   **1–0**

308

⚰ • ‡

Chigorin - Schlechter
Londres 1899
C33

309

⚰

Swiderski - Moquette
Ámsterdam 1899
D05

1 e4 e5 2 f4 exf4 3 ♗c4 ♘f6 (3 ... ♕h4+!?) **4 ♘c3** (4 e5? d5!) **4 ... ♘c6** 4 ... ♘xe4? 5 ♕e2!±

5 ♘f3 ♗b4 6 0-0 0-0 7 e5 ♘g4 (7 ... d5!?) **8 d4 d6 9 h3 ♘e3 10 ♗xe3 fxe3 11 ♘d5! ♗a5?** (11 ... ♗e6) **12 exd6 ♕xd6?!** (12 ... cxd6!) **13 ♘g5! ♕g6?** (13 ... ♗d7)

1 d4 d5 2 e3 ♘f6 3 ♗d3 e6 4 ♘f3 ♗d6 5 0-0 0-0 6 ♘bd2 ♘bd7 7 e4 dxe4 8 ♘xe4 ♘xe4 9 ♗xe4 ♘f6 10 ♗d3 b6 11 ♗g5 ♗b7 12 ♖e1 (12 ♕e2) **12 ... ♖e8?!** (12 ... c5) **13 ♘e5 ♖c8 14 ♖e3!? ♗e7? 15 ♗xf6 ♗xf6**

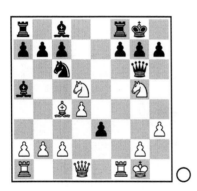

🧠 **14 ?** ❺

⚰

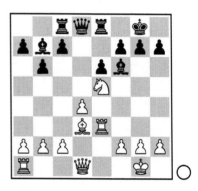

🧠 **14 ?** ❹

⚰

14 ♘xf7!! (14 ♖xf7!!) **14 ... ♖xf7**
14 ... ♗e6!? 15 ♗d3!±

🧠 **15 ?** ❸

‡

15 ♘e7+! ♘xe7 16 ♗xf7+ ♕xf7 17 ♖xf7

16 ♗xh7+!! ♔xh7 17 ♕h5+
Δ 17 ... ♔g8 18 ♕xf7+ ♔h7 19 ♖h3+ ♗h4 20 ♕h5+ ♔g8 21 ♖xh4+−   **1–0**

310

♟ · ♕→ · →#

●● Pillsbury - ♟
Newark 1899
D31

1 d4 d5 2 c4 e6 3 ♘c3 c6 4 ♘f3 ♗d6 5 e4! ♘e7 6 ♗d3 0-0? 7 e5 ♗c7

🧠 **8 ? ❹**
♟

8 ♗xh7+!! ♔xh7 9 ♘g5+ ♔g6
9 ... ♔g8 10 ♕h5 ♖e8 11 ♕h7+ ♔f8
12 ♕h8+ ♘g8 13 ♘h7+ ♔e7 14
♗g5++−

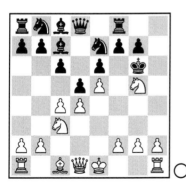

🧠 **10 ? ❸**
♕→

10 ♕g4
a) 10 h4+−
b) 10 ♕d3++−
c) 10 ♘e2+−
10 ... f5 11 ♕g3! ♕d7
11 ... f4 12 ♕g4 ♕e8 13 ♘e2±

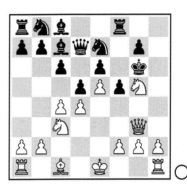

🧠 **12 ? ❸**
→#

12 ♕h4
△ 13 ♕h7#   **1−0**

Índice de perlas

Índice de aperturas

Índice de partidas de jugadores destacados

(en negrita las que juegan con negras)

Índice de partidas según los motivos tácticos

→#   G34, G36, G38, G43, G46, G52, 1, 9, 24, 25, 38,39, 40, 43, 45, 70, 87, 114, 138, 150, 156, 158, 164, 177, 181, 182, 190, 191, 196, 199, 205, 214, 221, 231, 233, 237, 250, 252, 256, 257, 258, 264, 267, 268, 284, 287, 289, 290, 296, 298, 302, 307, 310

Ч   0, G1,G2, G3, G4,G5, G6, G7, G18, G33, G51, G52, G53, 6, 7, 13, 31, 41, 43, 45, 75, 76, 98, 104, 105, 107, 111, 116, 117, 131, 161, 176, 179, 189, 200, 208, 212, 218, 220, 224, 246, 259, 262, 263, 269, 279, 285, 295

⊆   0, G5, G6, G7, G8, G16, G21, G26, G37, G46, G48, G49, G51, 24, 25, 32, 43, 45, 73, 98, 108, 136, 153, 161, 167, 181, 184, 206, 219, 227,236, 269, 273, 274, 276, 307

f2 ∨ *f7*   0, G3, G4, G5, G6, G7, G18, G21, G26, G49, G50, 4, 6, 7, 13, 15, 16, 19, 22, 24, 26, 29, 32, 36, 38, 45, 51, 52, 63, 65, 70, 85, 88, 91, 97, 104, 105, 108, 113, 121, 125, 126, 129, 134, 142, 144, 156, 160, 163, 181, 200, 226, 231, 233, 244, 247, 250, 252, 261, 287, 290

▦   G47, 138, 158, 217, 265, 280, 305

♟   G9, G10, G11, G12, G13, G49, G52, 35, 36, 40, 41, 46, 47, 48, 52, 53, 62, 69, 74, 81, 87, 88, 89, 92, 94, 101, 102, 104, 105, 106, 109, 116, 117, 119, 131, 132, 134, 135, 143, 164, 170, 195, 198, 200, 209, 210, 215, 223, 232, 239, 241, 242, 244, 290, 273, 280, 292, 297, 303

⇧   G39, G40, 6, 26, 27, 40, 43, 49, 50, 51, 55, 60, 64, 72, 76, 103, 109, 130, 134, 184, 193, 203, 240, 249, 253, 261, 282, 287, 233, 244, 247, 251, 262, 268, 271, 278, 287, 291, 294, 300, 306

⇄   G33, G45, G47, 13, 23, 53, 54, 86, 87, 93, 95, 99, 107, 109, 146, 164, 165, 168, 169, 202, 204, 205, 214, 215, 223, 225

♥   99, 107, 209, 267, 272, 283

‡   G14, G15, G16, G17, G18, G19, G22, G44, G45, G46, G53, 1, 4, 11, 12, 15, 18, 22, 28, 39, 49, 50, 53, 55, 57, 58, 66, 69, 75, 81, 93, 102, 117, 124, 133, 134, 143, 145, 160, 174, 175, 188, 193, 199, 202, 232, 233, 246, 260, 281, 286, 287, 298, 301, 303, 308

✒ G42, G44, G49, G52, 4, 6, 8, 10, 17, 23, 37, 38, 46, 47, 52, 54, 61, 65, 66, 69, 79, 80, 81, 89, 91, 92, 96, 98, 100, 104, 108, 110, 113, 114, 121, 123, 125, 126, 127, 128, 132, 133, 135, 136, 137, 146, 149, 150, 157, 160, 165,171, 175, 178, 182, 183, 184, 185, 192, 196, 199, 201, 204, 207, 208, 210, 213, 216, 217, 219, 225, 228, 229, 232, 234, 238, 244, 255, 257, 258, 260, 263, 265, 266, 267, 271, 276, 278, 284, 285, 287, 291, 293, 296, 297, 299, 305, 308, 309,310

↬ G19, G20, G43, G54, 5, 13, 16, 25, 27, 35, 44, 54, 63, 71, 81, 83, 86, 87, 104, 115, 120, 128, 141, 147, 151, 153, 154, 169, 173, 186, 195, 202, 204, 207, 222, 230, 238, 240, 249, 254, 260, 261, 266, 268, 271, 288, 293, 295, 298, 300, 301, 302

↗ G45, 2, 3, 5, 16, 84, 98, 109, 127, 134, 159, 186, 201, 211, 216, 226, 237, 248, 250, 253, 259, 264, 268, 288, 292, 302

⊸ G32, G33, 167, 212, 223, 263, 285

▨ G48, G51, G52, 93, 95, 104, 122, 124, 259, 263, 266

⊣⊦ 71, 151, 292

⊕ G23, G24, G25, G26, G27, G28, G29, G30, G31, 14, 20, 21, 27, 55, 73, 152, 162, 166, 172, 174, 191, 209, 251, 295

≷△≶ G47, 187

◌ G49, G54, 4, 13, 18, 22, 29, 30, 38, 40, 41, 49, 56, 57, 59, 60, 61, 71, 73, 81, 82, 83, 84, 87, 91, 93, 96, 97, 102, 103, 106, 107, 108, 111, 112, 115, 119, 122, 126, 128, 135, 139, 141, 146, 147, 158, 161, 165, 166, 172, 174, 175, 180, 182, 183, 188, 191, 197, 198, 200, 202, 203, 240, 247, 249, 260, 262, 263, 268, 269, 273, 277, 280, 289, 292, 304

↑ 189, 206, 214, 227, 228, 245, 250, 253

❺ 1, 4, 10, 16, 19, 24, 26, 27, 29, 33, 35, 38, 41, 42, 50, 52, 54, 59, 64, 69, 71, 87, 90, 93, 98, 99, 103, 106, 107, 108, 109, 115, 122, 124, 128, 134, 135, 136, 144, 145, 149, 169, 175, 181, 183, 185, 189, 191, 195, 204, 206, 207, 225, 226, 228, 231, 232, 235, 247, 252, 258, 260, 261, 263, 271, 276, 285, 287, 289, 290, 294, 300, 302, 305, 306, 308

Made in the USA
Middletown, DE
19 September 2023

38827266R00155